CHRISTEL PETITCOLLIN

Ich passe nicht in diese Welt

arkana

CHRISTEL PETITCOLLIN

ICH PASSE NICHT IN DIESE WELT

Rettende Kommunikationsstrategien für Menschen, die zu viel denken

Aus dem Französischen
von Elisabeth Liebl

arkana

Die französische Originalausgabe erschien 2021 unter dem Titel
»J'ai pas les codes! – Comprendre enfin le monde qui nous entoure«
bei Éditions Albin Michel, Paris.

MIX
Papier | Fördert gute Waldnutzung
FSC® C083411
FSC www.fsc.org

Verlagsgruppe Random House FSC® N001967

1. Auflage
Deutsche Erstausgabe

in der Verlagsgruppe Random House GmbH,
Neumarkter Straße 28, 81673 München

Lektorat: Dr. Pascal Frank
Umschlaggestaltung: ki 36 Editorial Design, München, Bettina Stickel
Umschlagmotiv-Illustration: © Bettina Stickel / ki 36
Satz: Uhl + Massopust, Aalen
Druck und Bindung: CPI books GmbH, Leck
Printed in Germany
ISBN 978-3-442-34297-6

www.arkana-verlag.de

Inhalt

Vorwort

Liebe Leser,

vor einiger Zeit hatte ich Sie um Mitarbeit gebeten und zu diesem Zweck folgenden Aufruf in den sozialen Medien gepostet:

»Liebe Leser, für meine nächste Studie benötige ich Ihre Mithilfe. Angenommen, es gäbe jemanden, der Ihnen erklären kann, wie die Welt der Normaldenker funktioniert. Welche Fragen würden Sie dieser Person stellen? Bitte antworten Sie mir mit der Privatnachrichtenfunktion.«

Das Echo war groß, und Ihre Antworten waren höchst aufschlussreich. Dafür danke ich Ihnen von ganzem Herzen. Und ich hoffe, dass dieses Buch Ihre Erwartungen erfüllt, dass es Ihre Fragen beantwortet und Sie vielleicht sogar auf überraschendes Neuland begleitet.

In diesem Sinne wünsche ich Ihnen eine erfolgreiche Lektüre.

Nachricht an die »Rosinenpicker« unter meinen Lesern

Dieses Buch ist so strukturiert, dass die einzelnen Kapitel logisch aufeinander aufbauen. Dies ermöglicht Ihnen, die dort vorgestellten Informationen problemlos miteinander zu verbinden und zu verinnerlichen. So können Sie sich die jeweiligen Zusammenhänge ebenso einfach wie gründlich bewusst machen. Daher empfiehlt es sich, die Kapitel in der Reihenfolge zu lesen, wie ich sie geschrieben habe.

Einführung

»Ich stoße mitunter auf so viel Unverständnis vonseiten meiner Mitmenschen, dass mich ein schrecklicher Zweifel plagt: Stamme ich wirklich von diesem Planeten? Und wenn ja: Heißt das nicht, dass die anderen von wer weiß woher kommen?« [1]

Pierre Desproges, französischer Satiriker

Es sind mittlerweile gut 15 Jahre, dass ich während meiner Coachingsitzungen immer wieder Klienten klagen höre, sie würden »einfach zu viel denken«. Die Betreffenden hatten vieles gemeinsam: Sie waren hypersensibel, kreativ, nonkonformistisch und in sozialen Beziehungen eher ungeschickt. Sie empfanden sich als empathisch, wohlwollend und liebevoll, wurden aber von ihrer Umwelt eher als zu gefühlig, ja aufdringlich und provokant wahrgenommen. Sie galten sozusagen als »Glücksbärchis«. Ihre Freundlichkeit wurde für Dummheit gehalten, ihre Hochsensibilität für Schwäche. Als ich mir allmählich ihr Profil erarbeitete, habe ich bewusst darauf verzichtet, Begriffe wie »hochbegabt« oder »Überflieger« zu verwenden, wie sie in der einschlägigen Literatur mittlerweile gängig sind. Irgendwie wurden sie immer mit einer Art »überlegener Intelligenz« in Verbindung gebracht. Meine Klienten fanden sich in diesen Begriffen ebenfalls nicht wieder.

Intelligenz ist nur ein Aspekt dieses speziellen Profils, das, wie sich mehr und mehr herausstellt, einfach durch bestimmte neurologische Besonderheiten charakterisiert ist: eine Verknüpfung von Hyperästhesie[2] und komplex organisiertem Denken, das sich immer weiter und weiter verästelt. Glücklicherweise hat sich in Kanada eine Neurodiversitätsbewegung herausgebildet, die die Begriffe »neurotypisch« und »neuroatypisch« geprägt hat. Ich hoffe sehr, dass sich diese Begrifflichkeit weiter durchsetzen und Vokabeln wie »hochbegabt« ersetzen wird. Denn was wäre denn das Gegenstück dazu: »niedrigbegabt«?

Um diese Problematik, die sich indirekt mit dem Begriff »Hochbegabung« stellt, gar nicht erst aufkommen zu lassen, habe ich Begriffe geprägt wie »mental hocheffizient« und »Normdenker« und werde sie weiterhin benutzen. In meinen Augen ist damit keinerlei Werturteil verbunden. »Mental hocheffizient« heißt einfach nur, dass es unter Ihrer Schädeldecke ganz schön brodelt. Und der »Normdenker« denkt einfach nur so, wie es üblich ist. Die mental Hocheffizienten werden nie zu dieser Kategorie gehören. Sie stoßen hier ständig an Grenzen.

Alle mental Hocheffizienten klagen, dass sie die sozialen Codes nicht verstehen, nie begreifen, was implizit mitgemeint ist. In ihren Beziehungen zu anderen Menschen erleben sie immer wieder Unbehagen, Scham und Missverständnisse, die sie nicht einordnen können. Sie merken, wenn sie ins Fettnäpfchen treten, wenn sie Anstoß erregen oder andere zur Verzweiflung treiben ... Das ist sowohl anstrengend als auch entmutigend.

Als ich meine Idee erwähnte, ein Handbuch über die Codes der Normdenker zu schreiben, haben viele meiner Klienten mich beinahe angefleht, mich bald an die Arbeit zu machen. Und als sich meine Gedanken dazu immer klarer herauskristallisierten, leuchteten ihre Augen, wenn ich sie ihnen vorstellte. Immer wieder hörte ich: »Ach, ich bin schon so gespannt, wie es weitergeht.« Es ist einmal mehr Ihre Begeisterung, die mich motiviert hat, wieder zur Feder zu greifen.

Bei meiner Arbeit an *Ich denke zu viel* hatte ich die Vorstellung, eine einfache Gebrauchsanweisung für dieses komplexe und brodelnde Gehirn zu schreiben, die sowohl den Betroffenen als auch ihrem Umfeld zugutekommen sollte. Ich habe also gleichermaßen für die Hocheffizienten geschrieben wie für die Normdenker. Ich glaubte, dass alle sich freuen würden, eine einfache und rationale Erklärung für diese atypische Funktionsweise zu bekommen. Naiv wie ich war, glaubte ich, dass die Neurotypiker begeistert wären, wenn sie diese merkwürdigen und emotionalen Typen endlich in ihrer Eigenart verstehen und mit ihnen ein partnerschaftliches Verhältnis eingehen könnten. Ich wurde schnell eines Besseren belehrt.

Schon wenige Tage nach Erscheinen des Buches erhielt ich eine Nachricht, die mir zeigte, dass dem nicht so war. Ein Leser berichtete mir, wie empört ein paar Normdenker waren, als er das Thema anschnitt. Und diese Reaktion wiederholte sich. Viele Leser haben das Buch ihren Partnern oder Eltern geschenkt, um sich besser verständlich zu machen. Vergeblich. Das Buch schlummerte bald unter einer dicken Staubschicht auf dem Nachttisch. Und wenn unsere Zu-viel-Denker nachhakten: »Na, hast du es denn jetzt gelesen?«, war die Antwort nur ein Schulterzucken und ein eiliger Themenwechsel.

Nur wenige Normdenker haben *Ich denke zu viel* gelesen. Und wenn sie es getan haben, dann nur aus Liebe zu ihrem Kind oder ihrem Partner. Aber sie haben verstanden, dass dieses merkwürdige Wesen an ihrer Seite nicht absichtlich hypersensibel, emotional, ängstlich, verpeilt etc. war. Vor allem aber haben sie verstanden, dass ein mental Hocheffizienter nicht einfach seine Natur ändern kann. Heraus kam, was ich mir gewünscht hatte: mehr Verständnis, mehr gegenseitige Akzeptanz, die die Bindung ebenso stärkt wie den Zusammenhalt und die Liebe, die man sich entgegenbringt. Viele Paare erlebten sogar ein Wiederaufflammen ihrer Gefühle. Zum Beispiel die beiden, die seit mehr als 30 Jahren zusammen waren, wobei diese Zeit aber durch wechselseitiges Unverständnis und hitzige Debatten geprägt gewesen war. Nun ergänzen sie einander, und das ist sehr schön! Diese wenn auch seltenen Zeugnisse zeigten mir, dass das Buch durchaus den Effekt haben konnte, den ich mir erhofft hatte.

Ich hatte irrtümlicherweise angenommen, dass es auch den Normdenkern ein Anliegen wäre, die Atypischen zu verstehen. Diesen Irrtum teilen viele Hocheffiziente. Sie träumen davon, von den Neurotypikern endlich verstanden zu werden. Im Großteil der Fälle bleibt die Hoffnung vergeblich. Sie bringen eine enorme Energie auf, um anderen zu erklären, wie sie »ticken«, nur um am Ende zu hören: »Aber das Buch ist doch nur eine einzige Marketingmasche. Da steht einfach nur drin, was du hören willst. In diesen Beschreibungen erkennt sich doch jeder wieder.« Was nicht stimmt, aber jedes Gespräch zuverlässig abwürgt. Und den Menschen, der zu viel grübelt, einmal mehr in Selbstzweifel stürzt, weil er nicht mehr weiß, was er nun glauben soll oder nicht.

Das spricht auch aus der E-Mail von Simon:

Guten Tag,

Ihr Buch Ich denke zu viel *hat mir sehr geholfen, meine Probleme besser zu verstehen. Vielen Dank für Ihren positiven Ansatz. Ich möchte Sie nur um einen Gefallen bitten: Ich wäre begeistert, wenn ich meinen Bekannten ebendieses Buch schenken könnte, nur aus der Perspektive der »Normdenker« geschrieben. Zum Beispiel: »Der Mensch an Ihrer Seite denkt zu viel.« Natürlich müsste der Inhalt für diese Menschen verständlich sein, aber ich bin sicher, dass Sie das schaffen. (Wichtig wäre, dass sie das Buch nicht schon auf Seite zwei wieder weglegen.) In der Hoffnung, dass ich Sie mit meinem »Brief an den Weihnachtsmann« nicht allzu sehr genervt habe. Immer noch herzlichen Dank und alles Gute für die Zukunft.*

Simon

In Simons E-Mail fand ich viele Themen wieder, die auch Sie und andere Leser mir gegenüber bereits angesprochen hatten:

- den Wunsch, dass die anderen Sie endlich verstehen mögen;
- das Gefühl, dass die Normdenker sich vermutlich nicht aktiv um ein Verständnis bemühen werden;
- das Bewusstsein, dass sie das Buch möglicherweise »schon auf Seite zwei weglegen« könnten;
- die ein wenig blauäugige Vorstellung, dass es reicht, die Normdenker mit all den nötigen Informationen zu versorgen,
- und vor allem die intuitive Einsicht, dass diese Hoffnung so utopisch ist wie ein Geschenk vom Weihnachtsmann.

Meine Antwort an Simon ist letztlich für Sie alle gedacht:

Lieber Simon,
herzlichen Dank für Ihre E-Mail. Ihr Brief an den Weihnachtsmann ist also Ausdruck der Hoffnung, dass die Normdenker daran interessiert sein könnten, mental hocheffiziente Menschen zu verstehen! Sie befürchten, dass die Normdenker das Buch nicht schon auf Seite zwei weglegen, sondern es gar nicht erst aufschlagen. Weil ihre Devise lautet: »Der Mensch muss sich an die Gesellschaft anpassen, nicht die Gesellschaft an das Individuum. Tritt zurück ins Glied, und alles wird gut.«

Aus ebendiesem Grund schreibe ich nun ein Buch, das den Zu-viel-Denkern die Werte und die Funktionen der Welt der Normdenker erklärt, und nicht umgekehrt. Bestimmt kennen Sie Sätze wie diese: »Ich blicke da nicht durch.« Oder: »Ich tappe dauernd ins Fettnäpfchen.« Ich muss immer wieder schmunzeln, während ich daran arbeite. Ich weiß nicht, ob dieses Buch den Hocheffizienten Freude macht, aber ich bin sicher, dass es ihnen nützen wird.

In den letzten Jahren habe ich Ihnen mithilfe meiner Bücher meine Gedanken und meine Entdeckungen, wie ich sie Schritt für Schritt gemacht habe, offenbart. Als Aufklärerin und Forscherin, als große Schwester, die Ihnen auf dem Weg zum Verständnis ein Stückchen voranging, während ich meine Informationen an Sie weitergab. Sie haben also schon in meinem ersten Buch Tipps gefunden, wie Sie die Welt der Normdenker besser begreifen können.

Da ich immer wieder die Erfahrung gemacht habe, dass Sie unglaubliche Zusammenhänge entdecken, wenn Sie erst die nötigen Informationen besitzen, dachte ich, dies würde Ihnen genügen, um sich besser anpassen zu können, vor allem in der Arbeitswelt. Ich glaubte, dass meine Leser ihr Anderssein verstehen und so künftig vermeiden könnten, immer wieder anzuecken.

Meine Erfahrung hat mir gezeigt, dass das so nicht stimmt. Auch für Sie ist es nicht leicht, die Welt der anderen zu begreifen. Schließlich sind die hochsensiblen Grüblernaturen auf ihre Weise ebenfalls Gefangene ihrer Mentalität. So wie die Normdenker auf der anderen Seite. Und sie begehen den gleichen Fehler: Sie wenden ihre Kriterien auf eine Menschengruppe an, die nach einem völlig anderen Paradigma denkt, funktioniert und handelt.

Heute sehe ich die ganze Sache so: Bücher, die versuchen, den Normdenkern die Welt der Neuroatypischen nahezubringen, sind mittlerweile Legion, haben aber kaum etwas bewirkt. Nur in Schule und Unternehmen gibt es leichte Verbesserungen. Ich bin hier vorsichtig und warte lieber noch ab: Haben die Unternehmen wirklich den Wunsch, Diversität zu fördern, oder ist dies nur eine andere Darstellung nach außen, um diesen Eindruck zu erwecken? Das wird uns die Zukunft zeigen.

Aber ist es denn wirklich Aufgabe der Neurotypiker, Sie zu verstehen? Simons Frage und die Literatur zum Thema unterstreichen das immer wieder: den Atypiker begreifen, den Hochbegabten, den Hypersensiblen etc. Beim Neurolinguistischen Programmieren heißt es: »Wenn das, was Sie tun, nicht klappt, machen Sie etwas anderes.« Weiter Dinge zu tun, die nicht funktionieren, wäre in der Tat idiotisch.

Also habe ich die folgende Überlegung angestellt: Diejenigen, die am meisten unter mangelndem Verständnis auf beiden Seiten leiden, sind ganz klar die Zu-viel-Grübler, die außerdem noch in der Minderheit sind. Daher obliegt es einmal mehr ihnen, nach Verständnis zu streben. Meinen Ansatz zu ändern heißt für mich: Ich zäume das Pferd von der anderen Seite her auf, indem ich versuche, Ihnen, die Sie Lösungen brauchen, die Codes der Normdenkerwelt zu erklären. Jene implizit mitgemeinten Dinge, die Ihnen immer entgehen. (Und die ein Normdenker nie in Worte fassen könnte, weil sie ihm so selbstverständlich vorkommen.) Um Ihnen die Bedeutung Ihrer Irrtümer vor Augen zu führen.

Die Kultur der Normdenker hat ihre Codes, aber auch ihre Logik und ihr Wertesystem. Wie alle Kulturen hat auch diese ihre Stärken und Schwächen und ihre (unerschütterlichen) Gründungsmythen. Sie hat ihre Weisheit, wie sie auch ihre Grenzen und Absurditäten hat. Hocheffiziente fühlen sich häufig verletzt oder abgestoßen durch die Welt der Normdenker, zumindest von der für sie sichtbaren Spitze dieses Eisbergs. Diese Codes zu kennen und zu verstehen heißt ja nicht, dass wir sie gutheißen oder übernehmen müssen. Es erlaubt uns einfach nur, uns in dieser Welt zu bewegen, ohne dass wir ständig auf dem Riff der Verständnislosigkeit auflaufen. Es erlaubt uns, neue Möglichkeiten des Denkens anzunehmen und für gut zu befinden, während wir andere als unbrauchbar aussortieren. Denn einige Aspekte der Normdenkerwelt verdienen es, dass man sie übernimmt. Und wenn bestimmte Dinge, die ich Ihnen vorschlage, Ihnen widerstreben, dann wissen Sie jetzt zumindest, was Sie an dieser Welt gern ändern würden.

Ich bin selbst eine Grüblernatur. Es tut mir leid, dass ich das in *Ich denke zu viel* nicht hinreichend deutlich gemacht habe. Ich wollte so neutral wie möglich bleiben, und ich hätte mir auch nicht vorstellen können, dass das bei diesem Abenteuer von Bedeutung sein könnte. Ich ging davon aus, dass meine

Leser das ohnehin merken würden. Denn um sie wirklich gut verstehen zu können, musste mein Gehirn doch zwangsläufig genauso funktionieren wie das ihre. Als ich schrieb, dass man eine weit geöffnete Trichterschale nicht in einen engen Schlauch quetschen könne, schien mir dies für sich selbst zu sprechen: Um eine breite Trichterschale zu fassen, musste man eine ebenso weite Schlauchöffnung haben. Und tatsächlich lag das für einige meiner Leser auf der Hand: Um dieses mäandernde Denken so gut verstehen zu können, musste ich zur Familie der Hocheffizienten gehören.

Für andere war das dagegen nicht so offensichtlich. Was ich mir wiederum nicht hatte vorstellen können. Ganz im Gegenteil. Dann kamen E-Mails, in denen stand, »für eine Normdenkerin« hätte ich großartige Arbeit geleistet. Das unverdiente Lob ließ mich vor Scham erröten. Erst viel später begriff ich, welche unbeabsichtigten Schattenseiten meine Zurückhaltung hatte: Meine Pseudoneutralität hat Sie wie Simon in dem Glauben bestärkt, dass eine Normdenkerin Sie vollkommen verstehen könnte. Schlimmer noch: dass es ihr Freude machen könnte, Sie zu studieren. Unglücklicherweise weiß ich heute, dass dem nicht so ist. Und dieses Buch soll Ihnen verständlich machen, warum ich das so formuliere.

Da ich also selbst zu den Zu-viel-Denkern gehöre, entzogen sich mir lange Zeit die Codes und stillschweigenden Voraussetzungen der Normdenkerwelt, die ich Ihnen hier vorstellen werde. Und ich bin mir bis heute nicht sicher, ob ich wirklich alles verstanden habe! Aber ich glaube nicht, dass die Normdenker Ihnen Dinge besser erklären könnten, die aus ihrer Sicht völlig klar oder ihnen im Gegenteil nicht bewusst sind. Einmal mehr werde ich mich als Aufklärerin betätigen.

Diese Suche nach Verständnis hat mir unglaublich viel Spaß

gemacht. Es war tatsächlich eine Art Schatzsuche, bei der ich von Überraschung zu Überraschung geeilt bin. Ich freue mich diebisch auf die Streiche, die ich Ihnen spielen will, weil ich für Sie die gleiche Bewusstwerdung anstrebe, die mir so oft die Augen öffnete. Ich habe mein Köfferchen mit den schönsten Informationen gefüllt. Und wie es meine Gewohnheit ist, werde ich alles mit Ihnen teilen, was ich habe beobachten, verstehen und folgern können. Ich habe all diese Entdeckungen zusammengetragen und in einem geordneten gedanklichen System zusammengefasst, das mir der neurotypischen Logik am nächsten zu kommen scheint.

Beim Neurolinguistischen Programmieren sagt man »Kommunizieren bedeutet, dem anderen in seinem Weltmodell zu begegnen«. Genau das möchte ich Ihnen jetzt vorschlagen. Brechen wir also auf zu unserer Entdeckungsreise durch die Welt der Normdenker.

1.
Die Segnungen des Small Talk

Als ich meine kleine Umfrage durchführte, um herauszufinden, welche Aspekte der Neurotypikerwelt Sie gern verstehen würden, kehrte ein Punkt regelmäßig wieder: endlich zu begreifen, warum die üblichen Unterhaltungen immer derart langweilig sind!

Sie haben mir geschildert, was Ihnen am meisten auf die Nerven geht und was Sie am allerwenigsten begreifen: warum manche Menschen so viel Zeit mit ödem Gequatsche zubringen, mit hohlem Geplapper über triste Themen. Diese ebenso fruchtlosen wie klischeehaften Gespräche über Nichtigkeiten schienen Ihnen unerträglich. Sie haben mir geschrieben: »Ich kann einfach nicht reden, ohne etwas zu sagen. Mir ist so sterbenslangweilig dabei, dass ich am liebsten schreien würde.« Daher schien es mir angemessen, unseren Ausflug in die Welt der Normdenker mit diesem Aspekt der Kommunikation zu beginnen.

Die Vokabeln, die Sie am häufigsten verwendeten, um solche Gespräche zu beschreiben, waren: langweilig, nervtötend, ermüdend, sinnlos, hohl und vor allem unerträglich! Ich möchte Sie einladen, das mal anders zu sehen, nämlich als: ruhig, friedlich, beruhigend, entspannend und vor allem harmlos! Von allem und jedem zu reden und stets an der Oberfläche zu bleiben, erspart so manchen Kummer. Lassen Sie mich im Folgenden die Vorteile einer solchen unverbindlichen Gesprächskultur aufzählen.

Man vermeidet Streit

Anlässlich eines Abendessens bei Freunden fing ein normalerweise ganz leidlicher Zeitgenosse an, einen bekannten Chansonnier zu kritisieren, weil er zwar schon sehr reich war, aber immer noch damit »Kohle machte«, dass er unglaublich schmalzige Chansons sang. Dieses süßliche Geträller sei doch nichts anderes als »Publikumsverarsche«. Dummerweise berücksichtigte ich nicht, wie hoch der Alkoholspiegel bei meinem Gesprächspartner schon war, und ließ mich auf eine Diskussion ein: Chansons seien doch schließlich dafür da, angenehme Gefühle zu erzeugen. Er beharrte auf seinem Standpunkt: Das Ganze sei nur kommerzieller Mist. Je mehr Argumente ich vorbrachte, desto mehr redete er sich in Rage. Schließlich ging unser Gastgeber mit einem Witz dazwischen, um die aufgeladene Stimmung zu entschärfen. Dann wechselte er geschickt das Thema. Mein Gegenüber beruhigte sich sofort wieder, während ich ihn immer nur weiter auf die Palme getrieben hatte. Diese Lektion habe ich gelernt: Es bringt gar nichts, recht zu haben.

Nun überlegen Sie mal, wie so ein Gespräch über ein wichtigeres Thema enden könnte: Bildung, Politik, Klimawandel, Verteilung von Reichtümern etc. Können Sie sich vorstellen, wozu das führt? Jeder von uns hat seine persönliche Meinung und steht den meisten Fragen eher emotional als rational gegenüber. Natürlich bestehe ich auf meiner Ansicht. Es ist schließlich meine Meinung! Aber die anderen haben nun einmal auch ein Recht auf die ihre! Da müssen nur wenige Worte hin- und herfliegen, und schon steht man vor einem Faustkampf. Glauben Sie tatsächlich, dass wir uns so gegenseitig überzeugen können? Falls ja, dann täuschen Sie sich: Die Wissenschaft hat bewiesen, dass jeglicher Widerspruch die Menschen nur in ihrer ursprünglichen Meinung bestärkt.[3] Was für einen Sinn hat eine solche Debatte dann? Außer natürlich, Sie wollen Ihrer Umwelt ordentlich die Meinung sagen und die Bande zwischen den Menschen zerreißen. Also ist es durchaus sinnvoll, in seichten Gewässern zu plätschern und kontroverse Themen zu vermeiden. Es ist ja nichts Verwerfliches daran, dass jener Chansonnier mit seinen schmalzigen Songs jede Menge Geld verdient hat!

Abgesehen davon: Wer regt sich denn als Erster auf über Hatespeech im Internet? Wenn man nur hübsche Kätzchen und andere süße Bildchen postet, dann sind die Besucher Ihrer Seite schnell ein Herz und eine Seele, und Sie treten niemandem auf die Füße. Genau das ist der Sinn und Zweck von Gesprächen über neutrale Themen.

Man vermiest niemandem die Stimmung

Da Menschen, die zu viel denken, triviale Unterhaltungen verschmähen, bringen sie immer Themen aufs Tapet, die wirklich »sehr wichtig« sind, um eine »echte« Debatte über das Ende des Lebens, den Umweltschutz oder die Korruption der Eliten loszutreten … Und schon ziehen Wolken am Himmel auf. Wer einfach nur gekommen ist, um Spaß auf einer Grillparty zu haben, dem ist nun die Stimmung verhagelt.

Wenn man mich fragt, was ich beruflich denn so mache, und ich ehrlich antworte, dann macht mich das unweigerlich zur Spaßbremse: Das Gespräch wird sich nur noch um Manipulatoren drehen und um das Leid, das sie ihrer Umwelt verursachen. Ich muss dann den lieben langen Abend den anderen Partygästen kostenlose Ratschläge erteilen, denn jeder von uns kennt ja mindestens einen Manipulator, der uns das Leben vergällt: Also mache ich Überstunden!

Ich habe lange gebraucht, um das zu verstehen. Mittlerweile gehe ich dem Thema aus dem Weg: »Ach, aber ich habe so gar keine Lust, jetzt über die Arbeit zu reden! Schließlich sind wir doch hier, um uns zu entspannen!« Und dann wechsle ich ganz schnell das Thema. Eine Freundin hat mir einmal einen anderen Rat erteilt: »Du musst nur sagen, dass du Buchhalterin bist. Damit ist das Thema todsicher vom Tisch.« Ausprobiert habe ich es aber noch nicht.

Man entgeht der emotionalen Ansteckung

Einige Jahre lang hielt ich Seminare für Führungskräfte. Ich gab Kurse in ganz Frankreich, und immer für Menschen, die sich bereits kannten und gut verstanden. Diese Managerseminare mochte ich wirklich gern. Erstens, weil die Teilnehmer einen gemeinsamen Wertekanon teilten – sie fühlten sich einem humanistischen Managementstil verpflichtet. Und sie waren zweitens auch persönlich ganz honette Menschen. Was mich aber am meisten verblüffte, war der Zusammenhalt, der diese Gruppen verband. Ich habe sie während der Kaffeepausen beobachtet, weil ich hoffte, das Geheimnis dieses sozialen Zusammenhalts zu lüften. Die Gespräche schienen mir banal, uninteressant, aber freundlich. Ein absolutes Rätsel!

In einer dieser eng verflochtenen Gruppierungen bat man

einmal eine Teilnehmerin zu berichten, was es Neues gäbe von ihrem politischen Engagement. Am Wochenende zuvor hatten die Kommunalwahlen stattgefunden, und sie hatte sich in ihrem Ort um das Amt der Bürgermeisterin beworben. Sie erzählte, dass sie verloren hatte und dass der Wahlkampf ihres Gegners vor allem in einer gegen sie gerichteten Schmutzkampagne bestanden habe. Offensichtlich hatte sie eine wirklich schwere Erfahrung hinter sich und war davon ehrlich erschüttert. Doch die Gruppe kommentierte die ganze Angelegenheit mit ein paar flüchtigen Bemerkungen, wünschte ihr mehr Glück für das nächste Mal und ging dann zu einem anderen Thema über. Ich konnte sehen, wie die Frau mit ihren Gefühlen kämpfte, ihre Tränen hinunterschluckte und sich bald wieder ins Gespräch mischte, trotz dieser schwierigen persönlichen Erfahrung.

Ich fand es damals von den Beteiligten grausam, die Arme einfach so ihrem Schicksal zu überlassen. Sie hätten es vermutlich genauso empfunden! Wären Sie dabei gewesen, hätten Sie sich aufopfernd um die Ärmste gekümmert, sie getröstet, sie ermutigt, sich das Erlebnis von der Seele zu reden. Sie hätten ihr den Rücken gestärkt und vermutlich einige höchst kritische Worte über den unverschämten Wahlkampfgegner verloren … Aber dafür war das Seminar nicht der richtige Ort. So ein Verhalten hätte den ganzen Seminartag scheitern lassen. Aber das habe ich erst später verstanden. Es gehörte zu den Stärken dieser Managergruppen, dass sie persönliche Sorgen außen vor ließen und berufliche Probleme auf das beschränkten, was sie »die Werkstatt der Lösungen« nannten. Tatsächlich achteten alle sehr genau darauf, dass das Seminar in einer ruhigen, heiteren und entspannten Atmosphäre stattfand.

Christophe Maé, ein französischer Chansonnier, singt in seinem wunderbaren Lied *La Vie d'artiste (Das Künstlerleben)*:

»Das Leben ist eine Bühne, daher spiele ich Theater.
Sage, alles sei super, trotz aller Hindernisse.
Mama hat mir immer gesagt, Junge, du darfst nicht alles erzählen.
Nicht weinen, das heißt Manieren zeigen.
Also lächelt man, um nicht mehr traurig zu sein.
Man kann sich verstecken, wir sind ja alle Künstler ...«[4]

In die gleiche Kategorie fällt die Frage: »Na, wie geht's denn?« Das ist einer der klassischen Stolpersteine zwischen Normdenkern und Hocheffizienten. Letztere kritisieren an den Normdenkern gern, dass sie auf diese Frage hin nicht mal die Antwort abwarten, vor allem, wenn es eben nicht läuft. Tatsächlich muss man sich klarmachen, dass dies keine ernst gemeinte Frage ist, wie Christophe Maé dies tut. Es ist eher eine Redensart, mit der man ein Gespräch einleitet. Man fällt ja schließlich nicht einfach mit der Tür ins Haus. Nein, es ist keine Heuchelei, sondern schlicht und einfach Höflichkeit. Und diese verlangt, dass wir darauf mit einem »Gut, danke der Nachfrage!« antworten. Und nicht die Gelegenheit beim Schopf ergreifen und vor dem anderen unser ganzes Leben ausbreiten.

Da jeder Mensch schließlich Probleme hat, sollten wir andere nicht mit unseren persönlichen Sorgen belasten. Christophe Maés Mama hat absolut recht: Man kann nicht immer große Wäsche machen. Es ist durchaus angebracht, seine Tränen zurückzuhalten. Das ist eine Frage des Takts. Wenn man Sie also das nächste Mal fragt: »Na, wie geht's denn?«, dann nehmen Sie das als Zauberwort und Anstoß, um sich zu sagen: »Ich kann durchatmen, mich strecken, meine Seelenzustände Seelenzustände sein lassen und dieses Gespräch freundlich und neutral angehen.«

Eines der Hilfsmittel, das jene Managergruppen einsetzten, um ihre Emotionen vor der Tür zu lassen, ist der »emotionale Wetterbericht«. Am Morgen, bevor das Seminar losging, beschrieb jeder in der Runde kurz seine seelische Wetterlage. »Bei mir herrscht heute eitel Sonnenschein.« Oder: »Leicht bewölkt.« Und: »Recht neblig.« Oder: »Blitz und Donner, weil ...« Nur wenige Worte, um die eigene Stimmung zu beschreiben, und dann zu anderen Dingen überzugehen. Der emotionale Wetterbericht ist ein wirkungsvolles Instrument, das man schon im Kindergarten einsetzen kann und das dort ebenso gute Ergebnisse bringen wird wie im Berufsleben.

Die emotionale Ansteckung[5] in einer Gruppe ist im Negativen (Trübsinn, Angst, Panik oder Wut, die zu kollektiven Gewalttaten führt) ebenso schädlich wie im Positiven (Euphorie oder Jubel). Denn sie kann zu unkontrollierten Massenbewegungen führen mit dem Ergebnis, dass in Sportstadien Tribünen einstürzen, dass an Engstellen Menschen zu Tode getrampelt werden oder noch schlimmer: dass fanatisierte Massen den rechten Arm ausstrecken und laut »Sieg Heil« brüllen. Also hören wir doch auf, uns gegenseitig emotional anzustecken. »Wie geht's denn?« »Danke, gut! Und Ihnen?«

Wir haben alle unsere Probleme

Das ist die Geschichte des Mannes, der von einem Hochhaus stürzt. Als er am zehnten Stock vorbeikommt, sagt er sich: »Puh! Bis jetzt ist ja alles gut gegangen.« Wenn wir uns fragen, wie es uns geht, können wir davon ausgehen, dass es uns objektiv gut geht, wenn wir uns auf die positiven Aspekte konzentrieren (die es in jedem Fall gibt). Oder wir können uns sagen, dass es uns ganz und gar nicht gut geht, wenn wir unser Augenmerk auf vorübergehende Schwierigkeiten richten, auf unsere momentane emotionale Befindlichkeit.

Mir scheint, unsere Neurotypiker verfügen über ebenjene Weisheit und Distanz, die ihnen sagen, dass Schwierigkeiten und Glück kommen und gehen. Und dass die Dinge nicht so bleiben, wie sie sind, auch wenn alles gut läuft. Das ist der berühmte »mittlere Weg« des Buddhismus. Er besteht darin, Freud und Leid mit derselben Einsicht bzw. Distanz hinzunehmen. »Was wird davon bleiben in fünfzig Jahren?«, sang Raphaël. Was ist morgen noch da von all dem, was mir heute Freude oder Leid bereitet?

Es steht also eine ganze Philosophie hinter diesem Mechanismus, der darin besteht, in der Öffentlichkeit nicht von seinen Schwierigkeiten zu reden, sondern das Gespräch auf andere Dinge zu lenken. Gehen wir davon aus, dass wir alle Probleme haben und dass es wenig Sinn hat, andere Menschen damit zu belasten. Schließlich hat unser Gegenüber seine eigenen Sorgen und macht uns das Geschenk, sie uns nicht aufzudrängen. Daher ist jedes Mitglied einer Gruppe mitverantwortlich für die emotionale Stimmungslage aller.

Es wäre gut, wenn Sie verstehen, dass Sie den emotionalen Gesamtton mitbestimmen, wenn Sie Ihre Emotionen in eine Gruppe hineintragen. Daher empfinden die Normdenker Sie häufig als Spaßbremse oder Störenfried. Andere Menschen nicht mit den eigenen Problemen zu behelligen ist ein Geschenk, das man ihnen macht. Damit vermeiden wir jede emotionale Ansteckung, selbst wenn wir gerade recht guter Laune sind.

Man verliebt sich nicht mal eben so

Wussten Sie, dass wir uns in 45 Minuten verlieben können, wenn wir uns nur 36 Fragen stellen? Das hat Arthur Aron, Professor für Psychologie an der Stony Brook University in New York, im Jahr 1997 entdeckt. Er forscht über Nähe in zwischenmenschlichen Beziehungen. Was ihn beschäftigt, ist die Frage, wie man Nähe herstellen kann, wenn zwei Menschen sich überhaupt nicht kennen. Zu diesem Zweck hat er einen Fragebogen entworfen, dessen durchschlagender Erfolg ihn selbst überraschte. Seine Versuchspersonen verliebten sich sozusagen systematisch.

Natürlich gibt es auch kritische Stimmen dazu: Der Fragebogen bewirke nur, dass Menschen sich ineinander verlieben, die auch zueinanderpassen, ob sie das nun wissen oder nicht. Und nach diesem ersten Prickeln bleibt noch einiges zu tun, um es in echte Gefühle zu übersetzen. Klar doch. Aber der durchschlagende Effekt des Fragebogens lässt sich kaum bestreiten. Er erzeugt menschliche Wärme zwischen zwei Personen, die ihn gemeinsam ausfüllen. Auch für Ehepaare, die schon sehr lange zusammen sind, leistet er gute Dienste.

Auf welchen Mechanismen beruht er also? Man schafft einen Raum der Nähe, in dem sich jeder ehrlich für den anderen interessiert und sich vollkommen authentisch äußern kann. Die Fragen führen dazu, dass man wieder eintaucht in die Kindheit, seine Eltern beschreibt, die eigenen Erfolge und Ängste, die persönlichen narzisstischen Schwachstellen. Gleichzeitig gibt man dem anderen narzisstische Bestätigung: Man sagt der Person, was einem an ihr gefällt, welche Gemeinsamkeiten man hat etc.

Mandy Catron hat daraus ein Buch gemacht: *Verliebe dich, in wen DU willst.*[6] Darin berichtet sie unter anderem davon, wie der Fragebogen sie dazu gebracht hat, sich in einen Kollegen zu verlieben, den sie kaum kannte. Sie macht deutlich, dass die Inhalte dieser Fragen letztlich nicht so wichtig sind, ja dass man sie auch durch andere ersetzen könnte. Der entscheidende Punkt ist, dass diese Fragen einen Prozess in Gang bringen, bei dem man sich wechselseitig offenbart.

Diese Art der Kommunikation, bei der man sich ernsthaft für den anderen interessiert und sich auf sehr persönliche Weise offenbart, ist eine Ihrer besonderen Gaben. Das ist einer der Gründe, warum Sie aller Welt ein unbehagliches Gefühl bereiten. Viele Ihrer Gesprächspartner glauben nämlich, dass Sie mit ihnen flirten wollen. Stellen Sie sich nur mal vor, was los wäre, wenn die Leute sich bei jedem Gespräch am Grillabend massenhaft ineinander verlieben würden! Und dann die Grabenkriege zwischen den betrogenen Partnern! Oder eine Wahnsinnsorgie! Einmal mehr: Es ist besser, über das Wetter zu reden, über das letzte Fußballspiel, über die Vor- und Nachteile der neuesten Automarken oder über mein Rezept für Erdbeerkuchen. (Natürlich ohne alle Zutaten zu verraten. Man muss es ja nicht gleich übertreiben!)

Klatsch und Tratsch als soziales Schmiermittel

»Der Mensch besitzt als einziges Lebewesen die Gabe der Sprache. Und er hat diesen Vorteil genutzt und gelernt zu reden, ohne etwas zu sagen. Seitdem hält er sein Maul nur noch bei einer einzigen Gelegenheit: dann, wenn er Zeuge eines Unrechts wird.«[7]

Frédéric Dard, französischer Schriftsteller

Mit der »kognitiven Revolution« (die ich später noch genauer erklären werde) setzte eine Entwicklung ein, in deren Verlauf der *Homo sapiens* seine Fähigkeit zum abstrakten Denken immer stärker ausbaute und seine Sprache mehr und mehr verfeinerte. Nun stand ihm die Möglichkeit zu Klatsch und Tratsch offen, welche allmählich die wechselseitige Fellpflege ablösten, die bei Primaten den sozialen Zusammenhalt sichert.

Eine typische Schimpansengruppe zählt zwischen zwanzig und fünfzig Tiere. Sehr selten hat man auch Gruppen beobachtet, die bis zu hundert Mitglieder umfassen. Sobald aber die Population zu groß wird, teilt sich die Gruppe: Mehrere Tiere spalten sich ab und schließen sich zu einer neuen Einheit zusammen, die von nun an ihre eigenen Wege geht.

Klatsch und Tratsch ermöglichten es dem *Homo sapiens* nun, ausgedehntere und stabilere soziale Bande zu knüpfen. Soziologische Untersuchungen konnten zeigen, dass es manchmal nicht mehr braucht als triviale Gespräche, um Gruppen von bis zu fünfhundert Personen zusammenzuhalten. Jenseits der Fünfhundertergrenze jedoch reichen Klatsch und Kumpanei nicht mehr aus, um den Zusammenhalt der Gruppe sicherzustellen. Dann braucht es einen Anführer, ein Gemeinschaftsprojekt, ein gemeinsames Narrativ etc. Aber fünfhundert Personen, das ist doch schon eine recht große Gruppe!

Klatsch und Tratsch haben also wesentlichen Anteil an dem außergewöhnlichen Grad von Zusammenarbeit, der den *Homo sapiens* auszeichnet. Daniel Tammet, der am Asperger-Syndrom leidet und mehrere Bücher geschrieben hat, darunter *Wolkenspringer,*[8] hat festgestellt, dass Gehässigkeiten nur knapp 10 Prozent des Klatsches ausmachen. Während der übrigen 90 Prozent der Zeit erzählt man sich einfach, was der ein oder andere so tut: »Meine Schwiegermutter ist an der Blase operiert worden ... Mein Cousin hat sich ein neues Auto gekauft und ist recht zufrieden damit ... Der Sohn unserer Nachbarin hat jetzt eine neue Freundin ...« Was Sie als unerträgliches Geschwätz empfinden, ist nicht mehr als freundliches Geplauder, das einen unverfänglichen und sicheren Kontakt ermöglicht. Der »Trick« am Ganzen ist, sich in keines der Themen zu verbeißen, sondern geschickt von einem zum nächsten überzugehen.

Bei genauerer Betrachtung stellt sich ohnehin heraus, dass wir alle reden, ohne wirklich etwas zu sagen, und das gilt auch für Zu-viel-Denker. Sie stehen auf tiefschürfende Diskussionen und große Worte, daher bringen sie gern Themen aufs Tapet, die sie als sinnvoller empfinden. Letztlich aber bleibt das Gesagte genauso im Unverbindlichen wie der übliche Small Talk. Seien wir doch ehrlich: Selbst wenn wir uns die »großen Fragen des Lebens« vornehmen, bringen uns diese Gespräche in Wirklichkeit kein Stück weiter. Was dagegen vertraute Gespräche von Mensch zu Mensch angeht: Diese könnten sich für den Hocheffizienten als zu gefährlich herausstellen. Zu groß ist die Gefahr, wie wir oben gesehen haben, dass man sich zu nahe kommt. Zu groß ist auch die Gefahr, dass man sich eine Blöße gibt in einem Umfeld, wo einem das nur schaden kann. Wie oft haben Sie schon das Gefühl gehabt, zu viel von sich preisgegeben zu haben?

»Müßige« Gespräche aus Sicht der Transaktionsanalyse

Der amerikanische Psychiater Eric Berne, der Vater der Transaktionsanalyse (TA), gab einem seiner Bücher den Titel *Was sagen Sie, nachdem Sie »Guten Tag« gesagt haben?*.[9] Darin entwickelt er eines der Hauptkonzepte der TA, das er als *stroke* bezeichnete. Das englische *stroke* hat viele Bedeutungen, eine davon ist »Liebkosung« oder »Streicheleinheit«. Man könnte *stroke* definieren als kleinste Dosis an zwischenmenschlichem Kontakt, die jeder von uns braucht, um sich lebendig zu fühlen.

Durch zahlreiche Studien ist hinreichend belegt, dass ein Mensch, der keinerlei »Streicheleinheiten« (die nicht körperlicher Natur sein müssen) erhält, verkümmert, seine geistige Gesundheit einbüßt und ins Bodenlose fällt, was schrecklicher ist als der Tod. Deswegen organisieren wir Menschen unbewusst unseren Tag so, dass wir auf genügend »Streicheleinheiten« kommen, um uns vital zu fühlen. Eric Berne hat für solche kommunikativen Einheiten verschiedene Intensitätsstufen definiert, die von »Rückzug« bis zu »Intimität« reichen. Es scheint folglich situationsabhängig zu sein, wie viel oder wie wenig »Herzblut« wir in eine Streicheleinheit legen.

Rückzug: Am Nullpunkt dieser Skala steht der Rückzug, bei dem kommunikative Einheiten in jeder Form vermieden werden. Diese Stufe ist von Einsamkeit geprägt, aber sie ermöglicht uns, »Streicheleinheiten«, die wir jüngst erhalten haben, auseinanderzuklamüsern und zu »verdauen«. Und uns vor negativen, destruktiven Kontakten zu schützen.

Rituale: Darunter fallen die kleinen Begegnungen mit sich selbst (meine Frühstückstasse), die sozusagen eine Art »seelisches Existenzminimum« darstellen. Je einsamer jemand ist, desto mehr wird er sein Leben mit Ritualen ausfüllen. Was durchaus problematisch werden kann: Muss man sein Dasein derart »durchritualisieren«, um zu überleben, so wird die eigentlich erfüllendere Begegnung von Mensch zu Mensch zur Bedrohung für dieses fragile Gleichgewicht. Jeder Physiotherapeut kann Ihnen das bestätigen: Manche allein lebenden Rentner haben die größten Schwierigkeiten, eine Reha-Maßnahme in ihrem Terminkalender unterzubringen, der ganz offensichtlich leer, aber gespickt mit Ritualen ist. Ähnlich erlauben es auch bestimmte kollektive Rituale (wie zum Beispiel Begrüßungen), ein Minimum an Streicheleinheiten auszutauschen. Die Botschaft hinter solchen Gesten ist: »Du bist nicht aus Glas, du bist kein Möbelstück.« Schon wenn wir jemand aus der Ferne mit einem Winken oder Ähnlichem grüßen, genügt dies, dass dieser Mensch sich lebendiger fühlt. Also grüßen Sie andere, wann immer es geht!

Zeitvertreib: Jetzt also kommen wir zu unseren berühmt-berüchtigten Unterhaltungen ohne Tiefgang. Eric Berne betitelt sie nach ihrem beherrschenden Thema: »Elternbeirat«, »Garderobe«, »Sport« etc. Aus Sicht der Transaktionsanalyse besteht ihre einzige Funktion darin, Streicheleinheiten auszutauschen. Sicherlich sind diese kommunikativen Einheiten nicht sehr innig, dafür aber ungefährlich und zudem eine Art Sicherheitsvorrichtung, die es gestattet, mögliche Partner für interessantere Gespräche herauszufiltern. Ergo: Wie auch immer Sie dazu stehen mögen, solche müßigen Unterhaltungen sind für uns Menschen unverzichtbar.

Aktivitäten: Statt das »Tun« und das »Sein« als Gegensätze zu sehen, könnte man die beiden doch auch verbinden: »tun, um zu sein«. Denn erstens verschafft uns das Tun sehr viel Befriedigung und zweitens so manche Gelegenheit, kommunikative Einheiten auszutauschen. Wer schon mal seinen Freunden beim Umzug geholfen hat, kennt die Freude und die Energie, die an solchen Tagen freigesetzt werden. (Falls nicht: Sie sollten sich dringend neue Freunde suchen!) Selbst wenn Sie allein etwas unternehmen, ist das sehr lohnend, weil man das Ergebnis messen und auswerten kann. Dies ist auch die Hauptfunktion jeder Bürokultur: Man unternimmt etwas miteinander, um »Streicheleinheiten« auszutauschen. Es kommt also weniger auf das Ergebnis an, sondern auf den gemeinsamen Weg dorthin. Penelope, die unermüdlich an ihrem Teppich webte, während sie auf die Heimkehr ihres Gatten Odysseus wartete, ist hierfür ein gutes Beispiel.

Intimität: »Für die Leute ist Intimität gleich Sex, aber Intimität hat vielmehr mit Wahrheit zu tun. Wenn Sie wissen, dass Sie einem anderen Menschen Ihre Wahrheit offenbaren können, wenn Sie ihm zeigen können, wer Sie tatsächlich sind, und wenn seine Antwort darauf ist: ›Bei mir bist du sicher‹, dann ist das Intimität«,[10] meint die Autorin Taylor Jenkins Reid.

Intimität ist der erfüllendste, aber auch der gefährlichste Weg, sich seine Streicheleinheiten zu verschaffen. Ich mag Taylor Jenkins Reids Definition von »Intimität«, aber auch was Frank Farrelly[11] zu diesem Thema sagt, gefällt mir: »Intimität heißt, auf den anderen völlig nackt zuzugehen und zu hoffen, dass er seine Fingernägel gestutzt hat.«[12] Das gilt auch in psychologischer Hinsicht. Nicht immer wird das Versprechen auf eine innige, erfüllende Beziehung gehalten. Manche Menschen erleben Intimität und Nähe als Gefahr. Sie haben solche Angst davor, sich nackt und verwundbar zu zeigen, dass sie all ihre Beziehungen zu psychologischen Spielen herabwürdigen.

Psychologische Spiele: Dies ist ein weiterer zentraler Begriff aus der Transaktionsanalyse. Solche Spiele entfalten sich im Spannungsfeld von Stephen Karpmans Dramadreieck mit seinen wohlbekannten Akteuren: Opfer, Verfolger und Retter. Der Vorteil der Rollen ist, dass sie stark kodifiziert sind (daher ihre »Bühnennamen«). So wird das jeweilige Verhalten vorhersagbar, während es zugleich den Anschein hat, als würden die Akteure sich unfreiwillig so verhalten. Da sie emotional gesehen einiges zu bieten haben, sind diese Rollen zwar eine Alternative zu Intimität und Nähe, aber alles andere als harmlos.[13]

Da viele Menschen Probleme mit Nähe haben, werden Sie mehr als einmal die Erfahrung machen, dass Ihre Versuche, Vertrautheit und Verbundenheit herzustellen, zu einem Psychodrama mutieren. Anderseits sollten Sie sich fragen: Warum sollte man zu jedem Menschen ein Gefühl der Nähe herstellen wollen? Wie wäre es, wenn Sie diese besondere Beziehungsqualität für die Menschen reservieren, die Ihnen nahestehen? Für so manche unserer Außenkontakte genügt ein schlichtes Ritual: hallo, bitte schön, danke schön.

Nun, ich denke, dass ich so vollständig wie nur möglich alle Gründe aufgezählt habe, die Ihnen helfen könnten, diesen verflixten Small Talk doch noch schätzen zu lernen. Ich hoffe, Sie betrachten solche Plaudereien nun mit wohlwollenderen Augen. Sie sind einfach nur ein Mittel, auf freundliche, unbeschwerte und unverfängliche Weise miteinander Kontakt zu halten.

Doch ich höre Sie schon protestieren: »Und was, wenn alle nur rumjammern?« Oft ist das auch nur Gerede, also gegenseitige Fellpflege mit dem Zweck, sozialen Zusammenhalt zu schaffen. Also kein Grund, sich aufzuregen! In der Transaktionsanalyse läuft das Ganze als das »Ist es nicht schrecklich?«-Spiel. Keiner fällt darauf wirklich herein. In diesem Buch werden wir uns später noch damit beschäftigen, wie unsere Entscheidungen uns autonom oder abhängig machen. Und wie sie erklären, was uns mitunter nervt.

Ich hoffe, dieses erste Kapitel hat Ihnen schon den ein oder anderen Hinweis gegeben, warum so viele Ihrer Versuche, ein (aus Ihrer Sicht) fruchtbares Gespräch anzufangen, scheitern. Wahrscheinlich lag es schlicht daran, dass Ihr Gesprächspartner einfach nur ein Schwätzchen halten wollte ...

Jetzt müssen Sie nur noch lernen, sich auf solche Plaudereien einzulassen und sich an ihrer Harmlosigkeit zu erfreuen. Um sich an solchen Gesprächen zu beteiligen (ohne dabei den Rest der Runde vor den Kopf zu stoßen), sollten Sie sich aufrichtig eingestehen, dass Sie überhaupt keine Ahnung haben von den Dingen, über die da geredet wird. Und statt das Thema gleich als langweilig abzutun, hören Sie den Leuten einfach freundlich zu. Vermeiden Sie aber auf jeden Fall, allzu technische Fragen zu stellen, mit denen Sie Ihre Gesprächspartner bloßstellen. Akzeptieren Sie, dass das Gespräch von einem Thema zum anderen springt. Wie wohltuend, wenn man in abendlicher Runde nicht mehr Angst haben muss, in einen Fettnapf zu treten!

Freilich braucht es dazu von Ihrer Seite ein wenig Übung. Nadège zum Beispiel hat mir erzählt: »Seit Sie mir erklärt haben, was der Sinn und Zweck von Small Talk ist, übe ich mich bewusst darin, über alles und nichts zu reden. Fast hätte ich jetzt gesagt ›zu reden und nichts zu sagen‹, aber ich habe mich noch rechtzeitig korrigiert! Ganz klar, da gibt es noch viel Luft nach oben, und ich habe bemerkt, wie sehr ich meine Friseurin immer wieder in Verlegenheit bringe. Mit ihren anderen Kundinnen plaudert sie munter wie ein Wasserfall. Bei mir dagegen scheitern ihre sämtlichen Versuche, ein Gespräch in Gang zu bringen. Meine Antworten scheinen sie regelmäßig zu irritieren, sodass sie jede Lust an einer Unterhaltung verliert. Dann macht sie mir schweigend die Haare, und es ist nicht zu übersehen, wie sehr sie sich dabei langweilt. Ich werde noch viel hinhorchen müssen, was die anderen Kundinnen so sagen, um den richtigen Ton zu treffen.«

2.

Sind Probleme wirklich dafür da, um gelöst zu werden?

»Der Intelligente löst Probleme. Der Weise vermeidet sie. Der Dummkopf schafft sie. Und wenn die Welt voller Probleme ist, dann muss es dafür einen Grund geben.«

Albert Einstein

Muss man Probleme denn lösen? Stelle ich diese Frage einem Menschen, der zu viel denkt, dann reißt er ungläubig die Augen auf. Was für eine absurde Frage! Für ihn liegt die Antwort ohne Wenn und Aber klar auf der Hand: selbstverständlich! Jedes Problem ist eine Herausforderung, die er annimmt und die seine Kreativität stimuliert. Die Lösung fest im Visier, schießt er bei der Suche nach derselben bisweilen über den Rahmen dessen hinaus, was in puncto Kosten, Rentabilität, Effektivität oder Machbarkeit noch vernünftig und vertretbar wäre. Ganz nach dem Motto: Eine Lösung muss her, koste es, was es wolle!

Bevor ich mit der Arbeit an diesem Buch anfing, hatte ich mir übrigens eine ähnliche Devise auf die Fahnen geschrieben. »Keine Probleme, nur Lösungen!«, sagte ich mir mehr als einmal. Doch als ich mich dann mit dieser Frage auseinandersetzte, musste ich auch meinen Wahlspruch überdenken. Denn im Universum der Neurotypiker ist diese Frage eine Sache der Abwägung und die Antwort fällt deutlich weniger bestimmt aus. Vermutlich würde sie sogar eher negativ ausfallen. Nein, Probleme muss man nicht um jeden Preis lösen. Das überrascht Sie? Schockiert Sie vielleicht sogar? Hinter dieser Einstellung steht jedoch eine bestimmte Logik. Diese Erkenntnis hat mir ein diebisches Vergnügen bereitet – genauso wie die konsternierte Miene, die hochsensible Grüblernaturen jedes Mal machten, wenn ich ihnen diese erläuterte.

Zen im Mahlstrom der Probleme

Zunächst einmal dachte ich, dass es sehr klug von den Normdenkern sei, sich mit den Problemen, mit denen man so zu tun hat, irgendwie zu arrangieren, statt sie unbedingt lösen zu wollen. Letztlich, so fand ich, zeigt sich darin doch eine gute Portion gesunder Menschenverstand. Denn mit ein wenig Abstand betrachtet muss man zugeben: Probleme wird es immer geben! Alle Herausforderungen dieser Welt lösen zu wollen ist doch, als wolle man den Ozean leerschöpfen.

Statt sich also abzustrampeln, um heute einen Berg an Problemen zu beseitigen, nur um morgen wieder vor einem ebenso hohen zu stehen, wäre es vielleicht besser zu lernen, wie man angesichts von Schwierigkeiten ruhig und gelassen bleibt. Schließlich genügt es doch, wenn man sich den Hut ins Gesicht zieht, wartet, bis das Unwetter sich verzogen hat, und akzeptiert, dass auf dieser Welt die Dinge niemals vollkommen sein werden.

Mit dieser Einstellung muss man für Probleme nur noch

Minimallösungen finden, und zwar auch erst dann, wenn sie wirklich unerträglich werden und es absolut nicht mehr anders geht. Minimallösung, das heißt: Man klebt einen Flicken auf den Fahrradschlauch und wartet mit dem Auswechseln, bis er komplett zerkrümelt ist. Der Nachteil dieser Praxis ist das Fehlen jeglicher Vorausschau. Andererseits müssen wir so für die zahllosen Probleme, mit denen wir von allen Seiten konfrontiert sind, nur wenig Zeit, Geld und Kraft aufwenden.

Diese Sicht der Dinge, die ich Normdenkern hier unterstelle, ist sicher in Teilen zutreffend und für 90 Prozent der Herausforderungen, mit denen wir zu tun haben, objektiv betrachtet auch klug und vernünftig. Vor einem solchen Hintergrund kann ich gut nachvollziehen, wie sehr ein »übertouriger« Hocheffizienter eine ganze Abteilung zermürben und seinem Chef den Eindruck vermitteln kann, er verhalte sich destruktiv, weil er alle Probleme, die es aus seiner Sicht gibt, unermüdlich wiederkäut.

Die Nachteile dieser Haltung zeigen sich erst in Zusammenhängen, die Vorausschau erfordern, damit wir das große Ganze im Blick behalten. Wer ein Eisenbahnnetz, eine Autobahnbrücke oder ein Atomkraftwerk nach der Flickschuster-Methode managt, steuert direkt in die Katastrophe. Und bei vielen von ihnen besteht die Arbeit der Untersuchungskommissionen dann hauptsächlich im Nachweis, dass das Unglück vermeidbar gewesen wäre.

Das ist wirklich schlimm, wenn nicht sogar tragisch. Solche »Unfälle«, die keine sind, sorgen bei Zu-viel-Denkern für flammende Empörung, weil sie sie nicht nur vorausgesehen hätten, sondern auch Lösungsvorschläge parat gehabt hätten. Doch auch Vorsicht und Vorbeugung können an Grenzen stoßen. Es gibt immer Risiken, die nicht beherrschbar sind. So ist es zum

Beispiel im Falle eines Reaktorunfalls unmöglich, eine ganze Großstadt samt Umland zu evakuieren oder vorbeugend an Millionen Menschen Jodtabletten zu verteilen.

Aber mit der Logik des Nichtlösens von Schwierigkeiten sind für Hocheffiziente noch andere Herausforderungen verbunden, wie ich nach und nach festgestellt habe. Probleme haben nämlich einen sozialen Nutzen, von dem sie gewöhnlich nichts ahnen!

Probleme liefern reichlich Gesprächsstoff

Zunächst einmal geben Probleme jeder Unterhaltung Nahrung, befördern also den Small Talk, an dessen Funktion als soziales Schmiermittel ich an dieser Stelle noch einmal erinnern möchte. Wie allgemein bekannt, weiß nur der Glückliche nichts zu erzählen. Wenn Sie ein Problem haben, dann haben Sie auch Gesprächsstoff und ein Thema, über das Sie sich austauschen können. Eine Versicherungsgesellschaft hat daraus sogar einen Werbespruch gemacht: »Wer gut versichert ist, hat nur ein Problem: Er hat nichts zu erzählen.«

Die Sorgen und Nöte von dem oder jenem bzw. unserer Angehöriger sind eine unerschöpfliche Quelle für Geplauder, immer vorausgesetzt, wir gehen dabei nicht in die Tiefe. Ein Problem zu haben rückt Sie in den Fokus und schützt Sie zugleich vor Eifersüchteleien. Denn wer keine Probleme hat, gilt schnell als Einfaltspinsel oder als unverschämter Glückspilz. Nichts nervt mehr als Leute, die mit Glück und obendrein noch mit guter Gesundheit gesegnet sind.

Wenn Sie wüssten, wie viele säuerliche Kommentare ich mir

schon anhören musste, weil ich immer ein Lächeln auf dem Gesicht trage! Unlängst hat mir sogar ein Apotheker vorgeworfen, dass ich viel zu gesund sei! Und als ich ihm lachend antwortete: »In der Tat! Ich dürfte wohl kaum Ihre beste Kundin sein!«, erwiderte er schroff: »Also dann bis nächstes Jahr!« (Womit er meinte: bis ich meine Versichertenkarte verlängern lasse.) Wenn Sie Probleme haben und davon erzählen, nehmen Sie Eifersüchteleien und Anfeindungen die Spitze. Ich werde aber trotzdem nicht krank, nur damit ich dem Apotheker einen Gefallen tue!

Der dahinterstehende Mechanismus lässt sich vor allem am Arbeitsplatz beobachten. Ein Betrieb, in dem es keine Probleme gibt, wird als Laden wahrgenommen, in dem jeder eine ruhige Kugel schiebt. Sich (scheinbar) zu vierteilen, um eine Unzahl von Problemen zu lösen, verleiht im Gegenteil das Image eines seriösen und leistungsfähigen Unternehmens. Darum stellt sich jede Firma so dar, als würde sie in Aufgaben, die dringend einer Lösung harren, ertrinken. Und darum darf sie eines auf keinen Fall tun: sie lösen!

Würden Sie nun Ihre Probleme meistern, müssten Sie neue produzieren, um Ihr Image nicht zu verlieren. Doch irgendwann würden die Leute merken, dass Ihre schönen Schwierigkeiten hausgemacht sind, was kontraproduktiv wäre: Der Mensch liebt zwar Probleme, aber nicht seine Urheber. Daher ist es besser, sie gut zu hüten und reichlich Wirbel darum zu machen.

Und schließlich liefern Probleme auch Nahrung für Psychospiele und die damit verbundenen (zwar negativen, aber sehr starken) kommunikativen Einheiten. Zudem halten sie Beziehungsstreitigkeiten am Leben. Worüber soll man sich denn in die Haare kriegen, wenn die Garage tatsächlich aufgeräumt ist? Nehmen wir an, Sie beweisen jemandem, dass sich ein bestimmtes Problem schnell lösen lässt. Die einzige Reaktion auf Ihre Argumente ist ein Psychospiel, das als »Ja … aber«-Spiel in die Transaktionsanalyse eingegangen ist. Bei diesem wird Ihr Gegenüber mithilfe zahlloser Einwände jeden Ihrer Lösungsvorschläge ins Leere laufen lassen: »Ja, natürlich … aber …«

Beweist das nicht, dass Probleme nicht dazu da sind, um gelöst zu werden? Außerdem erklärt es, warum so viele Versuche, etwas zu ändern, auf eine frustrierende Betonschädelmentalität stoßen, selbst wenn die angestrebten Veränderungen allen Beteiligten zugutekommen würden.

Akute Meetingitis

Was Menschen, die zu viel grübeln, so richtig nervt, sind diese ständigen Teambesprechungen. Sie sind in ihren Augen fruchtlos, nutzlos, endlos, und folglich langweilen sie sich zu Tode. Für ihr Empfinden dreht die Diskussion sich ewig im Kreis und führt zu nichts. Ein Eindruck, der nicht verkehrt ist. Wenn man nämlich von der Vorstellung ausgeht, Sinn und Zweck solcher Besprechungen sei es, Lösungen zu finden und Entscheidungen zu treffen, so kann man sehr wohl fassungslos den Kopf schütteln angesichts der Tatsache, wie viel Arbeitszeit dabei verloren geht.

Kann man sich aber mit dem Gedanken anfreunden, dass der Nutzen solcher Teambesprechungen ganz woanders liegt und sie andere Funktionen erfüllen, dann sind sie auf einmal gar nicht mehr so unproduktiv, wie es den Anschein hat. Denn es geht dabei um sehr viel wichtigere Dinge als das Lösen von Problemen: offene und verborgene Anliegen, ausgesprochen oder unausgesprochen, jedem klar oder von keinem bemerkt. Hinter jedem offensichtlichen Problem verbergen sich mehrere andere, die nicht so sehr ins Auge stechen. Für den, der willens ist, all diese Aspekte mit der nötigen Distanz zu betrachten, werden Teambesprechungen zu einer richtig spannenden Angelegenheit!

Vor allem ermöglichen sie den Beteiligten, Zeit miteinander zu verbringen und kommunikative Einheiten auszutauschen. Diese Funktion ist Ihnen mittlerweile bekannt. Bei jeder Zusammenkunft, ob beruflicher oder privater Natur, geht es prinzipiell immer um die verschiedenen Aspekte, wie der Einzelne zu seinen »Streicheleinheiten« kommt. Was sich bei solchen Gelegenheiten immer beobachten lässt, ist der »Ritualaspekt«, der eine sichere Basis schafft. Anschließend kommen die »müßigen« Unterhaltungen mit ihrem ebenso vorhersehbaren wie harmlosen Inhalten. Und schließlich folgt die »Aktivität«, auch wenn hier nicht das Ergebnis zählt, sondern der Prozess: Man braucht etwas, worüber man reden kann, etwas, was man gemeinsam tun kann. Sind alle Probleme gelöst, braucht es auch keine Besprechungen mehr, womit wir aber den Vorwand verlieren, uns kurzzuschließen.

Bei den Zusammenkünften im Sportverein oder bei karitativen bzw. kulturellen Vereinigungen geht es sogar noch lockerer her. Vorausgesetzt natürlich, es befindet sich kein Hocheffizienter in der Runde! Die Ernsthaftigkeit, mit der dieser selbst einen einfachen Flohmarkt durchplant, grenzt häufig ans Lächerliche. Daher mein Rat an alle Zu-viel-Denker: Machen Sie sich die Kluft zwischen den sozialen Aktivposten einer solchen Versammlung und Ihrem emotionalen Engagement bewusst.

Hören Sie auf, diese Veranstaltungen so bierernst zu nehmen: Genießen Sie es einfach, mit anderen Menschen zusammen zu sein, und beobachten Sie, was zwischen den Anwesenden abläuft. Solche Interaktionen zu verfolgen ist spannend, wenn man wahrnimmt, was da unterschwellig alles hereinspielt. Beobachten Sie bei der nächsten Eigentümerversammlung in Ihrem Wohnhaus nur mal, mit welch kaum verhohlenem Überschwang sich die Nachbarin aus dem dritten Stock über die Begonienbeete beschwert und das nicht nur einmal – einfach nur, um diesen wunderbaren Moment auszudehnen, endlich wahrgenommen zu werden!

Machtspiele

In der Welt der Normdenker nimmt jeder innerhalb einer Gruppe einen bestimmten Rang und Platz ein, aber nichts davon ist in Stein gemeißelt. Teamsitzungen sind daher auch eine Gelegenheit, Rang und Stellung des Einzelnen im Organigramm einer Firma zu festigen bzw. zu kontrollieren, ob die Teammitglieder sich den geltenden Codes unterwerfen. Nach einer Teamsitzung weiß jeder, wie er dran ist und woran er sich zu halten hat: Wer wo in der Hierarchie steht, wer gerade beim Chef gut angeschrieben bzw. mit wem man sich besser nicht sehen lässt, weil er in Ungnade gefallen ist.

Am Hof Ludwigs XIV. wurde dieses System auf die Spitze getrieben. Ein königliches Schnaufen oder ein schiefer Mundwinkel kam einer Verurteilung gleich, ein Lächeln oder gar ein freundliches Wort signalisierte, dass man wieder im Schein der Gnadensonne stand. Jeder Höfling lauerte wie erstarrt auf das geringste dieser Zeichen. Am Hof des Sonnenkönigs brodelte es nur so von Intrigen, Rivalitäten, Eifersüchteleien und Ränkespielen.

Das ist auch heute nicht wesentlich anders. Überall, wo sich Menschen zu einer Gruppe zusammenschließen, gibt es eine sichtbare und eine verborgene Hierarchie, gibt es Feindschaft, Eifersucht und Neid. Der politische Hickhack wird folglich gegenüber praktischen Fragen immer im Vordergrund stehen. Daher spielt Objektivität so gut wie keine Rolle, wenn es um die (erfolgreiche oder ergebnislose) Suche nach Lösungen geht.

Ein Problem zu lösen bedeutet Veränderung – und das wiederum kann zur Folge haben, dass das Narrativ einer Gruppe keine Grundlage mehr hat, sodass diese sich komplett neu erfinden muss. Wurde ein Problem beispielsweise lange Zeit als »extrem kompliziert« eingestuft, verliert diese Aussage ihre Berechtigung, wenn es sich doch als lösbar herausstellt. Diesen Aspekt muss man im Übrigen auch bei einer Therapie berücksichtigen. Wenn jemand sich auf eine Behandlung einlässt und sich ändert, hat dies auch Auswirkungen auf sein Verhältnis zu seinem Partner, seiner Familie und seinem Umfeld. Aus demselben Grund könnten Sie sich auch Ärger mit Ihrem Chef, Ihren Kollegen oder Angehörigen einhandeln, wenn Sie ein Problem einfach lösen.

Der Zugang zu diesem Gerangel um Macht, Rang und Stellung, um das sich in der neurotypischen Welt alles dreht, bleibt Menschen, die zu viel denken, meist verschlossen. Zwar sind sie sich gelegentlich solcher taktischer Manöver bewusst, reagieren darauf aber mit Bestürzung. So hat Francis genau erkannt, welche Rolle »Probleme« in seinem Unternehmen tatsächlich spielen. Er schreibt: »In meiner Firma werden Entscheidungen nur nach finanziellen Gesichtspunkten und auf kurze Sicht getroffen. Keiner betrachtet Probleme mit Bezug auf das Ganze. Jeder hier behauptet, er könne sich vor schwierigen Herausforderungen nicht mehr retten, weil es ein Arbeiten ohne sie in dieser Firma gar nicht gibt. Meine Kollegen fahren untereinander die Ellenbogen aus und liefern sich Konkurrenzkämpfe, während die offizielle Vorgabe Teamgeist und Zusammenarbeit lautet. Für mich ist ganz klar, dass sie ihre Machtspiele und ihren persönlichen Vorteil über das Wohl aller stellen.«

Machtspiele sind eine der Hauptreibungsflächen zwischen Hocheffizienten und Normdenkern. Nicht nur, dass Zu-viel-Denker mit Rangordnungen überhaupt nichts anfangen können, die meisten von ihnen empfinden jede Form von Ungerechtigkeit als schwärende Wunde. Daher würden sie nicht zögern, in schimmernder Rüstung ins Feld zu ziehen, um das Böse zu bekämpfen und die Unschuldigen zu retten. Sie haben ein fast schon zwanghaft zu nennendes Bedürfnis, anderen zu helfen und deren Probleme zu lösen. Und das Bedürfnis, Unrecht, Veruntreuung und Missbrauch anzuprangern bzw. mit dem Finger auf geheime Absprachen, Vetternwirtschaft und andere Mauscheleien hinzudeuten.

Dies nimmt man ihnen sehr übel. Die Geschichtsschreibung ist von Skandalen dieser Art gekennzeichnet. Soweit ich das überblicke, hat noch nie ein Whistleblower ein Wort des Dankes, geschweige denn eine Belohnung für jene Dienste erhalten, die er der Gemeinschaft geleistet hat. Ganz im Gegenteil! Ob einst eine Jeanne d'Arc oder heute ein Edward Snowden bzw. ein Julian Assange, sie haben teuer für ihre Kühnheit bezahlt. Während die Verursacher solcher Missstände für gewöhnlich sehr viel billiger davonkommen. Das Schlimmste was ihnen passiert, ist, dass man sie (wie beispielsweise die

Marquise de Montespan, die durch die sogenannte Giftaffäre[14] ins Zwielicht geriet) unauffällig in der Versenkung verschwinden lässt.

Am enttäuschendsten an der ganzen Sache ist dabei die Gleichgültigkeit, auf die solche Enthüllungen gewöhnlich in der Bevölkerung treffen. Schlimmer noch: Gerade dann, wenn man sich empören müsste, scheint die Öffentlichkeit regelrecht von Lethargie befallen. Der Warner, der, überzeugt von der Tragweite seiner Enthüllungen, hoffte, die Menge wachzurütteln, findet sich wieder als einsamer Rufer in der Wüste, ihm gegenüber nur die drei berühmten Affen: taub, blind und stumm. Denn in der Welt der Normdenker gibt es ein unausgesprochenes, unantastbares, unveränderliches und unverletzliches Gebot: »Die Machenschaften der Mächtigen haben dich nicht zu kümmern.«

Alle Normdenker haben diese Botschaft kapiert. Nicht so die Hocheffizienten, die ihre Zeit damit zubringen, sich jede Menge Ärger einzuhandeln. Soll man also lieber seinen Schnabel halten? Ja, und zwar dann, wenn die Angelegenheit den Aufwand nicht wert ist. Nein, wenn es absolut inakzeptabel ist, was da gespielt wird. Was Grüblernaturen jedoch am dringendsten lernen müssen, ist, dabei besonnen und geduldig vorzugehen und sich gut mit Argumenten und Infos einzudecken, ehe sie aktiv werden.

Die Kunst, Probleme nicht zu lösen

Alles in allem scheint es gravierende Unterschiede in der Art zu geben, wie Hocheffiziente und Normdenker jeweils an die Lösung von Problemen herangehen. Das Buch *La grande illusion de la technique*[15] von Jacques Neirynck enthält eine sehr interessante Beschreibung von zwei mehr oder weniger diametral entgegengesetzten Strategien zur Problemlösung. Der Unterschied zwischen ihnen erklärt meiner Meinung nach auch sehr gut, warum sich zwischen Menschen, die zu viel grübeln, und Normdenkern regelmäßig die Kluft des Unverständnisses auftut.

Angesichts der Übel des Daseins bieten sich dem Menschen, so Jacques Neirynck, zwei Möglichkeiten für Schutz und Zuflucht: Religion und Magie.

1. **Religion:** In diesem Geisteszustand verrichtet der Mensch Gebete und führt Rituale und Opferungen aus, da er hofft, sich die Gottheit dadurch geneigt zu machen. Diese Handlungen geben ihm das Gefühl, getan zu haben, was in seiner Macht steht und zugleich »nötig« war. Diese Haltung ermöglicht es dem Menschen auf der psychologischen Ebene auch, sein Schicksal anzunehmen, d. h. loszulassen. Das Leid erscheint nicht mehr als sinnlos, es ist vielmehr der Wille oder die Reaktion einer Gottheit. Auf diese Weise kann man es akzeptieren, ohne in Empörung oder Verzweiflung zu verfallen.
2. **Magie:** Sobald der Mensch sich der Magie zuwendet, sieht er sich nicht mehr als Mensch, der eine Gottheit anfleht und sich ihrer Gnade und Barmherzigkeit unterwirft. Er ist nun selbst Herr und Gestalter seines Schicksals. Magische Ritu-

ale sind keine Opfergaben an eine Gottheit, sondern ein gebieterischer Akt, der das Schicksal aufhebt.

Für Jacques Neirynck ist die Illusion der Technik die moderne Variante des magischen Denkens, denn sie wiegt den Menschen in dem Glauben, allmächtig zu sein. Darum findet sie breite Akzeptanz. Für jedes Problem – ganz gleich, ob politischer, sozialer, wirtschaftlicher, emotionaler, kultureller oder geistiger Natur – hat, ja fordert die Illusion der Technik eine materielle, technologische Lösung.

Geht es also nur darum, Probleme zu lösen oder sie regelrecht auszutreiben? Wir tragen schwer an der Illusion der Technik. Jacques Neirynck sagt hierzu: »Es ist unmöglich, der Illusion der Technik mit dem Verweis auf die Wirklichkeit, die Vernunft oder die Wissenschaft zu begegnen, weil sie so tut, als wäre sie realistisch, vernünftig und wissenschaftlich.«[16] Er schreibt weiter, die Illusion der Technik habe sich zum Dogma erhoben und dulde daher keinerlei Kritik. Selbst der geringste Einwand werde sogleich als irrational gebrandmarkt. Genau darin liege auch ihr Widerspruch: Zur wissenschaftlichen Praxis gehöre es, die eigenen Positionen zu hinterfragen. Dem verweigere sich die Illusion der Technik.[17]

»Experten« kanzeln neuerdings jeden als Ignoranten ab, der es wagt, sich für ihr Fachgebiet zu interessieren (Motto: Schuster bleib bei deinem Leisten). Wer dann noch die offizielle Version anzweifelt, der disqualifiziert sich damit gleich als Verschwörungstheoretiker. Gibt es denn überhaupt eine Möglichkeit herauszufinden, ob in einer bestimmten Situation die Illusion der Technik das Wort führt? Letztendlich ist das ganz einfach. Denn sie bringt automatisch vier schädliche Nebenwirkungen mit sich:

1. **Gegenteiliger Effekt:** Es tritt das Gegenteil dessen ein, was man erwartet hat – Krankheiten verschlimmern sich, Prozesse werden noch komplizierter, Zeitverlust statt Zeitersparnis.
2. **Zentralisierende Wirkung:** Führt wie die Macht eines Magiers oder die verdeckte Einflussnahme von Lobbyisten dazu, dass sich ein Übermaß an Macht in Händen einiger weniger Personen konzentriert.
3. **Amoralische Wirkung:** Ethische Normen werden unter dem Vorwand höherer Effizienz preisgegeben.
4. **Zwangswirkung:** Man ist gezwungen, sich der Illusion der Technik mangels Alternativen zu beugen: Kann man sein Land entmilitarisieren, eine Chemotherapie ablehnen, eine invasive, aber der Vorsorge dienende Untersuchung verweigern?

Wie mächtig und wie weit verbreitet die Illusion der Technik ist, wird mit schöner Regelmäßigkeit bewiesen durch das, was auf dieser Welt passiert. Allenthalben setzt man lieber auf diese Form der Magie, statt die Unwägbarkeiten des Daseins zu akzeptieren. Die Illusion der Allmacht preiszugeben würde bedeuten, dass der Mensch sich wieder mit seiner Verletzlichkeit auseinandersetzen müsste.

Wenn ich zu viel denkenden Menschen all diese Gesichtspunkte aufzähle, sind sie zutiefst schockiert von der Vorstellung, dass Probleme so viele Vorteile haben und in erster Linie dazu dienen, durch ein Schwätzchen soziale Bindungen herzustellen. Doch wenn sie ein wenig über das Ganze nachdenken, wird ihnen klar, dass auch sie Schwierigkeiten nutzen, um als Menschen wahrgenommen zu werden. Sie wollen der Gruppe ihre »Problemlöser-Talente« anbieten, um ihren Wert als Mensch unter Beweis zu stellen und Anerkennung zu erhalten.

Doch leider tritt genau der gegenteilige Effekt ein. Als Hocheffiziente müssen Sie begreifen, wie ermüdend Ihr Eifer bei der Schaffung einer problemfreien Welt für alle Beteiligten ist. Die Hartnäckigkeit, mit der Sie jede Schwierigkeit erspähen, ans Licht zerren und auf den Präsentierteller legen, kommt bei Normdenkern nicht gerade gut an. Diese haben ein für alle Mal für sich beschlossen, dass die Welt nun mal nicht vollkommen ist und dass es immer Probleme geben wird. Es ist also ihr gutes Recht, dass man sie mit solchen Dingen verschont. Außerdem würden manche Lösungsvorschläge, die Zu-viel-Denker machen, so viel Zeit, Kraft und Geld verschlingen, dass sie das unrealistisch und sogar lächerlich erscheinen lässt. Null Risiko gibt es nun mal nicht.

Und so schockierend das in Ihren Ohren auch klingen mag, manchmal kann es die bessere Lösung sein zu warten, bis die alte Brücke einstürzt, um sie durch eine neue zu ersetzen. Dabei tragen politische und versteckte finanzielle Interessen einiger weniger den Sieg über das Gemeinwohl davon. So geht es nun mal zu auf der Welt.

Wer glaubt, dass alle Probleme gelöst werden können, der vergisst das physikalische Gesetz von der Zunahme der Entropie, das zur Folge hat, dass Eisen rostet, Holz fault und mein Kaffee unvermeidlich kalt wird. Nichts entsteht, nichts vergeht, alles wandelt sich immer nur. Probleme scheinen nicht dafür da zu sein, gelöst zu werden, sondern dafür, dass sie sich auflösen und in andere, gewichtigere Probleme verwandeln. Das ist der Lauf der Dinge seit Jahrmillionen.

3.

Der *Homo sapiens* und sein Riesenhirn

Um besser verstehen zu können, was es mit sozialen Codes und deren Inhalt auf sich hat, schien es mir das Beste, den Verlauf der Menschheitsgeschichte seit ihren Anfangstagen nachzuzeichnen. Mit anderen Worten: Wir machen geschichtlich einen Sprung von mehreren Millionen Jahren.

Der *Homo sapiens:* vernunftbegabtes Wesen oder intelligenter Primat?

Vor drei Millionen Jahren war der Mensch noch ein Tier wie alle anderen. Eine kleine, schwache Kreatur innerhalb der Nahrungskette. Er lebte in der Natur und ernährte sich von dem, was er in der freien Wildbahn fand: Beeren und andere Früchte, Fische, kleine Tiere etc. Der Mensch lebte in kleinen Gruppen, die ohne feste Unterkunft jagend und sammelnd dorthin zogen, wo sich etwas Essbares auftreiben ließ. Dieses System hat sehr lange Zeit gut funktioniert. Die Menschen waren friedfertig und lebten in Harmonie mit ihrer natürlichen Umgebung.

Doch dann eines Tages, so vor etwa 45 000 Jahren, man weiß nicht, wie, man weiß nicht, warum, fing der Schädel dieses kleinen Primaten an, immer größer und größer zu werden, bis er (und das Gehirn in seinem Inneren) schließlich dreimal so groß war wie zuvor. Damit Sie eine Vorstellung von der Größenordnung bekommen: Das Gehirn eines Säugetieres, das 60 Kilogramm wiegt, hat im Durchschnitt ein Volumen von 200 Kubikzentimetern. Der Schädelinhalt eines Australopithecus brachte es schon auf beachtliche 500 Kubikzentimeter. Und das Gehirn des modernen Menschen hat circa 1300 Kubikzentimeter Volumen.

Die Frage, wie viel eine solche Veränderung tatsächlich besagt, ist durchaus berechtigt. Lange Zeit galt ja die Ansicht: Je größer der Schädel, desto intelligenter das Tier, dem er gehört. Außerdem müsste man sich irgendwann einmal darüber verständigen, was eigentlich unter »Intelligenz« zu verstehen ist. Rein praktisch gesehen ist so ein Riesenhirn für den restlichen Körper eher hinderlich und strapaziös. Es zwingt den Besitzer, sich aufrecht zu halten, und beschert ihm dafür einen steifen Nacken ... Obwohl das Gehirn nur zwischen 2 und 3 Prozent des Gesamtkörpergewichts ausmacht, gehen energetisch 25 Prozent des Grundumsatzes in Ruhe allein auf sein Konto. Bei den anderen Menschenaffen sind es nur 8 Prozent.

Ist es also wirklich vorteilhaft, so ein Gehirn zu haben? Schwer zu sagen. Jedenfalls begann der Mensch aufgrund der Fähigkeiten, die ihm dieses veränderte Gehirn bescherte, sich mehr und mehr von anderen Primaten zu unterscheiden: Er stellte Werkzeuge her und machte sich das Feuer zunutze. Bis heute ist und bleibt der Mensch das einzige Lebewesen, das gelernt hat, es zu beherrschen. Vor 300 000 Jahren unterhielt der Mensch täglich ein offenes Feuer. Dies machte ihn weniger verwundbar und schützte ihn vor Kälte und Raubtieren gleichermaßen.

Später fand er heraus, dass Kochen seine Nahrung leichter verdaulich machte. Der Mensch lernte, seine Nahrung auf dem Feuer zuzubereiten, und so hatte er genug Zeit und Energie für die Bedürfnisse seines Gehirns. Mit dem Kochen setzte auch die Sozialisierung des Menschen ein: Das gemeinsame Verzehren der Mahlzeiten unterscheidet den Menschen vom Tier. Das gemeinschaftliche Mahl und die Freude an seiner Zubereitung bilden auch heute noch das Herzstück jeder Geselligkeit. Dies müssen wir uns unbedingt bewahren!

Unser Riesengehirn brachte aber noch weitere Veränderungen mit sich. Vor circa 45 000 Jahren vollzog der Mensch das, was als »kognitive Revolution« bezeichnet wird, d.h. er vollzog den Übergang zum abstrakten Denken. Er lernte, in Konzepten und Begriffen zu reflektieren, mögliche Folgen seines Handelns denkend vorwegzunehmen, Hypothesen und Kausalzusammenhänge zu formulieren und sich diverse Szenarien auszumalen etc. Der Mensch wurde damit zur einzigen Affenart, die imstande ist, sich wegen einer Banane, die gar nicht existiert, in die Wolle zu kriegen.

Und er hat seitdem nicht aufgehört, sich geistig in eine immer abstraktere Welt einzuschließen. Schauen Sie sich doch nur mal um, wie viel Zeit die Leute im Café oder im Fernsehstudio damit verbringen, über inhaltsleere Hypothesen zu debattieren: wie dieses oder jenes Fußballspiel ausgehen könnte, dass möglicherweise der Präsident sein Kabinett umbilden muss, dass vielleicht aus dieser oder jener Wahl (bei der man die Liste der Kandidaten noch nicht kennt) einer siegreich hervorgehen wird (von dem man noch gar nicht weiß, ob er überhaupt aufgestellt wird). Das ist immer noch das gleiche Affentheater um diese nicht existierenden Bananen.

Zu seinem Leidwesen ließen diese neu erworbenen Fähigkeiten zur Abstraktion und Vorausschau den Menschen auch seine Sterblichkeit und Verwundbarkeit entdecken. Der *Homo sapiens* wurde nun massiv von Angst gebeutelt. In diesem von abstrakten Gedanken überquellenden Riesenhirn vermehrte sich auch die Angst rasant und vereinnahmte einen Großteil des menschlichen Erfindungsgeistes.

Nun macht die Angst aber gewöhnlich bösartig und gierig. Das war der Grund, wieso der Mensch seine soeben erworbenen geistigen Fähigkeiten vorzugsweise dazu missbrauchte, Mechanismen zu ersinnen, um Herden von Wildtieren oder »Feinde« in die Falle zu locken. Er begann, Blutbäder anzurichten, für die sich etwa ab dieser Zeit historische Spuren finden. Seitdem sind Hinterlist und Tücke zu einem Markenzeichen des Menschen geworden, der im Laufe der Jahrtausende immer raffiniertere Waffen und Fangvorrichtungen erdachte – von der Steinschleuder bis zur Kanone, von der Kalaschnikow bis zum Atomsprengkopf. Und der *Homo sapiens* bastelt garantiert schon wieder an etwas noch Schlimmerem!

Als ich im Synonymelexikon nach dem richtigen Wort für all diese Bluttaten suchte, kam ich auf folgende Liste: Massaker, Mord, Metzelei, Abschlachtung, Blutopfer, Blutvergießen, Auslöschung, Massenvernichtung, Völkermord, Pogrom, Holocaust, ethnische Säuberung. Meiner Ansicht nach sollte diese Liste ein möglichst großes Spektrum abdecken, sodass sie diese neue Fähigkeit angemessen beschreibt. So wenig wie der Mensch sich dabei denkt, eine ganze Büffelherde abzuschlachten, nur um sich ein Steak aus der Lende eines Tieres zu schneiden. Ebenso kurzen Prozess macht er mit seinen Artgenossen. Die Geschichte der Menschheit ist nun eine Abfolge von Kriegen und Massakern.

»Der *Homo sapiens* ist nicht gerade für seine Toleranz

bekannt«[18], so die nüchterne Feststellung von Yuval Noah Harari. Der Mensch ist definitiv ein Tunichtgut, der seit 45 000 Jahren alles verwüstet und vernichtet, was ihm über den Weg läuft. Eines Tages sollten wir uns das wirklich eingestehen. Wir müssen auch lernen, mit unseren Ängsten anders umzugehen. Andererseits ist der Mensch aber ein bewundernswertes Äffchen, das mutig, ja kühn, den Stürmen auf tosender See trotzt, Berge erstürmt, Straßen, Brücken, Kathedralen und Wolkenkratzer errichtet und unter Lebensgefahr versucht, den Weltraum zu erobern. Und das nötigt einem schon Respekt ab.

Dem Menschen ist es gelungen, sich an die Spitze der Nahrungskette zu setzen, und er hat als Individuum »Revolution« an »Revolution« gereiht. Seit 45 000 Jahren versucht er unermüdlich, seine Welt zu entziffern und zu zähmen. Angetrieben von einer unstillbaren Neugier untersucht und erforscht das Äffchen alles, was es umgibt – vom Makrokosmos bis hinunter zum Mikrokosmos, vom Weltall zum Elementarteilchen.[19]

Alles wird immer schneller. Entdeckungen und Fortschritte, sofern es tatsächlich solche sind, reihen sich aneinander und vervielfachen sich. Auch wenn manche Forschungen beunruhigend und aus ethischer Sicht problematisch sind, so sind die dabei gemachten Fortschritte doch faszinierend. Paradoxerweise scheint sich der Mensch umso mehr ins eigene Fleisch zu schneiden, je wissenschaftlicher und rationaler er zu sein glaubt. Heute schafft der Fortschritt mehr Probleme, als er löst. Doch seit 45 000 Jahren hat der Mensch es regelmäßig geschafft, immer wieder auf die Füße zu fallen, und so wird er wahrscheinlich wieder etwas Neues erfinden, um zu überleben und sich weiterzuentwickeln. Was wird er wohl noch austüfteln, um die Suppe auszulöffeln, die er sich eingebrockt hat? Was wird er wohl in 45 000 Jahren über unsere Zeit sagen?

Homo sapiens heißt »vernunftbegabter Mensch«. Das ist allerdings nicht der erste Begriff, der mir einfällt, wenn ich an die Menschheit von heute denke. Aber das kleine Äffchen ist und bleibt doch ein bezauberndes, anziehendes Wesen, denn es ist ja nicht nur ein Hohlkopf. Die kognitive Revolution hat den Menschen auch zum Genie werden lassen, zum Künstler und zu einem wunderbaren Geschichtenerzähler … sobald er zu reden gelernt hatte. Man muss nur ein Gedicht lesen, ein Gemälde betrachten oder sich eine Sinfonie anhören, um sich sogleich wieder mit dem 1300-Kubikzentimeter-Gehirn des Menschen zu versöhnen.

Die kognitive Revolution und ihre Folgen

Ohne sich dessen bewusst zu sein, verstrickte sich der Mensch vor 45 000 Jahren zusehends in eine fiktive Wirklichkeit, die das Produkt seines Verstandes war. Er stellte Kausalbeziehungen her und ersann Theorien, Regeln und Gesetze, die sicherlich nützlich waren. Aber er vergaß darüber, dass es sich dabei um willkürliche Abstraktionen handelte.

Ich vergleiche den Menschen gern mit dem kleinen Fuchs, der in dem Wald bei meinem Haus lebt und meinem Garten regelmäßig einen Besuch abstattet. Er besitzt weder Armbanduhr noch Personalausweis oder gar Kreditkarte. Er kennt keine Grenzen und missachtet die Einfriedung »meines Eigentums«, indem er einfach unter der Hecke durchschlüpft. Er überquert nicht die Straße, vielmehr durchquert die Straße seinen Wald. Und wenn ich schon so blöd bin, störend in die Natur einzugreifen, indem ich die Vögel füttere, dann kann er sich auch in der Vorratskammer versorgen, die ich damit für ihn angelegt habe. Es versetzt mir zwar jedes Mal einen Stich, wenn ich die Federhäufchen auf meinem Rasen sehe, doch mit keinem Gesetz der Welt ließe sich ein hungriger Fuchs von seinem Treiben abhalten. Nur wir Menschen bringen es fertig, Hunger als Verbrechen zu betrachten und uns gegenseitig dafür zu verurteilen, Nahrung zu »stehlen«.

Wir sind so sehr darauf konditioniert, unser gesamtes Leben in dieser menschengemachten Alltagswelt, genannt »Zivilisation«, zu verbringen, dass wir geistig nicht mehr genügend Abstand haben, um den abstrakten Charakter unserer Regeln zu erkennen – außer vielleicht in gewissen Momenten, blitzartig und punktuell, wenn wir unmittelbar davon betroffen sind. Ich habe mehrfach versucht, den Menschen in meiner Umgebung zu erklären, wie künstlich viele Aspekte unserer Art zu leben sind. Und erntete dafür nur Unverständnis und Erstaunen. Die fiktive Realität, in der wir leben, übt eine unglaublich starke kollektive und hypnotische Wirkung aus. Aber so schnell gebe ich nicht auf. Ich versuche es immer wieder.

Das lässt sich vielleicht am besten am Beispiel von Geld zeigen. Geld ist ein Zahlungsmittel, mit dem man Tauschgeschäfte einfacher abwickeln kann. Das Metall, aus dem unsere Münzen bestehen, hat nur den Wert, den wir ihm zuschreiben. Gold zum Beispiel ist ein eher weiches Metall, und außer Schmuckgegenständen kann man daraus nicht großartig was herstellen. Warum misst man ihm also eine so hohe Bedeutung zu? Ebenso ist der Wert eines rechteckigen Stückchens aus grünem Papier, aus dem der Eindollarschein besteht, nur symbolischer Natur. Trotzdem betrachten es die meisten Menschen auf diesem Planeten als gültiges Zahlungsmittel.

Was den abstrakten Charakter von Geld angeht, gibt es eine

Geschichte, die sich in der Persönlichkeitsentwicklerszene großer Beliebtheit erfreut: Ein Tourist kommt in einer kleinen Stadt an. Er reserviert ein Zimmer im Hotel, zahlt dafür bar mit einem Hunderteuroschein und bricht dann auf zu einem Stadtrundgang. Der Hotelbesitzer nimmt den Geldschein und nutzt diesen warmen Regen, um seine offene Rechnung bei der Reinigung zu zahlen. Deren Inhaber stürzt los in die Kfz-Werkstatt, um die Reparatur zu zahlen, die er unlängst machen ließ. Der Mechaniker flitzt daraufhin sofort zum Bäcker, und so geht es weiter reihum, bis der Geldschein schließlich wieder beim Hotelier landet, weil jemand damit die Rechnung für ein Bankett begleicht. In dem Moment betritt der Tourist das Hotel erneut. Er muss unvorhergesehen abreisen und möchte seine 100 Euro zurück. Der Hotelier gibt ihm seinen Hunderteuroschein zurück, mit dem in der Zwischenzeit ein Haufen offener Rechnungen beglichen wurde. Diese Geschichte soll den virtuellen Charakter des Geldes belegen. Ein Volkswirt würde sicher sofort erkennen, was an dieser Milchmädchenrechnung nicht stimmt. Was mir recht sein soll, weil ich mit Buchführung nichts am Hut habe, dafür aber diese Geschichte mag und immer wieder gern an meinen kleinen Fuchs denke, der froh und glücklich ohne Kreditkarte lebt.

Genauso verhält es sich mit dem Konzept der Zeit. Während Sie diese Zeilen lesen, haben wir ganz offensichtlich ein bestimmtes Datum und eine bestimmte Uhrzeit. Zum Beispiel: Während ich dies hier schreibe, haben wir den 1. Februar 2021, und die Uhr zeigt 9.26. Das Jahr 2021, aber bezogen worauf? Das chinesische Neujahr fällt auf den 12. Februar 2021, und mit ihm beginnt das Jahr des Büffels. Nach dem französischen Revolutionskalender hätten wir den 1. Primidi Pluviôse des Jahres 213 (sofern ich mich nicht verrechnet habe!). Und in

Tokio ist es im Moment 17.26 Uhr, in Moskau 11.26 Uhr und 0.26 Uhr in Los Angeles. Eine Reise per Flugzeug oder Rakete kann das Konzept »Zeit« noch mehr durcheinanderbringen: Sie fliegen los und kommen am Vorabend Ihrer Abreise wieder nach Hause. Also: Wie spät ist es gerade? Und was hält unser Füchslein von der ganzen Sache? Erkennen Sie, worauf ich hinauswill, wenn ich von der virtuellen, willkürlichen Seite unserer Spielregeln spreche?

Wie weiter oben bereits angesprochen, war vermutlich der erste Mechanismus, der mit dieser Fähigkeit zur Abstraktion kam, das vorausschauende Denken. Diese Fähigkeit, Dinge in die Zukunft zu projizieren, hat die Ängste des *Homo sapiens* verstärkt und vermehrt. Dies erklärt wiederum weitgehend die Aggressivität und die Grausamkeit, zu der der Mensch fähig ist. Wir haben die biologische Erinnerung konserviert, dass wir einst schwächliche, von allen Seiten bedrohte Kreaturen waren. Diese Wahrnehmung von uns als Wesen, die akut großer Gefahr ausgesetzt sind, ist heute jedoch unbegründet. Das praktisch einzige Raubtier, das dem Menschen heute noch gefährlich werden kann, ist er selbst. Dennoch hat er sich hermetisch in sein gedankliches Gefängnis aus Ängsten eingeschlossen. Gewiss erleben die Menschen, die einen Therapeuten aufsuchen, reale Leidsituationen, doch verantwortlich für ihren Leidensdruck sind vorwiegend unbewusste Faktoren.

Ebenso treibt uns die Angst vor Mangel bzw. Knappheit zum Hamstern und Horten. In unserer Welt des Überflusses, wo Apfelbäume mehr Äpfel tragen, als ein Mensch essen kann, hat sich der *Homo sapiens* auf eine Knappheitslogik fixiert und damit paradoxerweise auf eine Logik der Verschwendung. Darin bestärkt wurde er vermutlich durch den Ackerbau und die Notwendigkeit, Saatgut fürs nächste Jahr aufzusparen.

Doch Anhäufen und Lagern sind Angstreflexe. Das trifft auf alles zu, was sich aufbewahren lässt: von Lebensmitteln über Brennholz für den Kamin bis hin zum Geld. Doch gerade die Lagerhaltung kann zu Knappheit und sogar zu Katastrophen führen, wenn die kostbaren Vorräte unglücklicherweise vernichtet werden. Aber wie wir regelmäßig beobachten können, hat der *Homo sapiens* das immer noch nicht begriffen. Man denke nur daran, wie jüngst wegen eines drohenden Lockdowns kein Toilettenpapier mehr zu bekommen war.

Die Sicherheit dieses kleinen verängstigten Affen hing in hohem Maß vom guten Zusammenhalt der Gruppe ab. Deswegen ist seine Fähigkeit zur Zusammenarbeit überdurchschnittlich entwickelt. Selbst bei sehr naturnah lebenden indigenen Völkern sind die familiären Beziehungen Riten und Regeln unterworfen, deren Einhaltung durch Tabus und Sanktionen sichergestellt wird. Hier nun haben wir die positive Seite der kognitiven Revolution, die der *Homo sapiens* vollzogen hat. Weil der Mensch sich soziale Codes, Regeln und später Gesetze gab, wurde es möglich, auch in noch größeren Gruppen, als er sie bisher gebildet hatte, effektiv zusammenzuarbeiten. Dabei sehen wir die ganze Magie der Symbole am Werk.

Aus dem zwanghaften Bedürfnis heraus, eine Umwelt zu kontrollieren, die dieses arme, von seinem eigenen Gehirn in Angst und Schrecken versetzte Äffchen als ständige Bedrohung erlebte, wurden diese Regeln allmählich immer komplexer. Und zudem absurd und widersprüchlich. Wir reiben uns nichtsdestotrotz auf in dem Versuch, sie zu befolgen und wieder in einen Sinnzusammenhang zu stellen. In welcher verkehrten Welt leben wir eigentlich? Was ist da passiert? Wie können wir diese absurde, illusorische Welt für die Wirklichkeit halten?

Am Rande der »zivilisierten« Welt, die sich immer stärker in die Zwangsjacke ihrer ebenso komplexen wie unnatürlichen Spielregeln verschloss, gelang es da und dort einzelnen Ethnien wie den Eskimos, den Aborigines in Australien, den Indianern im Amazonasgebiet oder den afrikanischen Buschmännern bis ins 20. Jahrhundert hinein, in vollkommenem Gleichgewicht mit ihrer Umwelt zu leben. Mögen diese indigenen Gruppen in den Augen mancher Menschen »rückständig« sein oder gar »Wilde«, aus ökologischer Sicht haben sie großartige Leistungen vorzuweisen.

Für den bereits erwähnten Jacques Neirynck stellt ökologisch betrachtet eine im Wesentlichen agrarische Gesellschaft das Optimum dar, eine Gesellschaft, in der Technik handwerklich organisiert ist, in der jede Region quasi autark von ihren jeweiligen Ressourcen lebt, der Verbrauch nicht erneuerbarer Energien nicht ins Gewicht fällt und biologischer Ackerbau betrieben wird.[20] Im Frankreich des 12. Jahrhunderts bestand ein solches Gleichgewicht, und das Land hätte es auch bewahren können, hätte man sich damals entschlossen, die Bevölkerungszahlen zu regulieren, doch der Beginn der Kreuzzüge verhinderte dies. Wollte man die imaginäre Wirklichkeit dieser »primitiven« Ethnien auf einen Nenner bringen, sähe dies aus wie folgt: sich einfügen in die natürliche Umgebung, in den Reigen der Jahreszeiten und die Zyklen des Lebens, wie schon die Generationen zuvor es taten, statt um jeden Preis modern sein zu wollen, was immer mehr einer Flucht nach vorn gleichkommt.

Die Regeln, welche unser Zusammenleben in dieser imaginären, uns hypnotisierenden Wirklichkeit bestimmen, sind also genauso willkürlich wie die Regeln jedes beliebigen Gesellschaftsspiels. Warum aber fügen sich manche Menschen so bereitwillig in diese Regularien? Warum stellen andere sie dagegen dauernd infrage? Und warum schließlich nehmen sich manche die Freiheit heraus, mit den vorgegebenen Grenzen zu spielen und sie bedenkenlos zu überschreiten?

Eine virtuelle Welt jenseits aller Vorstellungskraft

»Wir sehen von der Welt nur, was wir bereit sind zu sehen. Um ein System verstehen zu können, müssen wir uns aus diesem System herausbegeben.«[21]

Bernard Werber, *Les thanatonautes*

Nun könnte man einwenden, dass die Codes und Spielregeln, die das Leben des modernen Menschen bestimmen, zugegebenermaßen willkürlich, dennoch aber höchst real sind. Und wenn eine Grenze hundertmal nichts anderes ist als eine auf dem Boden gezogene künstliche Linie, so hat sie doch für viele Menschen Bedeutung. Die Vorstellung, dass wir auf der einen Seite dieser Linie zu Hause sind, uns aber im »Ausland« befinden, sobald wir sie überschreiten, wird allgemein akzeptiert. Wir geben sogar zu, dass diese Grenze ein Dorf zweiteilen und die Bewohner auf der einen Seite der Straße zwingen kann, die gänzlich anderen Gesetze ihrer Nachbarn von gegenüber zu respektieren.

Wir vergessen darüber, dass sich diese imaginären Linien im Gefolge von Grenzkriegen immer wieder verschieben. Allein Politpoker und Machtkämpfe bestimmen, Bürger welchen Staates wir gerade sind. Die Elsässer, die im Laufe der Jahrhunderte abwechselnd mal Deutsche, mal Franzosen waren, können ein Lied davon singen! Dünkirchen schlug diesbezüglich jedoch alle Rekorde: Am 25. Juni 1658, der als »der verrückte Tag« in die Geschichte eingegangen ist, war die Stadt vormittags spanisch, mittags französisch und abends englisch. Trotzdem empfinden es viele immer noch als völlig normal und auch richtig, ihr Leben fürs »Vaterland« zu geben, was, wie wir gesehen haben, ein eher relativer Begriff ist.

Analog verhält es sich mit der Natur bzw. den Abbildungen der Natur. Ein Foto ist definitiv ein materielles Objekt, aber es ist nicht die Natur selbst. Wir meinen, zwischen Illusion und Wirklichkeit unterscheiden zu können, ist doch der Filmstreifen als solcher etwas Materielles (oder war es zumindest, solange Filme noch auf Zelluloid gebannt wurden), während der projizierte Film immateriell ist. Doch Spezialeffekte, Bildmanipulation, Digitalisierung und staatliche Propaganda lassen uns immer mehr den Kontakt zur Wirklichkeit verlieren. Das krasseste Beispiel für diese Illusionsgläubigkeit sind jene Journalisten, die anlässlich der Dreharbeiten zu *Gravity* von Sandra Bullock und George Clooney wissen wollten, ob die Weltraumszenen nicht sehr anstrengend gewesen seien. Der Mensch lebt, um es mal so zu sagen, in einer Art von Dauerhypnose in der Blase seiner Abstraktionen und befolgt, seiner Biologie entfremdet, völlig unsinnige Regeln. Und nur den wenigsten ist dies bewusst.

In Platons Höhle

Bereits 400 v. Chr. machte sich Platon Gedanken zu diesem hypnotisierten Geisteszustand, aus dem er seine Zeitgenossen mithilfe des Höhlengleichnisses zu reißen versuchte. In seinem Gleichnis leben die Menschen angekettet in einer Höhle. Das Licht, das von draußen hereindringt, fällt in ihren Rücken. Was sie für das Leben halten, sind nur ihre eigenen Schatten, die sich an der Höhlenwand bewegen. Schon Platon kam damals zu dem Schluss: Gelänge es einem der Gefangenen, sich aus seinen Ketten zu befreien und die Höhle zu verlassen, und käme er dann zurück, um seinen immer noch angeketteten Leidensgenossen von einst die Wahrheit zu berichten, so würde er übel aufgenommen, weil sie seinen Worten keinen Glauben schenken und lieber weiter im Dunkeln verharren würden.

Gleich Platon versucht auch Richard Bach in seinen Romanen *Die Möwe Jonathan* und *Illusionen. Die Abenteuer eines Messias wider Willen*[22] uns mithilfe von Metaphern aus unserer Hypnose herauszuholen. Doch die Analyse, die zeigt, dass unser Bild der Welt sehr viel beliebiger ist, als wir glauben, geht noch weiter. In seinem Roman *Die Schule der Egoisten* fragt Eric-Emmanuel Schmitt: Was wäre, wenn die Welt, die mich umgibt, nur das Produkt meiner Fantasie ist? Mit ebenso viel Humor wie Tiefgang erforscht sein Protagonist die philosophischen Aspekte der verschiedenen Facetten des Egoismus, ausgehend von folgender Definition: »Als ›Egoisten‹ bezeichnet man einen Menschen, der glaubt, er allein existiere auf dieser Welt und alles andere sei nur ein Traum.«[23] Bei der Lektüre dieses Romans kommt man innerlich ins Trudeln, denn der Autor schneidet damit ein grundlegendes Thema an. Wer hatte wirklich noch nie das Gefühl, dass seine Sinne ihm einen Streich spielen? Wer hat sich noch nie gefragt, ob es Traum oder Wirklichkeit ist, was er erlebt?

Eric-Emmanuel Schmitt lässt seinen Helden Gaspard Languenhaert dazu Folgendes sagen: »Ich selbst bin der Ursprung meiner Wahrnehmungen. Der Schöpfer dieser Welt aus Farben, Gegenständen und Gerüchen, das bin ich. Wenn Sie träumen, sind Sie dann nicht der Urheber Ihres Traumes? Wenn Sie sich über die Meere segeln sehen, mit Kurs auf Amerika, sind die Wellen da etwas anderes als das Produkt Ihrer Vorstellung? Selbstverständlich, handelt es sich doch um einen Traum. Wer sagt Ihnen das? Das Erwachen. Und wenn Sie nun aus dem Leben erwachten? Wer garantiert Ihnen denn, dass Sie just in diesem Augenblick nicht träumen?«[24]

Platon ist davon ebenso überzeugt wie Gaspard: Die Menschen leben, getäuscht von ihren Sinnen, in einer illusorischen Welt. Die unmittelbare, tastbare Wirklichkeit ist nicht die wahre Wirklichkeit. Und die Quantenphysik ist geneigt, ihm zuzustimmen.

Die schwindelerregende Welt der Quanten

Bedeutet Realist zu sein, die Wirklichkeit so zu sehen, wie sie ist? Eine vermeintlich noch so objektive Beschreibung kann dennoch unvollständig sein, weil sie auf das beschränkt bleibt, was der Beobachter imstande ist wahrzunehmen. Selbst der Realismus der Wissenschaft ist relativ, und seine Aussagen werden durch neue Erkenntnisse regelmäßig infrage gestellt.

Die Quantenphysik zwingt uns, unser Wirklichkeitsverständnis zu hinterfragen, unsere bisherigen Konzepte zu überdenken und durch neue zu ersetzen. So wissen wir beispielsweise bereits seit dem 19. Jahrhundert, dass Lichtwellen zum großen Teil mit bloßem Auge nicht zu sehen sind. Das vollständige elektromagnetische Spektrum umfasst sämtliche Arten von sichtbarem und unsichtbarem Licht. Elektromagnetische Wellen verteilen sich, nach Frequenz bzw. Wellenlänge geordnet, auf folgendes Spektrum: Radiowellen, Mikrowellen, Infrarotstrahlung, (für den Menschen) sichtbares Licht, UV-Strahlung, Röntgenstrahlen und Gammastrahlen.

Für viele heutige Physiker hat die Welt auf allen Ebenen Quantennatur. Die klassische Physik liefert nicht mehr als eine Annäherung an die Wirklichkeit, ihr Nutzen liegt im Bereich des sinnlich Wahrnehmbaren. Sie beschreibt nur, was tastbar ist. Die Welt der Quantenphysik dagegen ist unseren Sinnen nicht zugänglich, sie erforscht die Welt des unendlich Kleinen. Da die Quantenwelt nicht den Gesetzen der klassischen Physik gehorcht, kann sie uns schwer fassbar, ja kontraintuitiv erscheinen. Dies umso mehr, da nur Mathematiker sie erläutern können. Dennoch beschreibt auch die Quantenphysik – zumindest nach heutigem Forschungsstand – noch immer nicht die Wirklichkeit, sondern nur das, was wir aktuell darüber wissen können.

Auch wenn dieses Thema sehr spannend ist – ist es doch, nicht wahr? –, werde ich nicht weiter auf die Eigenheiten der Quantenphysik eingehen.[25] Was ich jedoch herausgreifen möchte, weil es auch dem dient, worum es mir hier geht, ist erstens, dass der Begriff der Zeit, speziell die Vorstellung von Vergangenheit und Zukunft, von der Quantenphysik massiv infrage gestellt wird.[26]

Die Objekte scheinen in der Quantenwelt allgegenwärtig zu sein. Teilchen kommunizieren selbst über größte Entfernungen. Und die Gegenwart eines Beobachters lässt das Potenzielle zur Wirklichkeit werden. Das bedeutet, dass ein Atom so lange eine Wahrscheinlichkeit bleibt, bis das Bewusstsein ihm einen Körper verleiht. Und damit sind wir direkt beim Thema der Subjektivität des *Homo sapiens* gelandet: Ich nehme im mich umgebenden Spektrum der Möglichkeiten das wahr, was ich wahrnehmen kann oder will.

Seit der Entdeckung der Dunklen Energie und der Dunklen Materie (bzw. seitdem wir ihre Existenz annehmen), deren Beschaffenheit bis dato aber unbekannt ist, wissen wir auch, dass 95 Prozent der Materie im Universum uns verborgen sind. Von dem, was uns umgibt, können wir also nur 5 Prozent wahrnehmen. Die Leere enthält Energie, die virtuelle Materie ist. Der Viele-Welten-Hypothese von Hugh Everett zufolge verwirklichen sich alle Möglichkeiten gleichzeitig wie eine einzige. Da kann einem schon schwindlig werden!

Da die Quantenphysik davon ausgeht, dass es sich bei kleinsten Teilchen eher um Potenziale bzw. Möglichkeiten handelt als um konkrete Dinge und Tatsachen, bestärkt sie uns in der Gewissheit, dass unsere Welt ein illusorisches Gebilde ist. Ist unser Gehirn ein Quantencomputer? Den Hypothesen einiger Wissenschaftler zufolge könnte unser Gehirn tatsächlich wie ein solcher funktionieren. Ihrer Ansicht nach könnten Quanteneffekte ursächlich für das Entstehen von Bewusstsein sein. Andere Wissenschaftler kritisieren, dass diese Hypothesen von »Pseudowissenschaftlern« als »Quasi-Tatsachen« präsentiert würden, während die Forschung auf diesem Gebiet in Wirklichkeit noch in den Kinderschuhen stecke.

In der Welt der Persönlichkeitsentwicklung sind diese Theorien nichtsdestotrotz ausgesprochen *en vogue*, und Quanten- oder Pseudo-Quantenmethoden erfreuen sich großer

Beliebtheit beim Publikum. Die Bücher und Seminare des amerikanischen Arztes Joe Dispenza oder die Arbeit des russischen Quantenphysikers Vadim Zeland – um nur zwei Beispiele zu nennen – sind sehr erfolgreich.[27] Ich für meinen Teil bin jedenfalls ein totaler Fan von Vadim Zeland und seinen Arbeiten. Auch wenn Beweise fehlen und manche Leute daran Anstoß nehmen, dass quantenphysikalische Theorien überhaupt auf den Bereich der Persönlichkeitsentwicklung übertragen werden, wäre es dennoch ganz im Geist der Quantenphysik, dass man jeden, der das will, damit experimentieren lässt. So kann er die psychologischen Möglichkeiten, die er verwirklicht sehen möchte, realisieren.

Doch die Quantenphysik hat bei aller Faszination auch ihre Schattenseiten, denen der *Homo sapiens* sich eines Tages stellen muss. Man bastelt nicht ungestraft an der atomaren bzw. subatomaren Welt herum. So erwähnte der bereits mehrfach genannte Jacques Neirynck: »In Hiroshima haben die Physiker ihre Unschuld verloren wie einst Adam, als er vom verbotenen Apfel aß. Wie Adam mussten sie plötzlich feststellen, dass sie nackt waren, dass sie nicht unschuldig waren, dass selbst Forschung in ihrer reinsten Form, ohne dass man es weiß, ohne dass man es will, ohne dass man es verhindern könnte, vom absolut Bösen befleckt werden kann […] Die Atombombe ist das unvermeidliche Ergebnis der Arbeit von Menschen, die, was Intelligenz, Uneigennützigkeit und Friedfertigkeit angeht, nicht ihresgleichen hatten.«[28]

Im Verlauf von nur zwei oder drei Jahrzehnten hat die Menschheit die erforderlichen Werkzeuge entwickelt, um kollektiv Selbstmord zu begehen. Ein absurderer Gebrauch der Wissenschaft und ein besserer Vorwand, sie in Misskredit zu bringen, ist kaum vorstellbar.

Diejenigen, die immer noch zweifeln, dass der Mensch in einer illusionären Blase lebt, seien an die atomare Abschreckung erinnert, die mit ihrer Overkill-Logik mit Fug und Recht als irreal zu bezeichnen ist. Das Scheinargument der atomaren Abschreckung basiert auf einer verqueren Logik: Je größer die Anzahl der Bomben, desto geringer die Wahrscheinlichkeit, dass sie in die Luft gehen. Mit anderen Worten: Um Leben zu schützen, muss man es bedrohen, also sich entschlossen zeigen, eine Katastrophe auszulösen, um sie verhindern. Dieser irrationale Teufelskreis ist der Beweis dafür, dass der *Homo sapiens* ein Affe ist, der die Leiter der Evolution zu schnell hinaufgestiegen ist: Er, von dem man erwartet, dass er der Herr aller Technik ist, trommelt in Wahrheit immer noch mit den Fäusten gegen die geschwellte Brust und brüllt dabei laut, um seine Gegner einzuschüchtern.

Warum aber habe ich Ihnen über die kognitive Revolution und ihre Konsequenzen für den *Homo sapiens* so ausführlich berichtet? Weil es mir darauf ankam, dass Sie nachvollziehen können, wie sehr der Mensch ein Gefangener seiner Sinne, seines Gehirns und seiner Gedanken ist, ein Gefangener seiner selbst geschaffenen fiktiven Realität, aus der er sich nun nicht mehr befreien kann. Woher sollen wir wissen, was richtig ist und was falsch, was der Mühe wert ist und was nicht? Wer hat recht und wer nicht? Was dem Normdenker kontraintuitiv vorkommt, muss es für den Hocheffizienten nicht sein – und umgekehrt. Möglicherweise leben, um in Platons Bild zu bleiben, Normdenker und Zu-viel-Grübler in verschiedenen Höhlen, doch wie mir scheint, können beide nicht von sich behaupten, ihre Höhle tatsächlich verlassen zu haben und nun unter freiem Himmel zu leben.

Die Welt, in der der Mensch von heute festsitzt, ist absurd, zerrissen und wird immer künstlicher. Und sie ist gefährlich, denn sie steht am Rand der Selbstzerstörung. Wird der nächste Entwicklungssprung des *Homo sapiens* also ein Sprung in die Tiefen des Wahnsinns sein?

4.
Existenzielle Ängste

Als der *Homo sapiens* lernte, abstrakt und vorausschauend zu denken und Kausalzusammenhänge herzustellen, wurde damit für ihn das Leben in mancherlei Hinsicht leichter. Allerdings verkomplizierten sich dafür andere Aspekte seines Daseins. Vor allem hat er mit diesen neuen Fähigkeiten zugleich auch seine Nacktheit, Verwundbarkeit und Sterblichkeit erkannt und sein Ausgeliefertsein an eine bedrohliche, im höchsten Maße chaotische Welt. So kam er in den »Genuss« des Privilegs, als einziges Lebewesen von existenziellen Ängsten heimgesucht zu werden.

Und das war so ziemlich das Schlimmste, was ihm passieren konnte. Wer sie aus eigener Erfahrung kennt, weiß, wie schrecklich diese Ängste sind, die sich um vier große Themen drehen: Tod, Einsamkeit, Freiheit und Lebenssinn. Das Wissen um diese letzten Fragen löst bei allen Menschen massive Ängste aus. Um diese Phase der menschlichen Evolution geht es vermutlich auch in der biblischen Erzählung der Vertreibung von Adam und Eva aus dem Paradies – zur Strafe, weil sie verbotenerweise die Früchte vom Baum der Erkenntnis gegessen hatten. Die Hölle ist also unser Geisteszustand.

Diese existenziellen Ängste lassen einen schwindelerregenden Abgrund aufklaffen. Und die Möglichkeit, in ihn zu stürzen, macht uns Angst, weil uns bewusst ist, dass wir dann in einen Zustand seelischer Auflösung verfallen würden, der über den Wahnsinn hinausgeht und schrecklicher ist als der Tod. Das Entsetzen, das dieses Bewusstsein in uns auslöst, ist so stark, dass die Menschen Schutzmechanismen entwickelten, um nicht in diesen geistigen Abgrund gesogen zu werden. Wir alle haben schon die Erfahrung gemacht, vor Angst quasi zur Salzsäule zu erstarren, weil wir uns zu weit über den Rand des Abgrunds gebeugt haben. Im Leben eines jeden von uns gab es Zeiten, in denen ihn offensichtliche Tatsachen wie die folgenden total aus dem Tritt gebracht haben: Eines Tages werde ich sterben. Ich allein bin verantwortlich für meine Handlungen und für meine Entscheidungen. Das Leben (mein Leben) ist vollkommen sinnlos.

Paradoxerweise macht Angst sehr viel anfälliger für Panik als Furcht. Haben wir eine Angstattacke, haben wir tatsächlich das Gefühl, dass wir gleich sterben werden oder den Verstand verlieren. Darum versucht der Mensch stets, seine Angst als Furcht auszugeben. Denn Furcht kann zumindest so tun, als wäre sie rational begründet. Irvin Yalom schreibt in seinem Buch *Existenzielle Psychotherapie*,[29] dass der Mensch derart darauf geeicht ist, seine existenziellen Ängste zu leugnen, dass sogar manche Psychologen hinter der (durchaus legitimen) Todesangst ihrer Klienten nach einer anderen, »tiefer sitzenden« Furcht suchen.

Angst ist zudem etwas, das wir allein erleben und erfahren. Zwar kann Ihre Umwelt für Ihre innere Not Mitgefühl zeigen, doch sie verstehen oder miterleben kann sie nicht. In diesen Zusammenhang gehört auch, dass Furcht den Vorteil hat, dass sie sozusagen ansteckend ist. Vermutlich haben Sie das sogar schon beobachtet: Wenn wir uns vor etwas fürchten, dann versuchen wir, diese Furcht anderen quasi zu »injizieren«, weil wir möchten, dass sie unsere Furcht teilen und uns bestätigen, dass sie berechtigt ist. Statt ihren beruhigenden Zuspruch anzunehmen, tun wir alles, um unsere Umwelt davon zu überzeugen, dass unsere Furcht begründet ist. Seltsamerweise empfinden wir es als beruhigend, wenn wir mit anderen dieselbe Furcht teilen.

Die Angst schließlich ist zudem mit einem Gefühl der Ohnmacht verbunden. Die Furcht lässt uns zumindest die Illusion, dass wir etwas tun können. Unsere existenziellen Ängste als verschiedene Formen der Furcht zu sehen, beruhigt und tröstet uns zugleich. Das könnte eine Erklärung dafür sein, warum das Riesenhirn des Menschen dauernd damit beschäftigt ist, sich vor irgendetwas Neuem zu fürchten: einfach nur, um seine existenziellen Ängste zu maskieren.

Dennoch ist es legitim, diese letzten Fragen zu stellen: Wer bin ich wirklich? Warum bin ich hier? Welchen Sinn kann ich meinem Leben geben? Wie mit dem Wissen leben, dass mein Leben endlich ist? Das alles sind sehr gute Fragen!

Als Gegenmittel gegen die Schockstarre, die diese grundlegenden Fragen gewöhnlich auslösen, bringt der Mensch verschiedene geistige Verteidigungsmechanismen in Stellung, die ihm ermöglichen, so zu tun, als würden sich diese Fragen gar nicht stellen. Bedauerlicherweise fallen den Leuten für gewöhnlich nur zwei Möglichkeiten ein: die Wahrheit zu akzeptieren oder sie zu leugnen. Wobei die eine Option genauso viel Angst macht wie die andere. Um ein Bild zu gebrauchen: Wenn Sie auf einer engen Straße am Rand einer Schlucht entlangfahren, ist die Panik gleich stark, ob Sie nun so tun, als wäre die Schlucht gar nicht da, oder im Geist überschlagen, wie weit es da wohl hinuntergeht.

Was existenzielle Ängste angeht, entscheiden sich die meisten fürs Leugnen: Sie halten gebührend Abstand zum Abgrund

und versuchen, sich auf andere Gedanken zu bringen und seine Existenz zu vergessen. Man plaudert, lenkt sich ab, erzählt sich Geschichten, vertreibt sich gemeinsam die Zeit oder flüchtet in eine Sucht. Das andere Extrem ist, sich der ungeschminkten Wahrheit zu stellen: Diese Menschen starren unaufhörlich in den Abgrund im dringenden Versuch, Mittel und Wege zu finden, um ihn zu verschließen. Denn wie Sie mittlerweile wissen: Probleme sind dafür da, um gelöst zu werden, und auf jede Frage muss es eine Antwort geben.

Die existenzielle Psychotherapie und die meisten philosophischen Schulen geben eher Letzteren recht und betrachten die Auseinandersetzung mit unseren grundlegenden Ängsten als heilsam. Allerdings entscheiden sich heute nur wenige Menschen für diesen Weg. Die Flucht nach vorn in die Ablenkung ist die bei Weitem häufigere Reaktion. Sich ins Leugnen flüchten oder der Wirklichkeit ins Auge blicken? Das ist nicht die entscheidende Frage, denn jeder muss das Recht haben, sich für den Weg zu entscheiden, der für ihn stimmig ist. Aus demselben Grund dürfen wir auch nicht einfach wild drauflostherapieren und anderen aufzwingen, was uns geholfen hat.

Speziell Menschen, die zu viel denken, neigen ein bisschen zu sehr dazu, andere zu drängen, sich ihren existenziellen Ängsten zu stellen. Sie schleifen die Widerspenstigen am Kragen an den Rand des Abgrunds und zwingen sie, ins Nichts zu starren. Zum größten Teil liegt es an ebendiesem Verhalten, dass keiner sie besonders mag. Und hocheffiziente Kinder sind genauso gestrickt: Mit ihren ständigen Fragen wecken sie bei den Erwachsenen massive Ängste. Doch lernen sie schnell, dass man solche Fragen anderen und auch sich selbst besser nicht stellt, wenn sie sehen, wie unwohl die Großen sich dabei fühlen. Nun, nicht alle Kinder lernen das, nicht mal wenn sie schon erwachsen sind. Sie fühlen sich angesprochen? Sie fühlen richtig!

Da wir das nun durchdiskutiert haben, lade ich Sie ein, einen Schritt zurückzutreten und sich selbst einmal in Aktion zu beobachten: Die meisten Gespräche, die Sie in Gang zu bringen versuchen (und die Ihre Umgebung so sehr nerven), drehen sich um diese existenziellen Ängste. Die Mehrzahl der Leute nehmen vor solchen Themen Reißaus wie der Teufel vorm Weihwasser, Sie aber kratzen an den Narben, bis sie bluten. Ja, viele Leute wechseln das Thema, weil sie ihre Angst vor dem Tod weit von sich schieben wollen.

Betreiben Sie doch mal ein bisschen Gewissenserforschung: Wann haben Sie zuletzt versucht, eines dieser Themen gegenüber jemandem anzuschneiden, der für die Art Unterhaltung nicht bereit war? Lassen Sie mich raten: nicht später als vorgestern? Wird Ihnen allmählich klar, wie brutal ein solches Verhalten einem Gesprächspartner gegenüber sein kann, der auf diese Themen keine Lust hat? Da Sie nun einmal fest entschlossen sind zu lernen, wie Sie die herrschenden sozialen Codes dechiffrieren können, sollten Sie sich ernsthaft mit der Frage beschäftigen, wie man mit existenziellen Ängsten anders umgeht. Hören Sie auf, um jeden Preis recht haben zu wollen. Denn es ist doch so: Ob man sich diesen Ängsten nun sein Lebtag lang gestellt hat oder vor ihnen davongelaufen ist, am Ende erwartet uns alle das gleiche Schicksal.

Im neurotypischen Universum genügt es, sich solche quälenden Fragen, auf die es keine Antwort gibt, einfach nicht mehr zu stellen. Gemäß dem Motto: Dem eigenen Denken Grenzen zu setzen ist gesund. Man muss aufhören, auf alles Antworten finden zu wollen, und Überlegungen, die zu nichts führen, bewusst beiseiteschieben. Sich immer tiefer in seine gedanklichen

Verästelungen zu versteigen, weil man über Fragen nachdenkt, auf die es keine Antwort gibt, ist dumm und masochistisch, wenn nicht sogar krankhaft.

Die beste Methode, mit solchen unauflöslichen Ängsten umzugehen, ist daher, ihnen aus dem Weg zu gehen, sie zu vergessen und sich abzulenken. Man muss nur ein wenig Zerstreuung und Kontakt zu seinesgleichen suchen. Ablenkung und Gruppenzusammenhalt sind eine Quelle des Trostes und sichern den geistigen Frieden. Das Leugnen des Einzelnen geht auf im kollektiven Leugnen. Jeder trägt seinen Teil bei zur allgemeinen Zerstreuung. Das ist die Geburt der »Spaßgesellschaft«: sich ablenken, d.h., die Aufmerksamkeit vom Thema weglenken und es loslassen im Sinne von »auf sich beruhen lassen«.

Die meisten Menschen hätten gern, dass Sie es genauso zu machen. Mehr als einmal werden Normdenker Ihnen den freundlichen Rat geben, es doch mit ihrer Methode zu probieren. Wie oft haben Sie schon zu hören bekommen: »Denk doch nicht mehr dran! Jetzt rede endlich mal von was anderem! Zermartere dir doch nicht das Hirn für nichts und wieder nichts! So ist eben das Leben.« Warum haben Sie nie auf den Rat dieser Leute gehört?

Held oder Herdentier

In der existenziellen Psychotherapie geht man davon aus, dass wir Menschen zwei »archaische« innerseelische Verteidigungsmechanismen installieren, um mit unseren tief verwurzelten Ängsten fertigzuwerden. Hier gefällt mir der Ansatz von Eudes Séméria[30] sehr gut, der für diese beiden Mechanismen die anschaulichen Begriffe »symbiotische Abwehr« und »heroische Abwehr« geprägt hat, die mir mehr sagen als die eher abstrakten Formulierungen »Glaube an einen letzten Retter« und »Glaube an die eigene Besonderheit«, die Irvin Yalom benutzt.

Die symbiotische Abwehr baut sich um das Bedürfnis herum auf, mit der Gruppe zu verschmelzen und Teil von ihr zu werden. Dazu muss der Einzelne aber auf einige Dinge verzichten: auf seine Individualisation, auf sein Besonders-Sein, seine Einzigartigkeit etc. Das symbiotische Individuum entwickelt eine hohe Abhängigkeit von der Gruppe, an die es seine Entscheidungen und seine Verantwortung delegiert. Um immer in der Nähe der Gruppe zu bleiben, unterwirft der Einzelne sich einer äußeren Autorität und akzeptiert, dass das Interesse der Gruppe Vorrang vor seinem persönlichen hat. Das bedeutet, dass er sich den anderen anpasst, dass seine Vorlieben und Ansichten mit denen der Mehrheit konform gehen. Die symbiotische Abwehr besteht in einer vierfachen Verweigerung: der Weigerung, erwachsen zu werden; der Weigerung, seinen Standpunkt zu vertreten; der Weigerung, eigenständig zu handeln, und der Weigerung, sich abzunabeln.

Die heroische Abwehr funktioniert genau umgekehrt. Das heldenhafte Individuum reklamiert seine Einzigartigkeit, verleugnet seine Verletzlichkeit und will Großes vollbringen. Statt Grenzen verwischen zu wollen, setzt der heroische Typ alles daran, sie zu überwinden. Er hat keine Angst davor, seine Individualität zu leben und zu ihr zu stehen. Seine Vorlieben sind klar und eindeutig, seine Entscheidungen trifft er selbstständig und selbstbewusst. Doch wo die symbiotische Abwehr von einer vierfachen Verweigerung charakterisiert ist, unterliegt der heroische Typus einer vierfachen Illusion: der Illusion der Reife, der Illusion der eigenen Bedeutsamkeit, der Illusion der Macht und der Illusion der Autarkie.

Dieses Bedürfnis nach Kontrolle und Unabhängigkeit kann absurde Ausmaße annehmen. Zum Beispiel dann, wenn der heroische Typ es vorzieht, lieber allein zu sterben, um die Kontrolle zu behalten, statt sich einer Behandlung zu unterziehen, die ihn dazu zwingen würde, seine Selbstbestimmung abzugeben und sich Ärzten und Pflegern zu überlassen. Wären Ärzte und Pfleger bereit, den symbiotischen Modus für eine Weile zu verlassen und zu berücksichtigen, wie der heroische Typ funktioniert, dann könnten sie ihm geben, was er braucht: einfach umfassend informiert und in seinen Heilungsprozess eingebunden zu werden. Es gibt einige wenige Ärzte und Therapeuten, die das begriffen haben.

Selten gehört ein Mensch ausschließlich dem symbiotischen oder dem heroischen Typus an. Gewöhnlich sind wir eine Mischung aus beiden, wobei ein Anteil stets mit dem anderen korrespondiert, denn man muss schon sehr unreif sein, um sich einzubilden, geistig weiter zu sein als der Rest der Menschheit, und sehr naiv, um zu glauben, man sei auf niemanden angewiesen. Im Normalfall gibt es viel Hin und Her zwischen unserem Wunsch nach Selbstbehauptung und unserem Bedürfnis nach Anerkennung.

Der Sozialpsychologe Jacques Salomé meint, dass der Mensch, solange er lebt, in der Zwickmühle zwischen diesen beiden ebenso vitalen wie widersprüchlichen Bedürfnissen steckt: dem Bedürfnis, er selbst zu sein, und dem Bedürfnis, akzeptiert zu werden, während ständig der unbewusste Wunsch mitschwingt, für seinen Selbstausdruck Anerkennung zu finden. Er sagt weiter, »erwachsen werden« heiße, das eigene

Bedürfnis nach Selbstausdruck über das Bedürfnis nach Würdigung zu stellen. Doch für die meisten Menschen wird die Anerkennung durch die Gruppe immer Vorrang haben.

Ich möchte Sie nun einladen, sich gemeinsam mit mir anzusehen, wie diese archaischen Verteidigungsmechanismen sich auf den Umgang mit den großen existenziellen Themen – Tod, Einsamkeit, Freiheit und Lebenssinn – auswirken.[31]

Die Angst vor dem Tod

»Menschen, die Angst vor dem Tod haben, haben häufig auch Angst vor dem Leben. Sie holen nur vorsichtig Luft und warten, bis alles vorüber ist.«[32]

Jacques Higelin

Vor 45 000 Jahren wurde der *Homo sapiens* sich seiner Sterblichkeit bewusst und musste Mittel und Wege finden, um mit dem Wissen um den eigenen Tod zurechtzukommen. Aber woher wissen wir das? Weil die Entstehungszeit von Kunst und Religion mit dem Ende des Paläolithikums zusammenfällt, der Altsteinzeit. Ab diesem Zeitpunkt wurden Tote in Gräbern beigesetzt und Höhlenwände mit Malereien und Symbolen verziert. Es tauchen auch allmählich immer mehr Schmuckgegenstände und Skulpturen auf.

Offensichtlich gab es ein Wissen um den Tod, aber noch keine Angst vor dem Getötetwerden. Die Paläontologen haben bislang kein einziges Skelett aus dieser Zeit entdeckt, das Spuren von Waffengewalt trägt. Die Gesetze, nach denen sich das

Leben in dieser Zeit regelte, schlossen Krieg aus. Die Menschen lebten als Jäger und Sammler in kleinen Gruppen. Diese besaßen weder Hab und Gut, das man hätte stehlen können, noch irgendwelches Land, das man verteidigen musste. Im Konfliktfall zog es die schwächere Gruppe klugerweise vor, das Feld zu räumen, statt sich umbringen zu lassen.

Doch später, mit dem Besitz von Land und Gütern, hatte der Mensch auch einen Grund, sich vor seinen Artgenossen zu fürchten. Nun wird aber aus unserer schlimmsten Angst oft unsere schlimmste Wirklichkeit. Überschreitet die Angst eine bestimmte Schwelle, löst sie keinen Fluchtimpuls mehr aus. Man stürzt sich vielmehr auf seine Angst, um sie zu vertreiben, indem man sie verwirklicht. Und so haben die Menschen sich schließlich aus Angst vor dem Tod gegenseitig umgebracht. Und sie haben sie verzehnfacht, indem sie den Teufelskreis von Krieg und Feindschaft jeden Tag noch ein Stück weitertrieben. Das atomare Wettrüsten ist die logische Folge dieser Entwicklung und gleichzeitig ihr Beweis.

Jacques Higelin hat die Hoffnung des symbiotischen Typs, der Tod würde sich von ihm fernhalten, wenn er sich im Gegenzug vom Leben absondert, sehr gut nachvollzogen. Der heroische Typ hingegen sagt sich, dass er seine Abenteuer schon überleben wird. Doch es gibt bessere Wege, unsere Angst vor dem Tod zu überwinden.

Um nach unserem Tod weiterzubestehen und Unsterblichkeit zu erlangen, haben wir mehrere Möglichkeiten zur Auswahl:

- **Fortpflanzung:** Ich lebe in meinen Genen weiter.
- **Spiritualität:** Meine Seele überlebt meinen Tod.
- **Schöpfertum:** Mein Werk wird nach mir fortbestehen.

- **Biologie:** Ich werde zu etwas anderem, wahlweise zu Staub, Kompost etc.
- **Trance:** Ich löse mich im gegenwärtigen Moment auf. Die Intensität dieser Erfahrung lässt den Tod verschwinden.

Bis vor nicht allzu langer Zeit waren Trancetechniken kaum gebräuchlich und eher einer religiösen bzw. spirituellen Elite vorbehalten: dem Schamanen, dem tanzenden Derwisch, dem Mystiker, dem buddhistischen Mönch etc. Durch den Gebrauch halluzinogener Substanzen und die Verbreitung der Meditation werden diese Techniken allmählich einem immer größeren Publikum zugänglich. Trancezustände sind eine Initiationserfahrung und als solche nicht immer ungefährlich.

Auch in Sachen biologischer Transzendenz des Todes sind die Dinge in Bewegung geraten: So werden neben der traditionellen Erd- bzw. Feuerbestattung immer mehr ökologische Formen der Beisetzung üblich, wie zum Beispiel kompostierbare Kartonsärge oder Waldbestattungen, die es ermöglichen, dass unsere sterblichen Überreste sich in aller Ruhe in Kompost verwandeln können. Seine Organe zu spenden oder seinen Körper der Anatomie zu vermachen sind weitere Möglichkeiten, wie wir unserer Biologie ein Fortleben sichern.

Die Kunst ist ein mächtiges Werkzeug, um eine bleibende Spur unseres Daseins auf Erden zu hinterlassen. Die Erbauer des Kolosseums, des Pont du Gard oder des Schlosses Chambord dürfen über die Jahrhunderte hinweg stolz auf ihr Werk sein. Ebenso ein Beethoven, dessen Sinfonien uns immer noch Schauder über den Rücken jagen. Oder ein Molière, dessen Komödien uns fast dreieinhalb Jahrhunderte nach seinem Tod immer noch zum Lachen bringen. Und wer weiß: Vielleicht wird auch *Ich passe nicht in diese Welt* die Jahrtausende überstehen – ähnlich wie Ovids *Liebeskunst?*

Für den Großteil der Menschheit ist und bleibt aber die Fortpflanzung die sicherste und vergnüglichste Methode, das eigene Weiterleben sicherzustellen. Wobei unsere Umwelt da auch ordentlich Druck auf uns ausübt: »Wann schenkst du *uns* denn nun endlich ein Enkelchen?« Diese penetrante Frage stößt Zu-viel-Denkern meist ziemlich sauer auf. Sie erleben sie als Aufforderung, wieder ins Glied zu treten und sich der herrschenden Norm unterzuordnen. Manche Frauen bzw. Männer verunsichern mit ihrer kategorischen Weigerung, Kinder in die Welt zu setzen, ihr Gegenüber. Aber mittlerweile erheben sich zahlreiche Stimmen, die sich der Pflicht der Nachwuchssicherung widersetzen. Denn sich nicht fortzupflanzen kann schließlich auch ein Geschenk an die Menschheit sein. Führen Sie dieses Argument doch das nächste Mal an, wenn Ihnen jemand in der Kinderfrage wieder mal allzu dicht auf die Pelle rückt.

Der Spiritualität kommt im Leben des Menschen eine durch nichts zu ersetzende Funktion zu: Sie schenkt ihm die Hoffnung auf ein Weiterleben nach dem Tod und gibt ihm einen ethischen bzw. moralischen Verhaltenskodex. So weist sie ihn über sich selbst hinaus. Unglücklicherweise mischt da seit über 2000 Jahren beinahe systembedingt auch der religiöse Fanatismus mit. Seine Wurzeln hat er wohl im Aberglauben: in der Angst und im Bedürfnis, in Katastrophen irgendeinen Sinn zu erkennen, verbunden mit zweifelhaften Kausalzusammenhängen. Der Mensch muss damals noch sehr nahe am kindlichen magischen Denken gewesen sein. »Wenn der Vogel in diese Richtung fliegt, dann …« Diese abergläubische Denkweise existiert seit 45 000 Jahren. Wer kann heute von sich behaupten, davon völlig frei zu sein? Der Aberglaube steht dem magischen Denken der Kinder sehr nahe: »Wenn die Ampel auf Grün schaltet, bevor ich gebremst habe, dann ...«

Mit der zunehmenden Verfeinerung seiner Fähigkeit zum abstrakten Denken hat der *Homo sapiens* komplexe magische Rituale geschaffen, in der erklärten Absicht, den Lauf des Schicksals zu beeinflussen. Von diesen Dingen war ja weiter oben schon die Rede, und manches davon hat bis heute überlebt: Die »schwarze« Magie macht immer noch vielen Menschen Angst, wie ich in Beratungsgesprächen regelmäßig feststellen kann. Und auch die »weiße« Magie übt in all ihren Spielarten eine ungebrochene Faszination aus. Angefangen beim Gesetz der Anziehung über die schöpferische Visualisierung hin zum Millionenbestseller *The Secret. Das Geheimnis* hat sie zahlreiche Anhänger. Für sie heißt »Magie«, dass »die Seele aktiv wird«. Im vorigen Kapitel haben wir gesehen, dass die Wirklichkeit, in der wir leben, so imaginär ist, dass wir sie tatsächlich allein durch die Kraft unseres Denkens umkrempeln können.

Danach kamen die Religionen. Mit ihrer jeweiligen Version von der Geschichte des Menschengeschlechts lieferten sie ebenso einfache wie verständliche Erklärungen für die Wechselfälle des Lebens, zusammen mit den nötigen Verhaltenscodes zur Regelung sozialer Beziehungen. Die anfangs eher animistischen Religionen wurden irgendwann polytheistisch. Die Götter waren überall zu Hause: in der Blume, im Felsen, im Fluss oder im Lied eines Vogels. Dann wurde die Götterwelt hierarchisch und geografisch geordnet: die Götter auf dem Olymp, die Nymphen in den Hainen und Flüssen. Aber die Götter waren immer noch Herr im Haus, und der Mensch war und blieb ein Eindringling in ihren Gefilden und dazu noch Spielball ihrer Launen. Die polytheistischen Religionen sind von Natur aus friedlich, tolerant und nicht auf Missionieren aus.

Ungemütlich wurde es erst, als Gott ein Einzelwesen wurde und keine anderen Götter neben sich duldete. Den monotheistischen Lehren zufolge ist Gott der Schöpfer des Himmels und der Erde, Erschaffer des Lebens und des Menschen. Letzterer wurde geschaffen als Ebenbild Gottes und von ihm dazu berufen, über die Erde zu herrschen und sie sich untertan zu machen (Genesis, 500 v. Chr.). Nachdem er den Menschen nach seinem Ebenbild geschaffen hatte, zog Gott sich zurück. Zuvor hatte er das Universum noch so eingerichtet, dass es künftig ohne sein Eingreifen funktionieren würde. Die Erde gehörte nun dem Menschen, der frei in seinem Handeln war, für das er die Verantwortung trug und das dem Urteil seines Gewissens unterworfen war.

Der Monotheismus gibt dem Menschen also eine wichtigere Stellung im Weltbild – zum Nachteil alles übrigen (pflanzlichen und tierischen) Lebens, das zur Dinglichkeit degradiert wird. Unter den westlichen Sprachen neigt das Russische weniger zur Verdinglichung, da es bei Substantiven zwischen »belebt« (oder genauer: »von einer Seele bewohnt«) und »unbelebt« unterscheidet. Kurz gesagt hat der Monotheismus die Götter vor die Tür gesetzt und die im Menschen angelegte Tendenz verstärkt, sich als alleinigen Grundeigentümer zu betrachten, der mit dem Rest der Erde und ihren Bewohnern frei und nach seinem Gutdünken verfahren kann.

Mit dem Monotheismus entstand auch die religiöse Intoleranz und Zwangsbekehrung. So haben die polytheistischen Römer weniger Christen umgebracht als Christen Menschen desselben Glaubens. Monotheisten sind Fanatiker, weil es keinen anderen Gott als den ihren geben darf. Und ebenso leidenschaftlich und rücksichtslos verfechten sie das dualistische Denken: gut – böse, Leib – Geist, Materie – Seele etc.

Nachdem sie über Jahrhunderte den Geist der Menschen beherrscht haben, verlieren die Religionen heute zusehends an Einfluss. Parallel dazu hat die Öffnung gegenüber der Welt und anderen Kulturen eine spirituelle Lebensweise hervorgebracht, die zuvor einigen wenigen (sich im Stande göttlicher Gnade befindlichen oder mit theologischen Studien befassten) Auserwählten vorbehalten war. Zudem hat es der medizinische Fortschritt ermöglicht, Menschen durch modernste Reanimationstechniken ins Leben zurückzuholen. Dabei stellten sich bei manchen Betroffenen mystische Erfahrungen ein, aus denen sie völlig verändert hervorgingen. Diese medizinischen Fortschritte ließen eine alte Diskussion wiederaufleben: Was geschieht, wenn unser Körper klinisch tot ist? Sind wir dann wirklich tot?

Aus Sicht der Religion befindet Gott sich außerhalb des Menschen. Sie operiert mit Dogmen und Gesetzen und versucht, sich uns aufzudrängen, indem sie in uns ein Schuldbewusstsein erzeugt, mit Verdammnis droht oder Belohnung verspricht, statt dem Menschen ein Bewusstsein seiner Verantwortung mitzugeben. Sie leistet der Angst und der Unterordnung Vorschub, aber auch dem Schachern und Feilschen. Im Großen und Ganzen aber stellt sie das Denken der Gläubigen auf eine einheitliche Basis und trägt so bei zum Zusammenhalt der Gruppe. Das Angebot der Religion kommt also den Bedürfnissen des symbiotischen Typs sehr entgegen, der ja nach etwas sucht, mit dem er verschmelzen, dem er sich unterordnen kann.

Spiritualität dagegen ist ein Weg persönlicher Suche, bestehend aus Zweifeln, Fragen und Überlegungen. Sie ist verbunden mit Irr- und Abwegen und auch mit schädlichen Begegnungen, denn dieser Pfad ist nicht so klar abgesteckt. Und doch führt er zum Glauben, zur Ekstase und zu einem Gott, der so sehr Teil der innersten Natur jedes Einzelnen ist, dass es nicht länger nötig ist, mit ihm zu verhandeln. Diese Suche passt offensichtlich besser zum heroischen Typ, der nicht so sein will wie alle anderen und sich seine eigene Meinung bildet. Doch die Spiritualität trennt auch, wo die Religion verbindet. Daher sollten wir jedem Menschen das Recht zugestehen, den Weg zu gehen, der am besten zu ihm passt.

Mit ihrer Allgegenwart und Intensität mobilisiert die Angst vor dem Tod bei jedem von uns ein beträchtliches Ausmaß an Energie, die wir größtenteils darauf verwenden, den archaischen Verteidigungsmechanismus des Leugnens zu aktivieren und uns abzulenken. Liegt es vielleicht daran, dass Normdenker weniger Energie haben als hochsensible Grüblernaturen, die sich der Angst vor dem Tod eher stellen?

Neurotypiker sprechen kaum über den Tod, und wenn sie ihr Beileid ausdrücken, tun sie das mit den üblichen Standardformulierungen: »Er hat nicht gelitten, das Leben geht weiter …« Und dann bringen sie die Rede ganz schnell auf etwas anderes. Das Thema noch einmal anzuschneiden muss ja nicht sein, meint der Normdenker. Ja, jeder weiß, wie traurig es ist, einen Menschen zu verlieren, der einem nahesteht. Aber gerade weil Sie trauern, sollten Sie Ihre Würde wahren und mit Ihrem Schmerz nicht allen auf die Stimmung drücken. Zur Erinnerung: Nicht weinen heißt Taktgefühl beweisen. Umgekehrt aber ist es genauso ungehobelt, ständig zu versuchen, dass Ihr trauerndes Gegenüber die Wahrheit über seine Gefühle sagt. Möchten Sie denn, dass dieser Mensch sein Gesicht verliert, weil Sie ihn dazu bringen, in der Öffentlichkeit in lautes Schluchzen auszubrechen?

Sehen Sie nun, wie übergriffig Ihre Empathie und wie lästig Ihr Mitgefühl sein kann? In ihrem Roman *Mit Staunen und Zittern*[33] erzählt Amélie Nothomb, wie ihre unmittelbare Vorgesetzte vom Chef niedergemacht wird. Nach dieser Auseinandersetzung flüchtet sie auf die Toilette, um sich dort geschützt vor den Blicken der anderen auszuweinen. Nichts Böses im Schilde führend geht Amélie ihrer Kollegin nach, um sie zu trösten und ihr zu sagen, dass sie auf ihrer Seite stehe. Doch die Kollegin glaubt nicht an Amélies nette Absichten. Sie ist vielmehr überzeugt: Amélie ist ihr nur deshalb aufs stille Örtchen gefolgt, um sich an ihrem Unglück zu weiden und der Demütigung, die sie soeben einstecken musste, noch eins draufzusetzen. Und so entwickelt sie bald grenzenlosen Hass und Rachegelüste gegenüber Amélie.

Kurz gesagt: Mit Ihrem angeborenen Wohlwollen erreichen Sie manchmal genau den gegenteiligen Effekt und handeln sich noch Antipathien ein. Seien Sie also auf der Hut und halten Sie Ihr Bedürfnis, andere zu trösten, im Zaum. Und hören Sie auf, mit jedem, der Ihnen gerade über den Weg läuft, gleich ein Gespräch über Tod und Vergänglichkeit anzufangen, so als wäre das ein x-beliebiges Thema wie jedes andere auch. Merken Sie sich: Für manche Menschen ist der Tod ein echtes Tabuthema.

Der folgende Bericht stammt von Ghislaine: »Seitdem wir über all diese Dinge gesprochen haben, ist mir vieles klar geworden. Direkt nach unserer Sitzung hatte ich ein langes Telefongespräch mit einer meiner Freundinnen. Solange wir von diesem und jenem geplaudert haben, war alles supernett. Doch bevor wir auflegten, wollte ich ihr noch unbedingt erzählen, dass vor Kurzem mein Onkel gestorben war, an dem ich sehr hing. Und ich habe gemerkt, dass sie mit dieser Mitteilung überhaupt nichts anfangen konnte. Sie stotterte noch ein paar Floskeln heraus und hat dann schnell aufgelegt. Früher hätte ich mich verletzt gefühlt, weil sie so wenig Einfühlungsvermögen zeigte. Diesmal habe ich mir das einfach so erklärt, dass sie sich mit dem Thema Tod total unwohl fühlt und sie durch das, was ich ihr anvertraut hatte, verunsichert war.«

Hocheffiziente sind meist der Meinung, dass man seine Authentizität verliert, menschlich verkümmert und sein Leben verschwendet, wenn man die Realität des Todes leugnet und vor ihr in allerlei Ablenkungen flüchtet. Die Philosophie stimmt mit dieser Feststellung überein. Stellen wir uns unserer Todesangst, so werden wir authentischer und unser Leben intensiver. Das scheint vielleicht paradox: Je mehr wir uns unserer Sterblichkeit bewusst sind, umso lebendiger können wir uns fühlen – voller Intensität. Und doch: Wen interessiert es noch, wenn wir einmal tot sind, ob wir authentisch waren oder nicht, ob wir intensiv oder kümmerlich gelebt haben? Lassen wir jeden frei entscheiden, welche innerseelische Abwehrstrategie er wählen will. Und um alle zufriedenzustellen – symbiotische und heroische Typen, religiöse und spirituelle Menschen oder Atheisten –, möchte ich mit Ihnen diese Stelle aus einem großartigen Gedicht von Fernando Pessoa teilen:

»Wenn der Frühling kommt,
Und ich sollte schon tot sein,
Werden die Blumen blühen wie immer
Und die Bäume nicht weniger grün sein als im
vergangenen Frühling.
Die Wirklichkeit braucht mich nicht.«[34]

Die Angst vor der Einsamkeit

»Wir schlafen Rücken an Rücken, wir leben Seite an Seite ... doch irgendwann merken wir, dass wir auf dieser Welt immer allein sind.«[35]

Aus der Rockoper *Starmania (Tycoon)*

Zu glauben, dass wir aufeinander zählen können, obwohl uns bewusst ist, dass jeder von genauso verwundbar ist wie der andere, ist ein ausgesprochen tröstlicher Gedanke. Der Mensch ist ein Herdentier. Er ist darauf angelegt, in einer Gruppe zu leben, und er weiß sehr gut, dass er ohne Unterstützung durch diese keine Überlebenschance hat. Daher ist die Angst vor der Einsamkeit und vor der Zurückweisung durch andere so tief in unserem Inneren verankert. Dieses beängstigende Gefühl ist dennoch untrennbar verbunden mit unserem Status als bewusste menschliche Wesen: allein werde ich geboren, allein sterbe ich, allein bin ich mit meinem Denken.

- **Ich bin physisch allein**: Der Einzige, der in meinen Körper präsent ist, bin ich. Mein Getrenntsein von anderen ist durch diese Grundstruktur bedingt. Wenn ich krank bin oder mich verletzt habe, wird mir am deutlichsten bewusst, dass niemand meinen Schmerz teilen kann. Wer sich schon einmal die Zehe an einem Möbelstück gestoßen hat, kann diesen heftigen Schmerz vielleicht nachfühlen, wird ihn aber keinesfalls gemeinsam mit mir erleben.
- **Ich bin geistig allein:** Es ist mir unmöglich, mit anderen zu teilen, was seelisch in mir vorgeht. Diese verdammte kogni-

> tive Revolution hat mir unentrinnbar ein gewaltiges geistiges Reich in den Schädel gepflanzt, und nun herrsche ich über ein unermesslich weites Feld von Gedanken, von dem ich anderen (selbst als schreibender Mensch) nur ein winzig kleines Stück zeigen kann. An diesem Umstand leiden Grüblernaturen mit Sicherheit am meisten, da ihr komplexes Denken so viele kunstvoll ziselierte Kathedralen des Geistes errichtet: Wie überaus frustrierend, dass man sie keinen staunenden Besuchern vorführen kann!

Um diese existenzielle Angst einzudämmen, bieten unsere archaischen Schutzmechanismen wieder nur die bekannten zwei Möglichkeiten, von denen die eine so illusorisch ist wie die andere: entweder mit der Gruppe symbiotisch zu verschmelzen oder ein Leben als einsamer Held zu führen, der weiß, dass er auf seine Autonomie zählen kann. Nun gehen wir aber alle mit der Angst vor Einsamkeit anders um, denn es gibt verschiedene Formen dieses Gefühls, die sich miteinander vermischen:

- **reale Einsamkeit:** physisches Alleinsein;
- **seelische Einsamkeit:** Selbst in Gesellschaft anderer Menschen ist man allein in seiner Blase;
- **regenerative Einsamkeit:** Von introvertierten Menschen innig herbeigesehnt, erlaubt sie uns, unsere Batterien wieder aufzuladen;
- **verzweifelte Einsamkeit:** Sie wird als Isolation erlebt und lässt uns in ein Nichts stürzen, das noch beängstigender ist als der Tod.

Zu diesen Formen der Einsamkeit kommt ein weiterer Aspekt hinzu, nämlich die Frage, ob wir die Einsamkeit als »freiwillig« oder »unfreiwillig« empfinden.

Sie sehen, dass sich hier viele Kombinationsmöglichkeiten auftun: einfach nur allein sein; im Kopf allein sein; allein sein, aber nicht isoliert; allein sein und glücklich; in jeder Hinsicht einsam und allein sein in einer Welt, die uns nicht versteht und in die wir nicht passen. In letzterem Fall kann Einsamkeit zu unserer einzigen, zwangsläufigen Option werden: Wir leiden schrecklich unter ihr, dennoch ist sie von allen Übeln noch das geringste, weil sie uns zumindest davor schützt, durch die Gleichgültigkeit, die Ablehnung und das Unverständnis anderer verletzt zu werden. Leider ziehen sich zahlreiche Zu-viel-Denker, wenn ihr Leidensdruck zu groß wird und sie die sozialen Codes nicht verstehen, in sich selbst zurück. Wodurch sie ihre Ausgrenzung ungewollt noch weiter verstärken.

Sicher ist: Würde sie uns nicht gar so viel Angst machen, würden wir uns wohl alle wünschen, dass wir uns an unserer Einsamkeit ruhig und gelassen erfreuen und sie systematisch in einen Ort verwandeln, an dem wir neue Kraft schöpfen. Leider erfahren die Menschen sie in den allermeisten Fällen als seelische Qual.

Wenn Einsamkeit Panik erzeugt

Eine der schlimmsten Formen des Alleinseins, die ein Mensch erfahren kann, ist die soziale Isolation. Sie ist eine verzweifelte Einsamkeit, die unfreiwillig und ebenso körperlicher wie seelischer Natur ist. Rufen Sie sich ins Gedächtnis, was ich Ihnen im Kapitel über Small Talk von Eric Berne und seiner Arbeit erzählt habe: In der Transaktionsanalyse verwendet man den Begriff der »Streicheleinheiten«, und diese kommunikativen Einheiten sind für uns ebenso lebensnotwendig wie Luft, Wasser, Essen und Schlaf. »Isolation« ist etwas ganz anderes, als sich zum eigenen Schutz von allem zurückzuziehen. Ohne jedes Zeichen von Anerkennung verliert der Mensch den Verstand und taumelt in ein Nichts schlimmer als der Tod. In Diktaturen wird Isolation nicht umsonst als Folterwerkzeug eingesetzt.

Die Angst, nicht mehr zu existieren, unterscheidet sich stark von der Angst vor dem Tod, bei der wir uns nichtsdestotrotz lebendig fühlen. Aufhören zu sein heißt dagegen, dass wir uns auflösen, was schlimmer ist als zu sterben. Wenn ein Mensch Selbstmord begeht, so will er weniger dem Leben als diesem Nichts entfliehen.

Aus jenem Raum des Nichts, in dem wir uns aufzulösen drohen, scheint uns manchmal die Sucht den einzigen Ausweg zu bieten, um nicht verrückt zu werden. Die Sucht versetzt uns in einen künstlichen Zustand heiterer Einsamkeit. Lange Zeit hat man angenommen, es läge allein an bestimmten abhängig machenden Eigenschaften gewisser Substanzen, die für das Entstehen einer Sucht verantwortlich sind – ohne sich zu fragen, wie das bei Spiel-, Sex- oder Kaufsucht funktionieren soll.

1978 führte der kanadische Psychologe Bruce K. Alexander die sogenannten Rat-Park-Experimente durch, mit denen er den Beweis erbrachte, dass Ratten nur dann heroinsüchtig werden, wenn sie isoliert und unter Stressbedingungen gehalten werden. Saßen sie dagegen bei guter Verpflegung und in Gesellschaft bezaubernder Artgenossen in einem geräumigen, abwechslungsreich wie ein Vergnügungspark gestalteten Käfig, so verschmähten sie das mit Heroin versetzte Wasser aus dem Tropfenspender. Diese Studien bestätigen, dass die Qualität unserer sozialen Beziehungen eine entscheidende Rolle dabei spielt, ob wir eine Sucht oder emotional abhängiges Verhalten entwickeln oder nicht.

In ihrem Buch *L'incapicité d'être seul (Die Unfähigkeit, allein zu sein)*[36] geht Catherine Audibert noch einen Schritt weiter. Dort spricht sie von einer »süchtigen Selbstbezogenheit«, die so funktioniert wie die berühmte Schlange, die sich in den Schwanz beißt. Es handelt sich hierbei um eine unbewusste Strategie mit dem Zweck, »gestählt in Einsamkeit« ohne den anderen zu überleben, indem man sich einredet, allmächtig zu sein. Was weit über die heroische Abwehr hinausgeht! Sie spricht weiter von »einer schützenden Selbstisolation, die ebenso teuer wie tödlich ist« und zugleich jeden Zugang zur wahren regenerativen Einsamkeit versperrt. Wie viel Leid und Not steckt doch hierin!

Das Beziehungsgefängnis

»Ich habe immer geglaubt, das Schlimmste, was einem im Leben passieren könne, wäre, das Dasein allein beschließen zu müssen. Nein! Das Schlimmste ist, wenn unser Leben zu Ende geht und wir von Menschen umgeben sind, die uns das Gefühl geben, dass wir allein sind.«[37]

Robin Williams

Um der Angst vor der Einsamkeit zu entfliehen, verinnerlicht der symbiotische Typ folgende Überzeugung: »Schlechte Gesellschaft ist allemal besser als gar keine.« Auch dies ist eine

Form der Sucht, wobei das Gegenüber unsere Droge ist. Dieses Bedürfnis nach dem anderen um jeden Preis befriedigen zu wollen, öffnet Beutegreifern Tür und Tor und bereitet den Boden für Gewalt in jeder Form. Zu allem Überfluss löst es nicht einmal das ursprüngliche Problem. Das Gefühl der Einsamkeit oder vielmehr der Isolation kann ebenso objektiv wie subjektiv sein. Geraten wir Manipulatoren in die Hände, so gelingt diesen Leuten meist das Kunststück, uns allein durch ihre Gegenwart in einen Zustand eisiger Einsamkeit zu versetzen. Hinter ihren plakativen Zuneigungsbekundungen sind sie wie Kerkermeister darauf bedacht, uns von allen potenziellen Quellen der Zuneigung oder der menschlichen Wärme fernzuhalten. Robin Williams hat recht: Das Leben an der Seite eines solchen Manipulators (oder einer Manipulatorin) ist die schlimmste Form der Einsamkeit.

Die regenerative Einsamkeit

Das Gegenstück zur Panik auslösenden Einsamkeit ist die regenerative Einsamkeit, die uns erlaubt, unsere Batterien wieder aufzuladen, unsere Einzigartigkeit zu erkennen und herauszufinden, wer wir sind und was wir wollen. Wie wunderbar muss es doch sein, wenn man nur diese Spielart kennt! Meiner Meinung nach sind nur sehr wenige Menschen dazu fähig, doch das kann man lernen. Ziel dabei ist, die lähmende, zerstörerische innere Leere in eine erquickende zu verwandeln und sich einen Ort heilsamer Einsamkeit zu erschaffen.

In meiner angenehmen Gesellschaft bin ich nie allein

Physische Einsamkeit ist die Form, die alle Introvertierten am liebsten haben: Sie ziehen daraus ebenso viel Freude wie Kraft. Sie ist mit dem »Rückzug« der Transaktionsanalyse gleichzusetzen, der Phase, in der wir die »Streicheleinheiten«, die wir zuvor gesammelt haben, sortieren und verwerten. Menschen, die zu viel denken, kennen diesen Zustand gut: ein Raum, in dem die Sinne zur Ruhe kommen, der Moment, da sie nicht mehr fürchten müssen, in ein Fettnäpfchen zu treten und betretenes Schweigen in der Gruppe auszulösen, der Moment, da sie endlich sicher sind vor Kritik und vorwurfsvollen Blicken. Trotzdem handelt es sich meiner Ansicht nach dabei meist um eine unfreiwillige Einsamkeit. Denn auch Grüblernaturen wäre es vermutlich lieber, wenn sie von ihnen wohlgesonnenen Menschen umgeben wären und sie sich in Gesellschaft wohlfühlen würden.

Um Einsamkeit wirklich genießen zu können, müssen wir innerlich eine »gute Umgebung« geschaffen haben, kurz mit uns selbst im Einklang sein. Leider passiert es Hocheffizienten nur allzu oft, dass ihr innerer Tyrann nach den ersten Momenten der Erleichterung in die physische Einsamkeit hereingepoltert kommt und ihnen unerbittlich sämtliche Schnitzer und Verfehlungen vorhält, die sie begangen haben. Da sitzen sie dann wie auf Kohlen! Den Abend in Gesellschaft eines Staatsanwalts zu verbringen, der schonungslos Anklage gegen uns führt, ist so ganz und gar nicht angenehm. Gelassene Einsamkeit erfordert folglich, dass wir akzeptieren, wer und was wir sind, uns nicht darauf konzentrieren, was und wie wir gern wären, und uns nicht ständig unsere Fehler vorwerfen, sondern stattdessen unsere guten Seiten anerkennen. Kurz: Wir müssen Frieden mit uns geschlossen haben, damit wir endlich ein guter Umgang für uns selbst sind.

Wie ich Ihnen immer wieder rate: Schicken Sie Ihren inneren Tyrannen in die Wüste! Werden Sie Ihr bester Freund. Dann werden aus Ihren Momenten physischer Einsamkeit Augenblicke der Einkehr. Ich habe dieses Buch auch aus dem Grund geschrieben, damit Sie sich mit Ihren »Schnitzern« aussöhnen. Fehler, die Sie bald nicht mehr machen werden bzw. zu denen Sie stehen können, weil Sie verstanden haben, was es damit auf sich hat.

Allein mit sich und doch mitten unter Menschen

Hat man endlich zu dieser Ruhe und Gelassenheit gefunden, die aus dem Frieden mit sich selbst erwächst, können wir eine weitere Fähigkeit erwerben: in gelassener Einsamkeit mitten unter Menschen zu verweilen. Geistig abgeschottet, ohne uns physisch von der Umwelt isolieren zu müssen, sind wir in unserer »einsamen Blase« dennoch umgeben von Menschen, die uns lieben. Wir können unseren persönlichen Aktivitäten nachgehen, uns auf eine bestimmte Tätigkeit oder ein bestimmtes Buch konzentrieren, ohne uns dabei unhöflich vorzukommen, ohne uns um unsere Umgebung zu sorgen, ohne vom Lärm der Welt abgelenkt zu werden. Die Gegenwart anderer schenkt uns Sicherheit, sodass wir in uns ankommen können. Die Außenwelt ist nicht länger ein Störfaktor für unsere Konzentration. Deswegen schreiben manche Autoren so gern im Café. Das umgebende Stimmengewirr wird für sie zum Floating-Tank, der ihr schöpferisches Genie stimuliert. Wobei anzumerken ist, dass sie sich gewöhnlich unter Menschen niederlassen, die ihnen unbekannt sind. Säßen ihre Freunde im Lokal, würden sie nicht die nötige Konzentration zum Schreiben aufbringen!

Wer allerdings sehr reizempfindlich ist, für den ist es schwer, in Gegenwart anderer in seinem mentalen Raum zu bleiben. Der Lärm, das bewegte Hin und Her, die Menschen lenken zu sehr ab. Hyperästhesie, wie man diese Neigung ebenfalls nennt, geht neurologisch einher mit einer »mangelnden latenten Hemmung«. Das bedeutet, dass der Betreffende nicht fähig ist, Reize zu filtern, also das Stimmengewirr und das geschäftige Treiben um ihn herum auszublenden. Eine einfache Hintergrundmusik kann für solche Menschen zur Folter werden.

Obwohl die meisten Neurotypiker diese latente Hemmung besitzen, so mehren sich doch mittlerweile Stimmen, die die von der visuellen, akustischen und allgemein sensorischen Umweltverschmutzung – speziell in den Großraumbüros – verursachte Belastung kritisieren. In der Welt der Normdenker glaubt man nur allzu oft, dass Lärm und ständiges Getriebe Zeichen von Leben und Lebensfreude sind. In Wirklichkeit müssten sie wieder lernen, runterzukommen und der Stille und dem Gesang der Vögel zu lauschen.

Um diese regenerative Einsamkeit inmitten anderer Menschen pflegen zu können, brauchen wir zudem ein starkes Ego, damit wir erstens bei uns bleiben und zweitens mit der Gruppe in der richtigen Mischung aus Symbiose und Individualismus umgehen können. Der Zugang zu dieser Art der Einsamkeit bleibt mehr oder weniger versperrt, wenn das Ego zu schwach und der Einzelne zu sehr an der Außenwelt orientiert ist, sich zu sehr nach den Meinungen, Gefühlen und Bedürfnissen anderer richtet. Dann nämlich sind »Störstrahlen« unvermeidlich. In Gesellschaft eines gestressten Menschen heiter zu bleiben oder in einem negativen Umfeld seinen Humor zu bewahren wird dann schnell zur unlösbaren Aufgabe.

Regenerative Einsamkeit inmitten anderer Menschen ist auch dann ausgesprochen schwierig, wenn man mit ihnen nicht auf einer Wellenlänge liegt, wenn man Angst hat, dass sie einen ablehnen könnten, und ständig fürchten muss, dass man, ohne es zu wissen, wieder mal ins Fettnäpfchen tritt. Gerade für Zu-viel-Denker reicht mitunter schon die bloße Gegenwart anderer, um sich überrannt zu fühlen, und daher müssen sie ständig auf der Hut sein. Das Gegenüber wird dann als übergriffig und feindselig erlebt, außer es verhält sich betont zuvorkommend. Deswegen ist es tatsächlich oft so, dass sie sich psychisch extrem einsam, physisch aber überstrapaziert fühlen.

Mein Eindruck ist, dass sie aufgrund der ständigen Dissonanz zwischen sich und ihrer Umwelt zu dieser regenerativen Einsamkeit nur dann finden, wenn sie diesen Zustand auf ein spirituelles Niveau heben können: indem sie das Gefühl entwickeln, Teil der Menschheit, des Lebens, des Ganzen zu sein. Amélie Nothomb sagt, sie würde sich in den Menschenmengen von Tokio wie eine Brausetablette auflösen. Wenn ich mich auf die Terrasse eines Cafés setze und die Passanten beobachte, dann habe ich das Gefühl, ihr Leben zu kennen. (Sofern ich es nicht einfach erfinde!) Ich fühle mich in solchen Momenten als Teil eines Ganzen, und mir ist, als würde ich die ganze Menschheit lieben. Ich zerfließe in einer Art universeller Liebe, die sicher Ähnlichkeit mit Amélies Brausetablette hat.

»J'adore regarder danser les gens« (»Ich sehe den Menschen so gern beim Tanzen zu«), singt Philippe Catherine, der sich vermutlich einen Zugang zu der Freude geschaffen hat, welche Musik und Bewegung den Menschen bereiten. Andere haben mir erzählt, dass sich ihr Herz erweicht, wenn sie schlafende Menschen betrachten, dem Schlummer überlassen wie allerliebste Tierchen. Oder wenn sie zusehen, wie sie sich in einem Freizeitpark vergnügen, unbekümmert wie die Fischotter. All dies sind Mittel und Wege, ein Gefühl der Verbundenheit mit anderen zu erzeugen.

Vor allem aber versuchen wir Menschen, der Einsamkeit dadurch zu entgehen, dass wir uns in eine Paarbeziehung flüchten. Man könnte sogar sagen, dass Liebesbeziehungen das erste und verbreitetste Suchtmittel gegen die Angst vor der Einsamkeit sind. Nun sind aber solche symbiotischen Beziehungen, die aus Angst vor dem Alleinsein geschlossen werden, zum Scheitern verurteilt, weil sie selten authentisch sind. Was vielleicht die aktuell hohen Scheidungszahlen erklärt. Einen anderen Menschen wirklich und aufrichtig zu lieben heißt, in ruhiger, gelassener Heiterkeit man selbst sein zu können. Jeder der Partner muss seine Einzigartigkeit ganz leben, um die des anderen annehmen zu können.[38]

Was den Umgang mit Einsamkeit und sozialen Kontakten angeht, scheinen Normdenker und Hocheffiziente sich in zwei quasi gegenläufigen Strömungen zu bewegen. Letztere werden mit größerer Wahrscheinlichkeit das erleben, was wir oben als verzweifelte Einsamkeit bezeichnet haben. Ihre Schwierigkeit, wohltuende soziale Bindungen zu Neurotypikern aufzubauen, katapultiert sie, selbst in Gesellschaft anderer Menschen oder vielleicht sogar besonders in Gesellschaft anderer Menschen, in ein schmerzliches Nichts.

Wenn ein Zu-viel-Denker sich in den Schutz der Einsamkeit zurückzieht, so ist das mehr Überlebenstechnik als Ausdruck des Bedürfnisses, für sich zu sein. Weil er nicht weiß und würdigt, wer er wirklich ist, entwickelt er ein schwaches Ego, sodass es ihm an Festigkeit und Bestimmtheit im Umgang mit anderen fehlt. Darum fühlt er sich, gleichgültig, ob allein oder unter Menschen, als wäre er in tausend Stücke zerfallen, die er nicht mehr zusammenfügen kann. »Ich komme mir vor, als wäre ich ein Kaleidoskop«, haben diese Personen mir mehr als einmal bei Therapiesitzungen gestanden. In ihrer extremen, allzu großen Einsamkeit entwickeln sie ein Gefühl des Mangels und der Sehnsucht nach einer Beziehung, die dieses Loch füllen soll. Was die Kluft zwischen ihren Sehnsüchten und den real möglichen Beziehungen, die diese Welt ihnen zu bieten hat, noch vertieft.

Normdenker lösen diese Gleichung, indem sie darauf verzichten, ihr Innenleben mit anderen zu teilen und sich mit deren körperlicher Anwesenheit zufriedengeben. Dies ist letztlich eine gut angepasste Form von Bindungsverhalten. Da sie das Gebot, sich – koste es, was wolle – umgänglich zu zeigen, besser verinnerlicht haben, können sie physische Einsamkeit vermeiden und sich mit Bindungen begnügen, die den gesellschaftlichen Normen und Konventionen gehorchen.

Aber stellen diese sozialen Interaktionen sie wirklich so zufrieden, wie es von außen den Anschein hat? Ja, durchaus. Die symbiotische Abwehr verhindert, dass man sich einsam und traurig fühlt. Neurotypiker sind vor einer Form der Einsamkeit sicher, die aus hocheffizienter Sicht die schmerzlichste überhaupt ist: jenes Alleinsein, das verbunden ist mit der Unmöglichkeit, sein Innenleben mit einem anderen Menschen zu teilen. Richtet man sich aber nach dem kollektiven Narrativ und dem herrschenden Einheitsdenken, überlässt man das Nachdenken anderen, so stellt sich dieses Problem gar nicht mehr. Man fühlt sich wohl und geborgen in der Gewissheit, so zu denken wie alle.

Die beste Lösung, um mit der Angst vor der Einsamkeit umzugehen, ist jedoch, sich ihr zu stellen. Ist man fähig, sein Alleinsein und seine Sterblichkeit zu akzeptieren, so ist man auch in der Lage, sein Leben auf zufriedenstellende Weise zu organisieren. Deswegen möchte ich, um diesen Abschnitt über die existenzielle Einsamkeit zu beenden, noch einmal einige Zeilen von Fernando Pessoa mit Ihnen teilen, da sie zu dem, was ich eben geschrieben habe, gut passen und mir Wonneschauer über den Rücken jagen:

»Freiheit ist die Möglichkeit zur Isolation. Du bist frei, wenn du dich von den Menschen fernhalten kannst und nichts dich zwingt, ihre Nähe zu suchen, weder Geld noch Herdentrieb, weder Liebe, Ruhm noch Neugier, die in Stille und Einsamkeit keine Nahrung finden können. Ist es dir unmöglich, allein zu leben, bist du zum Sklaven geboren. Du kannst alle Geistes- und Seelengröße besitzen und bist doch Sklave, ein nobler und kluger vielleicht, aber kein freier Mensch.«[39]

Die Angst vor der Freiheit

»Niemandem zu gehorchen ist eine größere Befriedigung als allen zu befehlen.«[40]

Christina von Schweden, *Les maximes et pensées*

Der Mensch ist frei. Er besitzt sehr viel mehr Freiheit, als er zu besitzen meint, und sehr viel mehr Freiheit, als er eigentlich wissen will. Es ist herrlich, davon zu träumen, frei zu sein. Doch der Tatsache ins Auge zu sehen, dass wir frei sind, ist in höchstem Grade beängstigend, denn Freiheit ist unauflöslich verknüpft mit Verantwortung. Denn wenn der Mensch sein eigener Herr ist, dann liegt die Entscheidung, was er mit seinem Leben anfängt, allein bei ihm. Er muss entscheiden, wie er handelt, für sein Tun die Verantwortung übernehmen, sich damit auseinandersetzen, wenn er etwas Falsches getan hat, und Rechenschaft ablegen, warum er nicht aktiv geworden ist.

Das menschliche Bewusstsein arbeitet auf zwei Ebenen: Zum einen ermöglicht es uns, eine Entscheidung zu treffen und zu handeln, zum anderen kann es sich dabei beobachten und Stellung beziehen zu dem, was es tut. Wenn ich frei bin, dann bin ich verantwortlich, und zwar für alles. Darunter fällt auch meine Weigerung, etwas zu tun, und diese kann ich nicht länger damit entschuldigen, dass ich nicht die Möglichkeit oder die Fähigkeit besaß zu handeln. Wenn ich sage »Ich kann das nicht«, »Ich schaffe das nicht« oder »Ich kann einfach nicht anders«, so heißt das in die Sprache der Freiheit übersetzt »Ich will nicht«, »Ich versuche erst gar nicht, etwas zu lernen«, »Ich habe keine Lust, mich zu ändern«. Schaue ich mir an, was in meinem Bewusstsein abläuft, dann bin ich auch für das verantwortlich, was ich nicht sehen und nicht wissen möchte.

Stimmt, das alles ist ausgesprochen beunruhigend. Und genauso habe ich die Freiheit, die Regeln zu befolgen oder sie zu brechen. Doch wenn ich es wage, sie zu überschreiten, dann werde ich mir zugleich der Tatsache bewusst, dass ihnen jede Grundlage fehlt und sie willkürlich sind. Es ist genau dieses Fehlen eines tragenden, versichernden Fundaments, das die Freiheit zu diesem Strudel der Angst macht.

Wie gewohnt begegnet der Mensch der schrecklichen Angst, indem er seine archaischen Verteidigungsmechanismen aktiviert. Eingeschnürt in seine Illusion von persönlicher Reife präsentiert der heroische Typ sich als jemand, der Verantwortung zeigt, selbst für Dinge, die ihn nichts angehen. Im Extremfall kann das so weit gehen, dass er meint, dafür verantwortlich zu sein, wie andere ihr Leben führen oder wie es in der Welt zugeht. Da diese Aufgabe zu schwer ist für einen einzelnen Menschen, möchte der heroische Typ, dass jeder seinen Teil der Verantwortung übernimmt. Und so verzettelt er sich in Kleinkriegen gegen die Ungerechtigkeit, bedrängt seine Umwelt mit der Forderung, sich zu ändern, und erschöpft sich in dem Versuch zu beweisen, dass er recht hat, mit dem, was er tut. Und das bei Leuten, die sich für genau die gegenteilige Strategie entschieden haben: die symbiotische Abwehr.

An dieser Stelle möchte ich Sie noch einmal an die vier Verweigerungshaltungen erinnern, die diese ausmachen: die Weigerung, erwachsen zu werden; die Weigerung, seinen Standpunkt zu vertreten; die Weigerung, eigenständig zu handeln, und die Weigerung, sich abzunabeln. Dem können wir nun noch hinzufügen: die Verweigerung des Wissens, die Verweigerung des Verstehens und die Weigerung, Verantwortung für das eigene Leben zu übernehmen. Frei und damit verantwortlich für sich und seine Zukunft zu sein, ist so gar nicht nach dem Geschmack des symbiotischen Typs, der lieber in der Kinderrolle verharrt und Verantwortung ablehnt.

In seinem Essay *Von der freiwilligen Knechtschaft des Menschen* verleiht Étienne de La Boétie seiner fassungslosen Empörung über die Unterwürfigkeit des Menschen folgendermaßen Ausdruck: »Es ist nicht zu glauben, wie das Volk, sowie es unterworfen ist, sofort in eine derart tiefe Vergessenheit seiner Freiheit fällt, dass es ihm nicht mehr möglich ist, sich zu erheben, um sie sich zurückzuerobern. Es dient vielmehr so gut und so bereitwillig, dass man, wenn man es sieht, meinen könnte, es habe nicht etwa seine Freiheit verloren, sondern sich vielmehr seine Knechtschaft erobert.«[41]

Étienne de La Boétie ist das Musterexemplar eines leidenschaftlichen Zu-viel-Denkers. Er hat nicht das Geringste verstanden, was soziale Codes angeht, und schrammte zudem nur knapp an massivem Ärger vorbei. Von der Höhe seiner hitzigen 18 Jahre herab verfasste er, ausgehend von einer schönen humanistischen Utopie, eine theoretische Schrift, die stilistisch stark von seiner Lektüre klassischer Epen beeinflusst scheint. Ein Unterfangen so schön, so nobel und so unglaublich doof. Denn wenn der Autor auch keinerlei Absicht hatte, sich als Pamphletist zu betätigen, so sahen seine weniger überschwänglichen Zeitgenossen in seinen Schriften eine direkte Anspielung auf die damaligen politischen Ereignisse: die Revolte von Bordeaux im Jahr 1548, die vom Connétable de Montmorency erbarmungslos niedergeschlagen wurde. Mit einer Kritik am königlichen Herrscherhaus hätte Étienne de La Boétie – dem es vor allem um die Philosophie ging – sich schnell in den Tiefen eines Kerkers oder, noch schlimmer, am Ende eines Galgenstricks wiederfinden können! Wie viele mental Hocheffiziente erkennen sich wohl in diesem Paradebeispiel mangelnder sozialer Klugheit wieder?

Die menschliche Feigheit und Unterwürfigkeit – beides hört nicht auf, die Denker zu beschäftigen, angefangen bei den Philosophen der Antike über La Boétie bis in jüngster Zeit, wo sich Psychologen wie Stanley Milgram damit beschäftigen. Sein berühmtes Experiment zur Gehorsamsbereitschaft hat gezeigt, dass mehr als 70 Prozent von uns aus reiner Unterwürfigkeit dazu in der Lage sind, einen Menschen (angeblich) zu foltern. Aus ethischer Sicht sind die Ergebnisse dieses Experiments höchst verstörend.[42] Ein anderer Psychologe, Lawrence

Kohlberg,[43] hat dagegen gezeigt, dass nur 30 Prozent der Bevölkerung sich über die Legitimität von Gesetzen Gedanken machen und nur 15 Prozent der Menschen imstande sind, aus ethischen Gründen Gesetze zu übertreten.

Auch andere Experimente zu konformem Verhalten belegen, in welchem Ausmaß Menschen bereit sind, ihr Verhalten dem einer Gruppe anzugleichen. Die meisten haben lieber mit der Gruppe unrecht als gegen sie recht und tun alles, um nur nicht aus dem Rahmen zu fallen. Hierzu hat der polnischstämmige Psychologe Solomon Asch ein höchst witziges Experiment durchgeführt, das auch gefilmt und 1962 im amerikanischen Fernsehen übertragen wurde. Zu sehen ist ein offener Aufzug, dessen Benutzer sich einmal nach links drehen, dann wieder nach rechts, sodann ihren Hut abnehmen und wieder aufsetzen. Ohne nachzudenken tun es ihnen die ahnungslosen Versuchskaninchen aus einem instinktiven Nachahmungstrieb heraus gleich, da ihnen mehr daran gelegen ist, sich so zu verhalten wie alle anderen, statt sich zu fragen, wie sinnvoll ihr Verhalten ist.

Während er darüber reflektiert, was wohl einen Menschen dazu bringen mag, seine Freiheit aufzugeben und sich einem Tyrannen zu unterwerfen, merkt Étienne de La Boétie beiläufig an, dass Tyrannen rein physisch gesehen meist keine beeindruckenden Gestalten seien und dass sie ein paar entschlossenen Männern, geschweige denn einer aufgebrachten Menge, kaum gewachsen wären. Wie also schaffen es diese »Tyrannen«, sich Millionen von Menschen untertan zu machen?

Meiner Meinung nach geht er mit dieser Überlegung das Problem von der falschen Seite an. Und wenn es nun die Gruppe ist, die sich ihren Führer aus dem brennenden Bedürfnis heraus wählt, jede eigene Verantwortung loszuwerden und sie auf jemand anderen abzuwälzen? Hat man einen geeigneten Kandidaten gefunden, wen interessiert es dann noch, ob der ein Hänfling ist oder ein Schrank von einem Mann? Vor diesem Hintergrund könnte man weiterfragen, wie viele Könige nur widerstrebend den Thron akzeptiert haben und wie viele es gewagt haben, wie beispielsweise Christina von Schweden oder der englische König Edward VIII., darauf zu verzichten.

Sind Könige nicht ebenso dem System unterworfen wie ihre Untertanen? Rein systematisch betrachtet kann sich eine Gruppe, sobald sie mehr als 100 Mitglieder hat, nicht mehr allein durch Klatsch und Tratsch regulieren. Sie braucht einen Anführer oder einen Sündenbock (auch »negative Integrationsfigur« genannt, womit alles gesagt ist), wobei der Anführer oft Leithammel und Sündenbock zugleich ist. Er ist jedoch nur jener Teil des Systems, der als Signalgeber und Bindeglied eine regulierende Funktion ausübt und die Gruppenenergien bündelt bzw. verteilt. So ist beispielsweise in manchen Fällen von Mobbing klar, dass es eigentlich die Gruppe ist, die den Mobber dazu anstachelt, und dass er sich dazu anregen lässt, um sein Gesicht nicht zu verlieren.

Man sollte sich darüber im Klaren sein, dass ein Thron nicht unbedingt die sicherste Sitzgelegenheit ist, sondern eher eine Art Schleudersitz. Ein Führer muss stets den Erwartungen der Gruppe Rechnung tragen. Er ist ständiger Kritik ausgesetzt und dauernd in Gefahr, gestürzt oder am nächsten Baum aufgeknüpft zu werden. Dabei wissen seltsamerweise alle, dass das Dasein als Chef eine undankbare Aufgabe ist. Angestellte kritisieren ihre Vorgesetzten ausgiebig, doch hakt man nach, so möchten die wenigsten auf dem Chefsessel Platz nehmen.

Sie sehen also, an welchem Punkt man sich schließlich mehr oder weniger freiwillig dazu entschließt, aus Bequemlichkeit seine Freiheit preiszugeben. Franck Farrelly[44] stellte die These auf, dass die Einweisung in eine psychiatrische Klinik es dem Betreffenden erlaubt, sich seinen Pflichten als Erwachsener zu entziehen, also seinen Lebensunterhalt zu verdienen, Steuern zu zahlen und für sein Tun einzustehen. Seine Theorie war, dass es mit ein bisschen Theater (das der Patient auch sich selbst vorspielen kann) möglich ist, sich wieder eine Art Kindstatus zu verschaffen, in dem einem die Notwendigkeit und der Druck, für sich selbst zu sorgen und Entscheidungen zu treffen, abgenommen werden.

Denselben Mechanismus, um eigene Verantwortung abzugeben, finden wir auch in Gefängnissen oder Klöstern. Schließlich bekommen die Insassen dort Kost und Logis gestellt und sind vor der Außenwelt geschützt. Darum kehren manche Ganoven auch nach der Entlassung so schnell wie möglich wieder ins Gefängnis zurück, auch um vor mafiösen Vergeltungsmaßnahmen sicher zu sein.

Häufig suchen wir hinter Regeln und Gesetzen Zuflucht, um uns nicht mit unserer Freiheit zum selbstbestimmten Handeln – die uns Angst macht – auseinandersetzen zu müssen. Und tun wir das nicht vor allem darum, um das Gefühl der Ohnmacht loszuwerden? Das ist zum Beispiel der Fall, wenn wir vor Gericht gehen. Unsere Bemühungen um eine gütliche Einigung sind gescheitert, also wenden wir uns an eine übergeordnete Instanz, die für uns entscheiden soll. In seinem Buch *Que faire des cons? (Was mache ich mit Vollidioten?)* erläutert Maxime Rovère diesen Mechanismus: »Tatsächlich haben wir nicht ohne Grund dieses, theoretisch betrachtet, perverse Bedürfnis nach Unterordnung. Die Unterordnung scheint uns der Rettungsring, der uns aus der Ohnmacht befreit, genauer gesagt, unsere Ratlosigkeit (bzw. Angst oder Scham, je nach Veranlagung) angesichts dieser Ohnmacht – oder wie ich es im Weiteren nennen werde: dieser Unzulänglichkeit – zu beseitigen.«[45] Und er fügt hinzu, dass wir, sobald wir jemanden gefunden haben, an den wir unser Gefühl der Ohnmacht abgeben können, eine derart intensive Erleichterung verspüren, dass die Unterordnung uns ein starkes Glücksgefühl beschert.

Die Unfähigkeit des Menschen, seine Freiheit auf sich zu nehmen, und die willige Bereitschaft, seine Verantwortung abzugeben, bereiten den Boden für Psychospiele, die sich um das Dramadreieck von Opfer, Verfolger und Retter herum entwickeln. »Ich hab' überhaupt nichts getan! *Du* hast doch ...« »Nur wegen dir, wenn du nicht wärst ...« Solange die Menschheit sich dafür entscheidet, in ihrem Zustand der Unreife vor sich hin zu schmoren, solange wird die Negativität, die durch solche Transaktionen zwischen Personen entsteht (und deren Hauptzweck es ist, die eigene Verantwortung zurückzuweisen), ihr täglich Brot sein.[46] Nichtsdestotrotz finden viele diese sich aufschaukelnden Auseinandersetzungen ebenso aufregend wie erquicklich. Zur Erinnerung: Probleme zu haben gibt uns erstens das Gefühl von Wichtigkeit und zweitens Gesprächsstoff. Und so ein Dramadreieck bringt uns auch intensive »Streicheleinheiten« ein, auch das sollten wir nicht vergessen! Jacques Salomé weist wie auch Maxime Rovère darauf hin, dass wir ein klar erotisches Vergnügen daraus ziehen, wenn wir uns beklagen, jammern und zur Ohnmacht verurteilt sehen. Und warum sollten wir uns um dieses Vergnügen bringen?

Doch rücken wir die Dinge wieder in ihren entwicklungsgeschichtlichen Zusammenhang: Der Verlust unserer Freiheit fällt zeitlich zusammen mit der Sesshaftwerdung des *Homo sapiens*. Der allmähliche Übergang zum Ackerbau und die immer größer werdenden Gruppen, in denen der Mensch lebte, brachten die Notwendigkeit der Aufgabenteilung und Spezialisierung mit sich. Denn man konnte bestimmte Arbeiten nicht mehr selbst erledigen und war daher gezwungen, sie zu delegieren. So sind die einzelnen Berufe entstanden.

Mit dem Ergebnis, dass wir uns heute einer merkwürdig paradoxen Situation gegenübersehen: Wir Menschen sind die Spezies, welche über das meiste Wissen und die größte Gruppenintelligenz verfügt, während das einzelne Individuum das unwissendste Lebewesen überhaupt ist. Außerstande, alles über alles zu wissen, und ebenso außerstande, alles selbst zu machen, ist der Mensch gezwungen, sich tagtäglich auf das Wissen und die Kompetenz anderer zu verlassen – sei es, um sein Brot zu backen, sein Haus zu bauen oder seine Krankheiten behandeln zu lassen.

Wenn ich also lerne, Dinge zu delegieren und mich all diesen Berufsständen anzuvertrauen, finde ich mich in einer Position des »Gehorsams« wieder. Und kann nur hoffen, dass mein Bäcker seinen im Übermaß genossenen Pastis nicht in den Brotteig gekotzt hat.[47] Der heroische Typus wiegt sich in der Illusion von Freiheit und Unabhängigkeit. Der symbiotische Typ kann die Dinge gelassener sehen, denn er hat alles, was mit »Freiheit« zusammenhängt, an andere delegiert, eingeschlossen die Eigenständigkeit des Denkens. Schließlich gibt es Leute, die studiert haben und dafür bezahlt werden, dass sie sich auskennen. Und wenn sie sagen, so und so ist es, dann soll's ihm recht sein.

Leider hat diese extreme Spezialisierung einen Graben zwischen wissendem Fachmann und unwissendem Laien aufgeworfen. Alle Macht konzentriert sich so in den Händen einiger weniger Fachleute, die fest entschlossen sind, ihre Macht auch zu behalten. Das macht die Illusion der Technik so gefährlich, um die es in Kapitel 2 (über das Lösen von Problemen) ging und wo ihre zerstörerischen Auswirkungen beschrieben wurden:

- **gegenteiliger Effekt:** Es tritt das Gegenteil dessen ein, was man erwartet hat. Probleme werden nicht gelöst, sondern verschärft.
- **zentralisierende Wirkung:** Sie stattet einige wenige Individuen mit einem Übermaß an Macht aus.
- **amoralische Wirkung:** Ethische Normen werden unter dem Vorwand höherer Effizienz (tatsächlich aber eher aus Gier) preisgegeben.
- **Zwangswirkung:** Der Laie ist gezwungen, sich der Illusion der Technik und den Fachleuten zu beugen.

Die Zunahme der Entropie hat in unserer Gesellschaft dazu geführt, dass wir Menschen als Experten bezeichnen und ihnen eine Hauptrolle zugestehen, deren Kompetenz wir gar nicht beurteilen können, da sie ja die »Experten« sind. In manchen Fällen vergessen wir dazu noch, uns ihr Diplom zeigen zu lassen. Daraus kann man ersehen, wie freiwillig unsere Knechtschaft doch ist: Da wir unsere Verantwortung abgeben wollen, wird der Spruch der Experten für uns zum Evangelium. Ob vor Gericht, im Versicherungsbüro oder bei Entscheidungen über unsere Gesundheit – wir folgen blind ihrer Meinung. Sie sind zu den wahren Herrschern der Welt geworden. Das Ganze nimmt ebenso lächerliche wie gefährliche Dimensionen an, wenn man im Fernsehen jeden Hinz und Kunz, der bereit ist, das Theater mitzuspielen, zum »Experten« befördert.

Doch eine Handvoll rebellischer Geister weigert sich, ihr Denken outzusourcen. Sie informieren sich selbstständig aus anderen Quellen, stellen unbequeme Fragen, zeigen mit dem Finger auf Widersprüchlichkeiten, tauschen sich online aus und werden so mehr und mehr zu einer Gegenmacht. Was die Experten wutschäumend »Verschwörung« schreien lässt. Die Illusion der Technik verteidigt sich mit Zähnen und Klauen gegen alle Angriffe, die sich gegen sie richten.

Geht es also um die Frage, ob wir freie Menschen oder Sklaven sind? Ist Freiheit nun Segen oder Fluch, Fakt oder Illusion? Wie soll der Mensch die Grenzen seiner Freiheit erkennen? La Boétie ist der Ansicht, dass die Menschen unabhängig wären, wenn sie es sein wollten. Dostojewski sagt, wenn die Menschen sich tatsächlich Glück oder Liebe wünschten, dann hätten sie sie auch. Wir haben auch die Freiheit, unsere Freiheit auszuschlagen. Doch angesichts all der einschränkenden Regeln, die der *Homo sapiens* aufgestellt hat, bleibt diese Autonomie durch und durch relativ: Versuchen Sie doch mal, eine »Grenze« ohne Pass zu überschreiten oder Ihre Einnahmen nicht bei der Steuer zu erklären!

In der Welt der Menschen gibt es keine bedingungslose Freiheit, sondern nur die Möglichkeit, sich unter den herrschenden, d.h. klar festgelegten Bedingungen einen Weg zu bahnen. In diesem Zusammenhang heißt »frei sein«, sich fremden Einflüssen zu entziehen, unabhängiger zu werden und Entscheidungen aufgrund der eigenen ethischen Überzeugungen und ohne Rücksicht auf mögliche Nachteile zu treffen. Freiheit heißt weiterhin, sich anders zu verhalten als alle anderen. Doch das hat seinen Preis, und der heißt Einsamkeit. Ohne nachzudenken in der Herde mitzulaufen ist bequemer, als ihr voranzugehen oder, noch schlimmer, seiner eigenen Wege zu gehen.

Aber nicht alle Menschen, die sich regelkonform verhalten, sind zwangsläufig Duckmäuser oder Resignierte. Es ist ein Unterschied, ob jemand aktiv oder passiv in etwas einwilligt. Auf der einen Seite stehen die Höflinge, wahrlich charakterlose und feige Geister, auf der anderen die Gefolgsleute, die bewusst handeln und aktiv für eine Sache eintreten, die sie verteidigen. Der Musiker, der sich absichtlich der Autorität des Dirigenten unterwirft, stellt den harmonischen Zusammenklang des Orchesters und die Interpretation des Werks über sein eigenes künstlerisches Empfinden.

Das Bedürfnis nach Sinn

»Nur in der Gleichgültigkeit habe ich Ruhe gefunden. Ich möchte meine Unschuld wiederfinden, doch nichts hat Sinn, nichts funktioniert. Daneben ist alles Chaos, all meine Ideale, abgedroschene Worte [...] ich suche eine Seele, die mir helfen kann. Ich gehöre zu einer desillusionierten Generation [...]«[48]

Warum leben wir? Wozu existieren wir? Welchen Sinn hat mein Leben? Wozu ist es gut? Und was ist danach? Was soll das? Der ganze Aufwand nur für das? Fragen wie diese hat sich wohl jeder Mensch schon einmal gestellt, nachdem sein Leben eine krasse Wende vollzog. Derartige Krisen sind schlimm, denn das Gefühl der Sinnlosigkeit lastet schwer auf uns. Carl Gustav Jung sagt, der Mensch könne ein sinnentleertes Leben nicht ertragen. Würden Sie von einer Ihnen nahestehenden Person eine Nachricht erhalten, die anfängt mit »Mein Leben hat keinen Sinn mehr ...«, würde Sie sicher die Panik befallen, noch bevor Sie weiterlesen können – und das mit Recht. Wenn ein Mensch in seinem Leben keinen Sinn mehr sieht, dann hat er das Gefühl, dass es nichts mehr gibt, wofür es sich zu leben oder zu kämpfen lohnt, nichts mehr, worauf er hoffen kann. Dieser Verlust von Sinn ist eine der Hauptursachen für das Burn-out. Wenn dieses Empfinden auch aufs Privatleben übergreift, führt es häufig zum Selbstmord.

Das Bedürfnis nach Sinn kann kollektiver oder persönlicher, profaner oder spiritueller Natur sein. Wir können hineinzoomen bis hinunter zum Quantenpartikel und uns sagen: »Die Welt ist so, weil die Atome …« Oder wir zoomen hinaus in die unendlichen Weiten des Universums und reden uns ein: »Die Welt ist so, weil die Galaxien …« Um unser Bedürfnis nach Kohärenz zu befriedigen, müsste immer alles an seinem Platz sein und jeder seine Rolle erfüllen. Die stärkste Sicherheit entsteht dabei aus meiner inneren Kohärenz, die mein Wertesystem mit meinen Gedanken und Handlungen verbindet. Übrigens sind es eben unser Bedürfnis nach Kohärenz und unsere Angst vor innerem Chaos, auf die sich so gut wie alle mentalen Manipulationsmechanismen stützen, wie etwa die »Entscheidungsfalle«, das »Schlechtem-Geld-gutes-Hinterherwerfen« und die »verlorene Anzahlung«.[49] Da der Mensch aber ein wandelnder Widerspruch ist, ist es ein Kinderspiel, sich selbst in flagranti bei einem Mangel an Kohärenz zu ertappen.

Was nun dieses zentrale Bedürfnis, dem eigenen Leben einen Sinn zu verleihen, angeht, so zeichnet sich eine Erkenntnis ab, die ebenso zutreffend wie beängstigend ist: Die Welt hat keinen anderen Sinn als jenen, den wir ihr geben. Wie Fernando Pessoa so treffend sagte: »Die Wirklichkeit braucht mich nicht.«[50] Doch die Augenblicke, in denen uns das bewusst wird, sind höchst ungemütlich. Unserem Leben einen Sinn zu geben hat ja vor allem einen Zweck: nämlich dem Chaos und somit dem Wahnsinn zu entgehen.

Kazimierz Dabrowski[51] spricht von »positiver Desintegration«, wenn unsere mentalen Konstrukte zusammenbrechen. Für ihn sind existenzielle Krisen und die Ängste, die sie begleiten, etwas Konstruktives, auf das man sich einlassen sollte, statt es umgehen zu wollen. Geistige Gesundheit besteht nicht darin, dass man jedes Hinterfragen seiner selbst unterlässt, sondern dass man ganz im Gegenteil solche Phasen des Zweifels zulässt und durchlebt, um zu einem höheren und stärker reflektierten Grad an Bewusstheit zu gelangen. Er beklagt, dass viele Menschen im Stadium der »primären Integration« stecken bleiben und sich nicht auf den Weg der Desintegration und neuerlichen Integration begeben, der uns zu unserem höchsten Potenzial führen würde. Nichtsdestotrotz ist Dabrowski ein großer Optimist!

Solche existenziellen Krisen sind alles andere als angenehm. Ein Mensch, der in seinem Dasein keinen Sinn mehr sieht, stürzt in einen Strudel der Panik, die uns zu Stein erstarren lässt wie weiland das Haupt der Medusa.

Da ich wie alle Menschen in meinem Leben mehrfach solche Sinnkrisen erlebt habe, kann ich bestätigen, dass ich ihnen auch meine schwersten Angstzustände verdanke. Tod, Einsamkeit und Freiheit sind letztlich Kinkerlitzchen angesichts der Frage nach dem Sinn des Lebens! Während meiner bislang letzten dieser Krisen wollte ich jedoch der Medusa direkt ins hässliche Auge sehen und habe mich daher geweigert, mir schnell, schnell wieder einen tragfähigen Lebenssinn zusammenzustricken. Ich hatte nämlich nur allzu gut verstanden, dass er genauso künstlich und willkürlich sein würde, wie sich das bei anderen Versuchen zuvor ergeben hatte. Außerdem wollte ich in diesem Buch aus eigener Erfahrung über den Effekt schreiben können, den es hat, »sinnfrei« zu leben. Ich habe mich geweigert, mich auf die ersten beruhigenden Deutungen zu stürzen, die mir in den Sinn kamen. Und habe bewusst jeden Versuch blockiert, Erklärungen zu finden oder das Drehbuch umzuschreiben. So verharrte ich mehrere Monate, von schrecklichen Angstzuständen geschüttelt, aber wild entschlossen, das durchzustehen.[52]

In dieser Phase bin ich Oblomow begegnet, dem berühmten Helden aus dem gleichnamigen Roman von Iwan Gontscharow. Der Roman handelt von Ilja Iljitsch Oblomow, der dargestellt wird als untätiger Mensch, der sich in einer Art tagträumerischer Lethargie behaglich einzurichten versteht. Er führt das müßiggängerische, gelangweilte Leben eines russischen Großgrundbesitzers des 19. Jahrhunderts, und vielfach wird er als der Inbegriff von Faulheit und Mittelmäßigkeit betrachtet. Doch bedeutet das russische *oblom* so viel wie »Bruch, Zerbrechen«. Oblomow ist ein gebrochener Mensch, jemand, dessen innere Triebfeder gesprungen ist. Er vermag nicht einmal mehr, jemanden zu lieben. Das passiert, wenn es einem nicht mehr gelingt, seinem Leben einen Sinn zu geben.

Auch meine innere Triebfeder war gesprungen. Ich war drauf und dran, den launigen Spruch von Frédéric Dard »Ich bin ein alter, gelangweilter Fötus. Mein Leben soll ihm eine Lektion sein. Ich werde nicht noch mal von vorn anfangen« zu meinem Motto zu erheben, als ich über einen schönen, kleinen Text übers Loslassen stolperte. Ich weiß nicht, von wem er stammt, aber im Wesentlichen heißt es dort: »Loslassen heißt zu akzeptieren, dass der andere der andere ist und dass ich ich bin und nicht der, der ich gern gewesen wäre. Loslassen heißt aufzuhören, mit dem Leben ins Gericht zu gehen, das uns nicht gibt, was wir von ihm erwartet haben.« Gemäß diesem Gedanken sein Dasein zu führen stimmt ausgesprochen heiter. Hört man auf, mit dem Leben zu rechten und zu hadern, weil es nicht so ist, wie man sich das vorstellt, wird es regelrecht schön. Es lebe das Loslassen! Heute kann ich Dabrowskis Theorie bestätigen: Diese x-te Desintegration war letztlich genauso positiv wie die anderen, doch habe ich wirklich geglaubt, ich würde ihr Ende nicht erleben.

Die stärksten »Sinnstifter« für unser Leben sind: Altruismus, Hingabe an eine Sache, Kreativität, Lebensfreude, das Gefühl, sein Potenzial zu verwirklichen, Transzendenz. Dem Leben eine spirituelle Dimension zu verleihen macht weniger durchlässig für toxische Emotionen und widerstandsfähiger gegenüber einer negativ geladenen Umgebung. Aber brauchen wir wirklich dieses ganze Brimborium? Selbst ein Leonardo da Vinci hatte im Herbst seines Lebens das Gefühl, seine Zeit vergeudet zu haben.

Solche Ansichten bekomme ich regelmäßig von Zu-viel-Denkern zu hören: »Was mich immer wieder in Erstaunen versetzt, ist, dass niemand sich fragt, wozu wir tatsächlich auf der Welt sind. Die meisten haben sich damit abgefunden, dass ihr Leben ein ewiger Kreislauf aus Arbeit, Essen, Zerstreuung, Schlaf ist. Keiner sucht nach einem tieferen Verständnis, worauf unser Dasein in diesem Universum hinsteuern soll.« Der Oblomowa, die ich fast geworden wäre, scheint diese Suche nach einem »tieferen« Verständnis heute ziemlich unnütz, ja sogar hochmütig. Wenn jemand Sinn und Erfüllung in seinem Beruf findet, in der Familie, darin, sich in eine Generationenfolge einzureihen und sie fortzusetzen, warum in aller Welt soll man ihm daraus einen Vorwurf machen? Wenn jemand Ihnen aufrichtig erklärt »Das Leben ist dazu da, um zu heiraten, Kinder zu haben, zu arbeiten und dann seinen Ruhestand zu genießen« – was ist daran problematisch, wenn er damit glücklich ist?

Wenn hochsensible Grüblernaturen von ihren Mitmenschen verlangen, sie sollen sich gemeinsam mit ihnen über den Abgrund der existenziellen Ängste beugen, so ist das nichts anderes als ein Akt blanker Gewalt. Meiner Ansicht ist es dieser unterschiedliche Umgang mit unseren tief verwurzelten Ängsten, der den Graben zwischen Hocheffizienten und Normdenkern überhaupt erst aufgeworfen hat.

Wenn aber die Welt, wie Alice meint, keinen Sinn hat, was hindert uns daran, uns einen auszudenken? Sie hat recht. Damit die Welt einen Sinn bekommt, müssen wir ihm nur einen geben ... indem wir uns Geschichten erzählen.

5.
Geschichten erzählen

»Es war einmal vor langer, langer Zeit in einem fernen Land ein alter Mann, der ...« Merken Sie, wie sehr dieser Satz Sie schon neugierig macht, sodass Sie unbedingt wissen möchten, wie die Geschichte weitergeht? (Was ich Ihnen aber nicht erzählen werde, sorry!)

»Es war einmal ...« oder »once upon a time ...« – diese Formel gibt es in allen Sprachen. Sie ist ein Zauberspruch, der uns in eine parallele Welt versetzt und in einen hypnotischen Zustand eintauchen lässt. Seit Urzeiten begeistert sich der Mensch für Geschichten, Erzählungen, Legenden und Theaterstücke. Dies ist sicher der schönste Vorzug unseres ansonsten traurigen Primatenschicksals, in dem wir Zugang zur Sprache und zum abstrakten Denken erlangt haben. In der virtuellen Welt, in der wir leben, können wir ohne Ende Geschichten, Szenarien und Dialoge erfinden, andere virtuelle Welten, in die wir mit Genuss eintauchen, wenn auch manchmal mit Freude am Schaudern.

Das Theater scheint um 6000 v. Chr. entstanden zu sein. Hätten wir entsprechende Aufzeichnungen, könnte man eine beeindruckende Retrospektive aller Theaterstücke erstellen, die seit der Antike auf der Welt geschrieben wurden. Können Sie sich vorstellen, was 2600 Jahre Welttheater bedeuten? Das müsste fantastisch sein! Und selbst wenn man nicht so weit zurückginge, sondern nur bis zur Erfindung des Kinos im Jahr

1895, wäre die Liste der Filme, die seitdem weltweit gedreht wurden, nicht minder beeindruckend. Doch selbst diese audiovisuellen Archive sind nichts im Vergleich zu der Menge der Geschichten, die wir für uns selbst in der 1300 Kubikzentimeter umfassenden Schädelschale produzieren. Unsere persönliche Filmografie ist immens.

Ich bin die Geschichten, die ich mir erzähle

Geschichten sind notwendig, um dem, was wir erleben, Sinn und Kohärenz zu geben. Wir fassen Dinge in Worte, um den Zustand des Chaos, in dem wir uns befinden, zu beenden und die Unmenge der Daten so zu ordnen, dass wir sie in einen Sinnzusammenhang stellen können: von der Ursache zur Wirkung, ein Plot, ein Handlungsstrang, eine zeitliche Abfolge, eine Sinnsuche ... Kurzum: Geschichten liefern Erklärungen, warum die Dinge sind, wie sie sind.

Der Sinn, den man seinem Leben gibt, kann profan sein: »Meine Aufgabe ist es, gutes Brot und feine Kuchen zu backen, damit mein Dorf etwas zu essen hat und sich am Sonntagstisch Genuss gönnen kann.« Oder transzendent: »Ich habe von meinen Vorfahren ein bestimmtes Wissen und Können, Werte, ein Erbe erhalten, und das muss ich an meine Nachkommen weitergeben.« Oder auch spirituell: »Ich bin hier auf der Welt, weil Gott ...« Welchen Sinn wir im Einzelnen unserem Erdenwandel geben, spielt so gut wie keine Rolle, sobald unser Leben nur Sinn hat.

Auch die Transaktionsanalyse hat sich mit dem Thema »individuelle Lebensgeschichte« intensiv auseinandergesetzt und das Konzept des »Lebensskripts« entwickelt. Dabei geht es kurz gefasst um Folgendes: Um die Fülle der unterschiedlichen Informationen, die ein Kind aufnimmt, in ein kohärentes, logisches Gerüst zu bringen, denkt es sich schon sehr früh seine persönliche Lebensgeschichte aus. Das Material, aus dem es seine Geschichte zusammenbaut, sind die Regeln, die ihm sagen, was es darf und was es nicht darf, die Identifikationsmodelle, die man ihm anbietet, sowie verschiedene innere Antriebskräfte: unterschwellige Befehle, dass es stark sein soll oder perfekt, dass es alles recht machen soll, sich anstrengen und/oder beeilen. Aus all dem Material schält sich eines Tages ein Lebensentwurf (oder auch: Überlebensentwurf) heraus, der sich dem Kind in folgender Form einprägt: »Wenn das so ist, dann bin ich …«

Je früher die Entscheidung für diesen Lebensplan fällt und je dramatischer die Umstände sind, unter denen das geschieht, desto stärker beruht das Lebensskript auf »niemals«, »immer«, »alle« oder »niemand«. Und umso stärker wird es das Erwachsenendasein des Kindes bestimmen. In der Phase, in der dieses Lebensskript erstellt wird, gibt es unter all den Geschichten, die das Kind bis dahin gehört hat, eine, welche die beste (oder die am wenigsten deprimierende) Synthese dessen zu sein scheint, was es bisher erlebt hat. Der beste Weg, seine Bedürfnisse auf akzeptable Ziele auszurichten und mit den elterlichen Botschaften übereinzustimmen: »Mit deinem Verhalten bringst du deine Mutter noch ins Grab!«

Der Held dieser Geschichte wird zur mehr oder weniger bewusst gewählten Identifikationsfigur. So könnte zum Beispiel die kleine Meerjungfrau, die aus Liebe ihre Stimme hergibt, eine gute Identifikationsfigur abgeben für ein Kind, dem die Eltern immer sagen, es soll den Mund halten. Deswegen kann man Kindern gar nicht genug Geschichten erzählen. Denn so haben sie, wenn sie ihr Lebensskript erstellen, mehr Material, aus dem sie sich bedienen können, und ihre Entscheidung fällt differenzierter aus. Die Transaktionsanalyse hat eine Vielzahl von möglichen Lebensskripten[53] beschrieben: tragisch oder banal, Gewinner oder Verlierer, das »Bis«-Skript und das »Beinahe«-Skript.

Doch machen Sie sich keine Illusionen: Es kommt nicht auf Ihre vordergründige Suche an, sondern auf deren Ergebnis. Um Ihr Lebensskript aufzudecken, dürfen Sie sich nicht darauf konzentrieren, was Sie suchen, sondern müssen objektiv beobachten, was dabei herauskommt. Joe Dispenza bringt diesen Sachverhalt auf folgenden Nenner: »Das Quantenfeld reagiert nicht auf das, was wir wollen, sondern auf das, was wir sind.«[54]

Ich bin die Geschichten, die ich mir erzähle. So verstörend dieser Gedanke ist, so richtig ist er auch. Selbst wenn ich empört einwende: »Aber ich erzähle mir doch keine Geschichten! Was ich sage, ist die reine Wahrheit!«, könnte eine leise Stimme spöttisch dazwischenflüstern und fortfahren: »Und hier eine Geschichte über eine Frau, die sich erzählt, sie würde sich keine Geschichten erzählen, und meint, im Besitz der Wahrheit zu sein.«

Tatsächlich kann ich mir nicht keine Geschichten erzählen. Und meine Narrative sind nur die Dinge, die ich glaube. Das ist eines der Grundprinzipien des Neurolinguistischen Programmierens: Es gibt keine Wahrheit. Alles ist nur Glaube. Ich kann nicht nicht glauben. An nichts zu glauben heißt, dass man glaubt, da sei nichts. Was ist dann der Unterschied zwischen »glauben« und »wissen«? »Wissen« heißt schlicht, dass man glaubt zu wissen.

Als ich diesen Punkt einmal in einem meiner Seminare erörterte, fragte ein Teilnehmer mich herausfordernd: »Wenn ich sage, dass es auf meiner Armbanduhr 9.45 Uhr ist, ist das dann Glaube?« Damit brachte er mich in ein echtes Dilemma. Ich konnte sehen, dass er Gewissheiten brauchte und dass meine Behauptung ihn verunsicherte. Während ich überlegte, was ich ihm auf seine Frage erwidern sollte, um ihn nicht noch mehr vor den Kopf zu stoßen, schaute ich auf meine Uhr. Sie zeigte 9.45 Uhr. Also fragte ich in die Gruppe: »Wie spät haben Sie es?« Und die antwortete unisono: »Halb zehn.« Daher konnte ich dem bedauernswerten Mann sagen: »Ja, 9.45 Uhr ist ein Glaube. Es ist nämlich halb zehn.«

In dem Moment wurde uns klar, dass diese Annahme für seine Verärgerung verantwortlich war: Er hatte wirklich gedacht, das Seminar habe mit einer Viertelstunde Verspätung angefangen. Das ist ein wunderbarer Beleg dafür, dass wir unseren Überzeugungen gegenüber stets ein wenig skeptisch sein sollten. Wir sollten immer offen für die Möglichkeit bleiben, dass das, was wir glauben, nicht stimmen könnte.

Doch dieser erzürnte Seminarteilnehmer hatte teilweise recht: Wir brauchen einige Gewissheiten, auf die wir uns stützen können, um die Legende unseres Lebens zu schreiben. Zur Erinnerung: Ohne ein solches Narrativ, das heißt, ohne die Möglichkeit, das, was uns umgibt, mit Sinn ausstatten zu können, würden wir verrückt oder apathisch. Wird uns bewusst, dass wir uns selbst Geschichten erzählen, kann die Tatsache, dass wir sozusagen das Spiegelbild unseres Spiegelbildes ansehen, uns den Boden unter den Füßen wegziehen.

Andererseits könnten wir die Gelegenheit auch dazu nutzen, unsere Geschichte ein wenig unter die Lupe zu nehmen und sie umzuschreiben: »Dies ist die Geschichte einer Frau, die sich bis zum heutigen Tag die Geschichte erzählt hat, dass sie … und dann plötzlich beschloss, alle schmerzhaften und düsteren Elemente aus ihrem Skript zu streichen. Sie fragte sich: ›Wenn ich mir schon Geschichten erzählen muss, was für welche möchte ich dann gern hören?‹ Von dem Tag an erzählte sich nur noch wundervolle Märchen und andere schöne Geschichten.« Hätten Sie keine Lust, das einmal auszuprobieren? Mit ein bisschen Humor und Selbstironie könnten Sie dabei endlos Spaß haben! Und Sie könnten regelmäßig in sich hineinhorchen und fragen: »Was sagt mein Herz dazu?« Das ergäbe ein echtes Traumduo: Der Kobold in mir erstellt das Drehbuch, und meine Seele bringt die nötigen Korrekturen an.

Joe Dispenza schlägt sogar vor, wir sollten jeden Morgen beim Aufwachen das Drehbuch für den neuen Tag festlegen. Er ist der Ansicht, dass wir das Quantenfeld dadurch beeinflussen können, dass wir unseren Tagesablauf planen: erschaffen, erbitten, erhalten … Wenn schon Konditionierung, dann sollten wir uns doch wenigstens aussuchen, wie.[55]

Doch mein individuelles Skript bleibt eine unsichere, flüchtige Angelegenheit, wenn es nicht durch die Gruppe bestätigt wird. Wenn ich mein Theaterstück aufführe, bin ich darauf angewiesen, dass mir das Publikum meine Darbietung abnimmt, damit ich selbst daran glauben kann. Und wie die berühmten Matroschkapuppen muss mein individuelles Skript sich in größere, übergeordnete Narrative fügen können: jenes meiner Familie und unserer Familiengeschichte, jenes meiner Peergroup bis hin zu den soziokulturellen, nationalen und globalen gemeinsamen Narrativen.

Jung geht bei dieser Verschränkung von individuellen und kollektiven Narrativen sogar noch einen Schritt weiter: Ihm zufolge fließen in die individuelle Psyche des Menschen auch die »Archetypen« ein, uralte Bilder, die im kollektiven Unbewussten gespeichert sind und der ganzen Menschheit zur Verfügung stehen. Und hier geht für alle Zu-viel-Denker der Ärger los: Wie bitte soll man ein komplexes, an Motiven reiches Skript in ein eindimensionales, die Dinge grob vereinfachendes kollektives Narrativ einbauen? Diese Frage liefert uns wohl die Erklärung, warum Don Quichotte in seinem Skript allein gegen alle steht.

Das kollektive Narrativ

Das Bedürfnis, Ereignisse in Worte zu fassen, um unsere Gedanken zu ordnen und zu strukturieren, ist auch auf kollektiver Ebene am Werk. In dem Fall handelt es sich um ein Gemeinschaftswerk, bei dem alle mitmachen. Die Geschichte wird mündlich weitergegeben und dabei ergänzt, jeder fügt seinen Schnörkel dazu, Sachverhalte werden ausgeschmückt und dabei auch verzerrt. Doch das ist nebensächlich. Wahrscheinlichkeit und Tatsachengerechtigkeit werden gegenüber dem Vergnügen an einer spannenden Darstellung immer den Kürzeren ziehen.

Wir kennen das nur zu gut, wenn wir einen Film anschauen: Im richtigen Leben kommt doch nie gerade in dem Moment ein Taxi angefahren, in dem wir es brauchen, und schon gar nicht hält es an, nur weil wir gewunken haben! Aber vor der Leinwand interessiert das keinen. Und so werden aus Geschichten allmählich Fabeln und Legenden, die sich ins kollektive Unbewusste einschreiben. Ihr Ursprung verliert sich im Dunkeln, Klischees machen sich breit, und das Narrativ wird nicht mehr hinterfragt. Solche kollektiven Erzählungen sind daher auch reich an Ängsten, abergläubischen Vorstellungen und Forderungen, sich konform zu verhalten.

Dazu passt gut die folgende Anekdote, die ich ausgesprochen amüsant finde: Eine Frau zeigt ihrer Tochter, wie man einen Braten macht. Zuerst schneidet sie die äußeren Ränder weg, dann legt sie ihn auf einen Teller, salzt, pfeffert und so weiter. Als die Tochter sie fragt, warum sie denn den äußeren Rand wegschneide, antwortet ihre Mama, sie habe das bei ihrer Mutter gesehen, die das auch immer so gemacht habe. Das lässt dem Mädchen keine Ruhe, und so ruft es seine Großmutter an: »Oma, warum schneidest du denn die äußeren Stücke vom Fleisch weg, wenn du einen Braten machst?« Und die Oma erklärt der Enkelin: »Weil meine Bratenschüssel zu klein ist.«

Situationen wie diese, wo es angebracht wäre, unser Denken bzw. Tun zu hinterfragen, gibt es reichlich! Doch manchmal ist es besser, das zu unterlassen. Denn wie alle Narrative steht auch das kollektive auf recht wackligen Beinen, ist es doch zusammengeschustert aus gefilterten Informationen, Widersprüchen und Widersinnigkeiten, um nicht zu sagen Absurditäten. Es hat nur Bestand, weil wir uns verbieten, es zu überdenken, es zu hinterfragen, die Tatsachen und Fakten zu sehen, die gegen seine Richtigkeit sprechen. Es auseinanderzunehmen wäre ein Kinderspiel. Zeigen Sie mir zum Beispiel einen beliebigen Film, und ich kann Ihnen alles aufzeigen, was daran unwahrscheinlich ist und nicht stimmig. Und ich kann Ihnen auch alles aufzeigen, was tendenziös und klischeehaft ist. Eben weil kollektive Narrative auf so schwachen Beinen stehen, darf man sie nicht hinterfragen. Jeder, der sie anzweifelt, verunsichert die Gruppe.

Woran merken Sie, ob Sie gerade an der kollektiven Erzählung und einem ihrer Gründungsmythen kratzen? Daran, dass Ihr Gegenüber aggressiv und wenig rational reagiert! Was er oder sie an Argumenten vorbringt, ist eine Litanei abgedroschener Gemeinplätze. Man möchte fast meinen, man habe es mit einem Sektenmitglied zu tun, das einen auswendig gelernten Text herunterbetet. Wie oft ist Ihnen das schon passiert? Jetzt, da Sie die Dynamik dahinter kennen, sollten Sie vermeiden, dem kollektiven Narrativ zu widersprechen oder, schlimmer noch, den Finger auf seine Brüche zu legen. Achten Sie stattdessen so frühzeitig wie möglich darauf, ob in Ihrem Gegenüber Feindseligkeit aufkeimt. Das ist für Sie das Signal, das Thema nicht weiterzuverfolgen!

Jeder Normdenker weiß nur zu gut: Um Teil des kollektiven Narrativs zu bleiben, darf man eines nicht tun, nämlich es untergraben. Ein bisschen Kritik ist freilich erlaubt, das gehört zum Small Talk und zum Zeitvertreib, doch gibt es da Grenzen, die man tunlichst nicht überschreiten sollte.

An dieser Stelle will ich eine Frage beantworten, die mir immer wieder gestellt wird: Nein, Neurotypiker denken nicht weniger und auch nicht langsamer als Hocheffiziente, aber sie blockieren bewusst bestimmte Gedanken. Warum an einem losen Faden auch noch zupfen? Ist dann der ganze Pulli aufgetrennt, haben Sie ganze Arbeit geleistet! Doch so wie Sie gestrickt sind, müssen Sie die Wolle zu einem neuen Pullover verarbeiten, der dann aber wieder aufgedröselt werden muss. Das ist der Grund, warum Normdenker ihre Manie, alles ständig infrage zu stellen, so sinnlos finden. Diese übernehmen einfach die kollektive Fiktion und haben nicht das Bedürfnis, dass sie eins zu eins mit der Realität übereinstimmt. Ein paar wahre Elemente genügen, um das Ganze zusammenzuhalten.

Heißt es nicht, dass die besten Lügen immer auch ein Körnchen Wahrheit enthalten?

Zur großen Verblüffung aller Menschen, die zu viel grübeln, können Normdenker sehr gut mit solchen Widersprüchen in einem Narrativ leben, und Yuval Noah Harari gibt ihnen recht: »Widersprüche sind ein unvermeidlicher Teil jeder menschlichen Kultur. Mehr noch, sie sind der Motor der Geschichte und machen unsere Art so kreativ und dynamisch, wie sie ist.«[56] Er meint auch, dass Widersprüche in unseren Gedanken, Ideen und Werten uns dazu zwingen, alles noch einmal zu überdenken, zu kritisieren und neu zu bewerten. Kohärenz ist in seinen Augen die Spielweise beschränkter Geister. Und er sagt abschließend, dass die kognitive Dissonanz, die so oft als ein Defekt der menschlichen Psyche dargestellt wird, tatsächlich ein entscheidender Trumpf sei.[57]

Das Ganze könnte eigentlich eine recht harmonische Geschichte sein: Mein Narrativ fügt sich in das meiner Ahnenreihe, und dies wiederum fügt sich ein in jenes meines Stammes. Doch leider gibt es hier ein großes Aber … Eigentlich sogar mehrere. Es folgt eine Liste der Gründe, welche es einer hochsensiblen Grüblernatur so schwer machen, sich dem kollektiven Narrativ, so wie es ist, anzuschließen.

Das kollektive Narrativ hat Lücken

Das kollektive Narrativ gleicht wirklich einem Schweizer Käse, so löchrig, wie es ist! Das menschliche Leben ist reich und vielfältig, sodass viele seiner Aspekte ausgeklammert bleiben. Die erste Methode, um solche Lücken zu kaschieren, ist das Tabu: Darüber spricht man nicht! So etwas gibt es nicht.

Die nächste Lücke sind die sogenannten Sonderfälle, Ausnahmesituationen, welche das schöne Gesamtgefüge stören. Alle Welt kann ... sein, ich aber nicht! Menschen, die »anormale« Situationen erleben, erfahren häufig, dass ihr Gegenüber abwesend reagiert und sich nicht einfühlen kann. In Wahrheit steckt hinter diesem Verhalten Hilflosigkeit, die sich in Gemeinplätzen und abgedroschenen Klischees äußert. Oder, schlimmer noch, es werden alle Unglücksfälle aufgezählt, die ihm selbst schon widerfahren sind, mit der Situation aber rein gar nichts zu tun haben.

Je spezieller Ihr Fall liegt, desto mehr wird die Gesellschaft Ihnen den – alles in allem berechtigten – Eindruck vermitteln, dass sie nicht versteht, worum es eigentlich geht und dass ihr das auch egal ist. Es müssen sich erst die Betroffenen zusammentun und lange und lautstark auf ihr Leiden hinweisen, bis die Gesellschaft sich herablässt, die ganze Angelegenheit eines Blickes zu würdigen und eine Klausel ins Narrativ aufzunehmen, die ihren Fall miteinbezieht.

Als schmerzliches Beispiel hierfür kann ich Ihnen Mütter anführen, die ein totes Kind zur Welt gebracht haben. Diese Frauen mussten einen jahrzehntelangen Kampf führen, ehe die Gesellschaft ihr Leid anerkannte und der Gesetzgeber diesem kleinen Geschöpf juristisch endlich eine rudimentäre Existenz zugestand. Ein tot geborenes Kind ist zwar noch immer keine Rechtsperson und hat auch keinen Familiennamen, aber zumindest kann es jetzt im Stammbuch erwähnt werden und einen Vornamen bekommen. Das ist zumindest ein Anfang. Trotzdem können einen die Kommentare, welche die Leute angesichts einer solchen Tragödie gewöhnlich von sich geben, fassungslos machen. In welche Worte kann man eine so schreckliche Geschichte fassen, wenn Ihre Umgebung Grausamkeiten von sich gibt wie: »Aber du hattest doch gar nicht die Zeit und Gelegenheit, eine Bindung zu entwickeln.« Oder: »Du kannst ja ein anderes Kind kriegen.«

Ähnlich verhält es sich im Fall der sogenannten seltenen Krankheiten. Wenn Sie nur eine von weltweit dreißig Personen sind, die ein solches Krankheitsbild zeigen, werden Sie nicht viel Aufmerksamkeit erhalten. Schlimmer noch, aufgrund der Lücke im Narrativ wird man abstreiten, dass in Ihrem Fall überhaupt eine Krankheit vorliegt, und Ihnen vorwerfen, dass Sie nur simulieren bzw. psychisch gestört sind. Patienten, die an Lyme-Borreliose erkrankt sind, können davon ein Lied singen. Im Durchschnitt haben sie eine achtjährige Odyssee von Arzt zu Arzt hinter sich, ehe die korrekte Diagnose gestellt wird. Und man könnte noch viele weitere Beispiele anführen: Selbstmord, Mobbing in der Schule, sexuelle Gewalt etc.

Das kollektive Narrativ kann problemlos zurechtgebogen werden

Jeder, der schon einmal an einen Manipulator geraten ist, weiß nur allzu gut: Diese Leute sind Meister in der Kunst, Geschichten zu ihrem Vorteil umzuschreiben. Oder wie Michel Audiard sagt: »Arschlöcher kennen keine Skrupel, und das ist, nebenbei gesagt, auch ihr Erkennungszeichen.« Sie haben keinerlei Grund, sich irgendeine Form der Zurückhaltung aufzuerlegen, denn je dicker sie auftragen, desto leichter kauft man ihnen ihre Geschichte ab! Je gravierender eine Lüge, desto eher glauben die Leute, denen sie aufgetischt wird, dass doch kein Mensch sich trauen würde, so etwas zu erzählen, und neigen daher dazu, die Geschichte für bare Münze zu nehmen. Und so tischen uns diese Manipulatoren, die vor nichts haltmachen, um ihre Feinde zu beseitigen und sich selbst aus der Affäre zu ziehen, Lügenmärchen auf, die wir bereitwillig schlucken.

Und die Mächtigen dieser Erde stehen ihnen darin in nichts nach, da sie die Macht haben, Geschichte zu schreiben. Seit den Tagen der Antike – von der *Illias* und der *Odyssee* eines Homer hin zu Cäsars *De bello Gallico* – will jeder seine Sicht der Dinge präsentieren und sich in ein günstiges Licht setzen, um sich den Nachruhm zu sichern. Und das funktioniert! Lange Zeit haben unsere französischen Schulbücher das Kunststück fertiggebracht, uns zwei einander widersprechende Versionen der Geschichte zu verkaufen: Auf der einen Seite wird Ludwig XIV., der selbst ernannte »Sonnenkönig«, als großer Herrscher gezeichnet. Auf der anderen Seite steht die Französische Revolution, die die Monarchie zum Wohl des von Tyrannen unterdrückten Volkes gestürzt hat. Da drängt sich doch die Frage auf: Ist das kollektive Narrativ nicht mehr als ewige Propaganda? Aus Sicht der Zu-viel-Denker wäre es das weniger, würde man es stärker hinterfragen. Nur schlucken sie Lügenschichten genauso bereitwillig wie alle anderen. Das ist nun mal das Schicksal von uns Menschen: Wenn etwas zu schön ist, um wahr zu sein, dann ist es falsch, aber wir wollen es glauben. Ist etwas zu schrecklich, um wahr zu sein, dann ist es wahr, doch wir weigern uns, es zu glauben.

Das kollektive Narrativ lässt keinen Raum für abweichendes Verhalten

Früher war die Welt im Wesentlichen ländlich organisiert. In den Dörfern lebte jeder ständig unter den Blicken seiner Nachbarn und teilte mit ihnen weitgehend eine übereinstimmende Erziehung und Moralvorstellungen. Die Angst vor Zurückweisung durch seinesgleichen reichte aus, damit der Einzelne seine Triebe im Zaum hielt und einen Anreiz hatte, sich den allgemein gültigen Regeln zu beugen.

Doch seit damals hat sich die Welt verändert. Landflucht, die Entstehung anonymer Megacitys und die kulturelle Globalisierung haben geltende Normen erschüttert und Grauzonen entstehen lassen, in denen es von fragwürdigen Gestalten nur so wimmelt, die ungestraft ihren Exzessen frönen. Das kollektive Narrativ hat sich noch nicht ausreichend weiterentwickelt, um auf diese Situation zu reagieren. Entsprechend unzureichend sind die Instrumente, die es gibt, um schädliches Verhalten einzudämmen.

Die Gesellschaft geht vom Prinzip aus, dass alle Menschen guten Willens sind und dass der Einzelne das Wohl aller im Blick hat. Nichts könnte der Wirklichkeit ferner sein, dennoch scheinen für das kollektive Narrativ Dummheit, Unfähigkeit, Gier und Unaufrichtigkeit nicht zu existieren. Ertappt die Gemeinschaft eines ihrer Mitglieder in flagranti bei einem Verstoß gegen die sozialen Normen, so gibt sie ihm Gelegenheit, »sein Gesicht zu wahren« und sich mit einer Verwarnung aus der Affäre zu ziehen. Das kollektive Narrativ möchte gern glauben, dass die Scham, ertappt worden zu sein, und eine einfache Verwarnung ausreichen, um solchen Rabauken die Lust auf Wiederholung auszutreiben. Doch beweist die berühmte Formulierung »polizeibekannt«, dass dies schon längst nicht mehr funktioniert.

Um Skandale zu vermeiden, werden in der kollektiven Erzählung Formulierungen verwendet, die die Vorfälle verharmlosen und die Frage nach der Verantwortung beiseiteschieben. Ein paar dieser Formulierungen scheinen mir besonders aufschlussreich: »sich der elterlichen Aufsicht entziehen«, »familiäres Drama«, »Elternkonflikt«, »Tat eines psychisch Kranken«. Verweist ein Hocheffizienter mit dem ganzen Feuer seines Gerechtigkeitssinnes auf einen Normverstoß, so begegnen ihm betretene Ausflüchte, selbst wenn es sich um einen gravierenden Verstoß handelt. Die Empörung bleibt lau. »Wir kennen den ganzen Sachverhalt nicht.« Nie wird die Unschuldsvermutung öfter ins Feld geführt als in Fällen, in denen man die Tat ohne Wenn und Aber verurteilen müsste. Das geht sogar so weit, dass man dem Zu-viel-Grübler entgegenhält, es könne »schließlich jedem passieren, in einem Anfall von Raserei jemanden zu töten«.

Hier stoßen wir auf das Bedürfnis, emotional innerhalb einer Norm zu bleiben, die in ihrer Lauheit und Konventionalität keinen Raum für gesunde Empörung lässt, nicht einmal angesichts massiver Regelübertretungen. Andererseits ist dies auch ein Schutzmechanismus, der verhindert, dass Menschen Opfer von Lynchjustiz werden. Welche Ausmaße solch ein Kesseltreiben annehmen kann, kann man im Internet erkennen. Zum Glück bleiben die meisten jedoch so lau, dass sie einen kühlen Kopf behalten!

Zur Verteidigung des kollektiven Narrativs muss gesagt werden, dass es keine leichte Aufgabe wäre, eine Rechtsordnung zu schaffen, in der es keine Lücken gibt und deren Gesetze hinreichend präzise formuliert sind, um gerecht Urteil zu sprechen, ohne dabei die Gefängnisse zu überfüllen. Diese Schwierigkeit ist umso größer, da ja Sinn und Zweck der Justiz nicht die Verhinderung von Verbrechen, sondern deren Bestrafung ist. In Zeiten der Globalisierung wäre es alles andere als leicht, ein universell gültiges Moralsystem aufzustellen.

Und dann steht auch immer noch dieser verstörende Satz im Raum: »Die Machenschaften der Mächtigen haben dich nicht zu kümmern.« Eine Aussage, über die wir ja schon gesprochen haben und die ein großes gesellschaftliches Problem darstellt. Denn solange die Mächtigen bei ihren Machenschaften nicht gestört werden, kennen sie keinerlei Grenzen mehr. Immer wieder werden Skandale bekannt, die jedoch genauso still und leise wieder verpuffen. Sie hinterlassen, wenn überhaupt, nur einen kaum sichtbaren Fleck auf der weißen Weste einiger einflussreicher Leute, die solche Angelegenheiten diskret aus der Welt schaffen. Sie verlassen sich darauf, dass das Interesse der Menschen an Aufklärung genauso kurzlebig ist wie ihr Gedächtnis. Zugleich muss derjenige, der solche Missstände publik macht, erleben, dass er als »Nestbeschmutzer« mit Dreck beworfen wird!

Wie über das Unsagbare reden?

Die symbolische Dimension ist in allen sozialen Räumen gegeben, sogar und vor allem dann, wenn man diese pathologisch nennen könnte: In allem muss ein Sinn gefunden werden, selbst in Katastrophen und in den entsetzlichsten Taten. Was übrigens auch Sinn und Zweck psychologischer Beratungsstellen ist: die Menschen zum Reden bringen, mit den Opfern reden, damit aus traumatischen Erlebnissen eine Geschichte wird und sie so ihre emotionale Ladung verlieren.

Doch wie soll man aus Attentaten oder aus Völkermord eine Geschichte spinnen? Wie Hiroshima erklären? Sollte man daraus ein aufbauendes Narrativ machen oder versuchen, Abstand zu wahren? Immer öfter gerät die Gesellschaft in Verlegenheit angesichts der Verpflichtung, Gräueltaten einen Sinn zu verleihen. Die alten Klischees und Floskeln funktionieren nicht mehr. Auch die Femizide sind zu viele und geschehen zu oft, als dass man sie noch als »familiäre Tragödie« betrachten könnte. Und nein, die Hinrichtung eines Lehrers auf offener Straße vor seiner Schule und nach Unterrichtsschluss kann nicht mehr als »die Tat eines einzelnen psychisch Kranken« durchgehen.[58] Gegebenheiten wie diese müssen unbedingt in das kollektive Narrativ eingehen. Doch wer soll diese Aufgabe übernehmen?

Das kollektive Narrativ platzt aus allen Nähten

Aber bleiben wir zuversichtlich: Seit ein paar Jahren ist es für das kollektive Narrativ nicht mehr ganz so einfach, uns seine Ammenmärchen aufzutischen und empörende Zustände unter den Tisch fallen zu lassen. Das liegt an den sozialen Netzen,[59] die unbequeme Informationen, die die Mächtigen gern verschweigen möchten, in Umlauf bringen, aber auch an der veränderten Mentalität der jüngeren Generation, die eher aufbegehrt, sowie am Empowerment von Minderheiten. Skandale zu vertuschen ist nicht mehr ganz so einfach.

Initiativen wie L214 (Schutz von Nutztieren), Anticor (französische Antikorruptionseinheit), #metoo oder #blacklivesmatter haben alte Denkmuster aufgebrochen und so geistigen Fortschritt angestoßen. Dieselben sozialen Netze ermöglichen es den Menschen, sich zusammenzutun, sich auszutauschen und Machtkonzentration, Missbrauch, unmenschliche Arbeitsbedingungen, quälerische Tierzucht, Psychoterror und sexuelle Übergriffe anzuprangern. Im Gefolge von #metoo, #balancetonporc (französische Version von #metoo) und #metooinceste (französische Seite zum Missbrauch in der Familie) werden die Hashtags in den kommenden Jahren deutlich mehr werden und das Narrativ zwingen, einen anderen Ton anzuschlagen. Aber wenn das finanzielle Risiko zu groß ist, die Lobbyisten zu mächtig sind, wenn tatsächlich David gegen Goliath steht, ist die Sache dann wirklich den Einsatz wert? Natürlich, werden alle Menschen, die zu viel denken, ohne zu zögern antworten – und darüber vergessen, dass Che Guevara von einem Bauern, für dessen Sache er kämpfte, denunziert wurde, weil »das Geballere seine Herde verschreckte«.

Solche Veränderungen im Bewusstsein scheinen nur langsam und mühselig voranzukommen. Doch ist das kollektive Narrativ nicht so starr, wie man vielleicht glaubt. Betrachtet man die große Geschichte, die Narrative der Nationen, so zeigt sich jedenfalls, dass es immer Krisen und Zusammenbrüche, Neuschöpfungen und gesellschaftlich große Sprünge nach vorn gegeben hat. Aber auch Rückschritte und Zeiten des Obskurantismus, in denen man die Menschen in Unwissenheit halten wollte. Angesichts dessen muss man fähig sein, Geduld, Anpassungsfähigkeit und Optimismus zu zeigen, aber dennoch wachsam zu bleiben. Wie schon Arthur Schopenhauer (fälschlicherweise) gesagt haben soll: »Alle Wahrheit durchläuft drei Stufen: Zuerst wird sie lächerlich gemacht oder verzerrt. Dann wird sie bekämpft. Und schließlich wird sie als selbstverständlich angenommen!« Dem ich gern hinzufügen möchte: »Gewiss, lieber Arthur, aber nur bis sie durch die nächste Wahrheit ersetzt wird.«

Ein großes und herrliches Epos

Das kollektive Narrativ liefert Verhaltensnormen, erklärt die Welt und sichert den Zusammenhalt der Gruppe. Doch um für uns attraktiv zu sein, muss es uns eine schöne Geschichte bieten, ein berauschendes Abenteuer, ein fantastisches Epos. Andernfalls würde sich kein Mensch dafür interessieren.

Teil einer Gruppe zu werden ist ein zweigleisiger Vorgang: Zum einen verschmelze ich mit ihr, indem ich auf meine Individualität verzichte, zum anderen werde ich für die Gruppe unverzichtbar, weil ich aktiv meinen Teil dazu beitrage, ihren Bestand zu sichern. Das erfordert, dass ich ihre Werte anerkenne und dass für mich ihr Fortbestand über meinen persönlichen Interessen steht. Sich derart mit der Gruppe zu identifizieren heißt, dass ich unbewusst akzeptiere, mich gegebenenfalls für sie zu opfern. Als Schwelle der Opferbereitschaft gilt jener Punkt, ab dem ich das Wohl der Gruppe über meine persönlichen Interessen stelle und nicht mehr hinterfrage, was das kollektive Narrativ von mir verlangt.

Eine solche Schwelle ist zum Beispiel das Zahlen von Steuern: Ich muss mein Geld opfern, kann aber nicht darüber entscheiden, was damit gemacht wird. Sein Leben zu riskieren in einem Krieg, den mein Land führt, ist die ultimative Opferschwelle. Es gibt davon aber noch sehr viel mehr, und gerade in Gruppen von Jugendlichen sind sie eine reale Gefahr: Welches Opfer fordert man von einem jungen Menschen, der seine Unterwerfung unter die Werte der Gruppe beweisen soll?

Um seine Stereotypen in den Gehirnen zu verankern, spricht das kollektive Narrativ von Ewigkeit: das Ewige Frankreich, dessen Grenzen sich im Verlauf der Jahrhunderte aber ständig verschoben haben; das Ewig-Weibliche, das man wohl kaum definieren kann ohne Rückgriff auf überholte Sexismen; die unsterbliche Bretagne mit ihren Bols mit den Ohrenhenkeln und dem aufgedruckten Vornamen, die außer Touristen keiner kauft. Die Sache muss nobel und großartig sein und muss emotionale Ansteckungskraft haben, um die Fiktion der Verschmelzung zu nähren.

Wir alle lieben diese Momente, sei es im Konzert, bei einer sportlichen Veranstaltung, einer gemeinsamen Unternehmung oder einer Protestaktion, bei der wir diesen überwältigenden Einklang mit unserer Gruppe verspüren. Plötzlich ist die bei Stammtischgesprächen so gefürchtete emotionale Ansteckung höchst willkommen, wenn sie den Zweck hat, die Gruppe für eine »gerechte« Sache zu einen. Und so werden Kriege, damit die Menschen ihnen zustimmen, zur epischen Schlacht hochstilisiert, zum unvermeidlichen weltlichen oder geistlichen Feldzug: Elsass-Lothringen heimholen, Helena nach Troja zurückbringen,[60] die Sklaverei in den Südstaaten aufrechterhalten …

In den Südstaaten, und zwar zur Zeit des Sezessionskrieges, spielt auch der berühmte Roman *Vom Winde verweht* (erschienen 1936) von Margaret Mitchell. Darin beschreibt die Autorin akribisch, wie die Südstaatler ihre Erfahrung von Leid, Tod und Lebensmittelknappheit überhöhten und diesen schrecklichen Krieg zu einem noblen Kampf stilisierten. Jeder machte sich zu einem Teil des kollektiven Narrativs, indem er die Opfer, die er brachte, als Beitrag zur »hehren Sache« deklarierte.

Rhett Butler, der zynische Antiheld der Geschichte, bringt die ganze Südstaatengemeinschaft gegen sich auf, weil er mit wenigen Worten einige Sachverhalte aufzählt, die jeder nachprüfen kann: Er weist darauf hin, dass es vor dem Krieg im Süden weder Fabriken noch Hüttenwerke gab, während der Norden davon sehr viele besaß. Die Leute, zu denen er das sagt und die darauf brennen, sich mit den Yankees zu schlagen, schäumen nur so vor Wut. Gegen Kriegsende, konstatiert er nüchtern, werden in der sogenannten Entscheidungsschlacht 100 000 Nordstaatler 40 000 Südstaatlern gegenüberstehen. Er tut nichts anderes, als die Fakten aufzuzählen. Doch dies bringt einen gravierenden Misston ins kollektive Narrativ, sodass die gute Gesellschaft von Atlanta ihm wutentbrannt entgegenschleudert – wohl auch, um sich selbst zu überzeugen –, dass ein Südstaatler zehn Yankees wert sei!

Vom Winde verweht führt anschaulich die Macht kollektiver Narrative vor: Der Roman, der zum internationalen Bestseller wurde, und seine Kult gewordene Verfilmung haben es dem Südstaatennarrativ ermöglicht, in Gestalt einer nostalgischen und idealisierenden Legende zu überdauern. Wie beneidenswert schön war doch das Leben des Südstaatlers! Wie gerecht und nobel sein Kampf! Liest man Margaret Mitchell, möchte man fast meinen, dass es für einen schwarzen Sklaven nichts Schöneres gab, als ein solcher zu sein, und dass es ihn zutiefst betrübte, von diesen dämlichen Yankees ungefragt befreit zu werden!

Allen Schwächen und Nachteilen zum Trotz ist und bleibt das kollektive Narrativ unantastbar. Den Mythos zu hinterfragen heißt, ihn zu zerstören. Die Wahrheit zu sagen wird zum Verbrechen, denn das könnte dazu führen, dass die Gruppe auseinanderbricht.[61] Das kollektive Narrativ besteht daher zu einem Großteil aus Mythen, zu denen man nicht differenziert Stellung beziehen kann: Themen wie Organspende, Adoption, Elektromobilität etc. Wagen Sie hier nicht einmal ein leises »Ja, aber …« Der Zusammenhalt der Gruppe ist wichtiger als alle persönlichen Überlegungen.

Mit den Lücken und Unstimmigkeiten im kollektiven Narrativ kommen Normdenker bestens zurecht. Sie verstehen sich als die Akteure in ihm, nicht seine Autoren. Sie sind nicht dafür zuständig, die Widersprüche im Drehbuch zu beseitigen. Ihre Aufgabe ist es, dafür zu sorgen, dass das Narrativ weiter über die Bühne gehen kann. Den Hocheffizienten geht es um die Plausibilität des Drehbuchs, daher verhalten sie sich wie Autoren, die den Plot der Geschichte verbessern wollen. Für die Darsteller jedoch sind Ihre ständigen Überlegungen nervtötend. Jetzt, da ich diesen Mechanismus verstanden habe, macht es mir ungeheuren Spaß zu beobachten, mit welchem Enthusiasmus Sie an solchen Narrativen rütteln und wie viel Empörung Sie damit auslösen.

Denn was das angeht, besitzen Zu-viel-Denker gleich Rhett Buttler ein ausgesprochenes Talent, sich unbeliebt zu machen, indem sie die eine kleine harmlose Frage stellen, welche das ganze Gebäude in sich zusammenstürzen lässt. Liest man den Roman *Nachtflug* von Antoine de Saint-Exupéry (erschienen 1931), so kann man den Mut der wackeren Postflieger-Pioniere bewundern oder sich fragen, ob es all die Opfer und all die Toten wert war, nur um die Post zuzustellen. Gleichermaßen könnte man zu Recht fragen, wenn man einen Astronauten in seine Raumkapsel steigen sieht: »Wozu sollte man den Weltraum erobern wollen? Wozu ist es gut, zum Mond zu fliegen? So viele Leben, so viel Zeit, Geld und Energie, die für ein so unnützes Projekt aufgewendet werden! Hätte man diese

Mittel nicht besser dafür verwendet, den Hunger in der Welt zu besiegen?« Aber diese nutzlose Eroberung des Weltraums bringt nun mal viele Menschen zum Schwärmen: Also lernen Sie doch bitte, anderen das Recht zuzugestehen, sich mit dem Narrativ zu identifizieren.

Wenn Sie gern sehen möchten, wie eine hochsensible Grüblernatur systematisch sämtliche Klischees in einer kollektiven Erzählung demontiert, dann empfehle ich Ihnen, *En finir avec le couple*[62] von Stéphane Rose zu lesen. Die Ehe hat wie so viele andere Konzepte eine festgeschriebene kollektive Geschichte, was verhindert, sie zu hinterfragen. Was sehr bedauerlich ist, erkennt man die traurige Wirklichkeit dahinter: Eines von zwei Paaren lässt sich scheiden. Und die, die zusammenbleiben, nehmen ihr Ehedasein mehrheitlich resigniert hin. Gewalt in der Ehe und Femizide nehmen ständig zu. Es wäre daher dringend erforderlich, diese überlebten und nie aktualisierten Klischees einer Überprüfung zu unterziehen. Stéphane Rose rechnet ab mit der »arroganten Normalität«, die jedem ihr Diktat aufzwingt. Er nimmt jeden einzelnen Beziehungsmythos unter die Lupe, angefangen bei Amors Pfeil über den »perfekten Partner« bis hin zum Junggesellenabschied. Ein Freudenfest für alle, die Narrative gern kritisch unter die Lupe nehmen, ein Ärgernis für all jene, die ihnen zustimmen.

Um dieses Kapitel abzuschließen, kann ich es mir einfach nicht verkneifen, mit Ihnen den folgenden Zebra-Witz zu teilen, der pointiert wiedergibt, wie ein Zu-viel-Denker das kollektive Narrativ zu entzaubern vermag:

»Super! Endlich Freitag! Freust du dich, Steve?«

»Diese ganze Aufregung wegen ›Freitag‹ beweist doch nur, dass du die unfreiwillige Sklavin dieses sozialen Konstrukts namens ›Woche‹ bist. Freitag ist nichts anderes als eine falsche

Hoffnung, die nur den Zweck hat, dich nicht merken zu lassen, dass das System dabei ist, dir still und leise die Luft abzudrücken. Linda, du bist einfach ein Hamster in seinem Rad, der nicht merkt, dass er in einem Käfig sitzt, weil er so aufgekratzt ist, dass ›Freitag‹ ist.«

»Siehst du, Steve, ebendarum mag dich keiner.«

Soll man also an Mythen kratzen? Sie kennen die Antwort ja mittlerweile: Es ist besser, es zu lassen, da sie der Kitt sind, der die Gruppe zusammenhält. Und leider ist es schwierig, hier einen Kompromiss zu finden: Entweder übernehmen Sie das Narrativ ohne Wenn und Aber, oder Sie sind dazu verdammt, außen vor zu bleiben, weil Sie es seltsam, schockierend oder langweilig finden. Aber Sie können sich ja immer noch Ihren Teil denken.

6.
Gruppenzusammenhalt um jeden Preis

Das Reich als einende Kraft

Das kollektive Narrativ dient also dazu, die imaginäre Realität, in die sich der bedauernswerte Homo sapiens durch seine Fähigkeit zum abstrakten Denken selbst eingesperrt hat, zusammenzuhalten. Und es liefert auch die Grundlage für den Zusammenhalt der Gruppe, der eine der großartigen Leistungen ist, die der *Homo sapiens* vollbracht hat.

Was den Gruppenzusammenhalt angeht, ist der Mensch der absolute Champion. Nicht mal die Insekten bringen das so gut fertig: Bienen begnügen sich mit 60 000 bis 80 000 Individuen pro Volk, die Termiten mit ein paar Millionen, während es der Mensch in Ländern wie China oder Indien auf über 1,3 Milliarden Individuen bringt, deren Zusammenleben von einer einzigen Regierung koordiniert wird.

Diese unglaubliche Fähigkeit zum Zusammenhalt ist der Grund, warum die Menschheit insgesamt gesehen im Frieden miteinander lebt. Wenn auch die Nachrichten im Fernsehen den Fokus auf die wenigen Konfliktherde dieser Welt richten, so ist momentan dennoch nur ein geringer Prozentsatz sämtlicher Todesfälle weltweit kriegerischen Auseinandersetzungen geschuldet. Innerhalb weniger Tausend Jahre erfolgte ein Übergang von ständigen Clankriegen zu einer weitgehend friedlichen globalen Zusammenarbeit.

In den wenigen Krisenzonen, die heute existieren, geht es im Wesentlichen darum, sich fossile Energiereserven zu sichern. Ein Blick auf die Karte genügt, um zu sehen, dass die meisten dieser Konflikte sich an Transit- und damit an Kontrollpunkten von Gas- oder Ölpipelines abspielen. Insgesamt und mit sehr viel Abstand betrachtet, verstehen sich die 7,8 Milliarden Menschen,[63] die die Erde bevölkern, außerordentlich gut, und das liegt an dieser wunderbaren Fähigkeit zur Zusammenarbeit.[64]

Das ist jedoch keine Selbstverständlichkeit! Denn der *Homo sapiens* ist ein fremdenfeindliches Geschöpf. Mehr als 2500 Jahre, nachdem Aristoteles den Satz vom ausgeschlossenen Dritten formuliert hat, funktioniert der menschliche Geist im Wesentlichen immer noch nach dem Entweder-oder-Prinzip: Körper oder Geist, wahr oder falsch, Naturwissenschaften oder Geisteswissenschaften, gescheit oder dumm, angeboren oder erworben, gut oder böse ... Nur wenige Köpfe sind zum komplexen Denken fähig, können sich eine differenzierte Meinung bilden und ihre Entscheidungen an inklusiven Kriterien ausrichten. Und so kommt es, dass der Mensch im zwischenmenschlichen Bereich immer noch stark mit Ablehnung aus dem Bauch heraus reagiert. Hier sind »wir«, und bäh, da die »anderen«. Rassismus, Sexismus und Ablehnung von allem, was irgendwie anders ist, beherrschen unseren Geist immer noch, und wir müssen solchen Einstellungen jeden Tag entschlossen entgegentreten.

Hier nun könnten Sie mich beim Schlafittchen packen und mir mit Recht vorwerfen: »Na hören Sie mal, liebe Christel, wenn Sie ›uns‹ Hocheffiziente ›diesen‹ Normdenkern gegenüberstellen, dann tun Sie doch auch nichts anderes, als dem Satz vom ausgeschlossenen Dritten zu folgen.« Stimmt schon, aber nur zum Teil. Ich muss diese Unterscheidung vornehmen, um die beiden Seiten beschreiben zu können, doch geht es mir vor allem darum, Brücken zu bauen und einen Graben zu verkleinern, den es schon lange vorher gab. Ich sehe meine Aufgabe darin, zwischen beiden zu vermitteln. Dabei gebe ich mir Mühe, die eine Seite der anderen so objektiv und sachlich wie nur möglich vorzustellen, damit sie sich gegenseitig besser verstehen und gegenüber dem schlechthin »anderen« mehr Toleranz entwickeln. Was freilich nicht verhindert, dass ich unbewusst voreingenommen bin – und auch nicht, dass ich bewusst meine Ansichten über die Stärken und Schwächen der beiden Seiten äußere. Und doch wende ich mich an intelligente Menschen, die imstande sind, vom Gesagten nur das anzunehmen, was auf sie zutrifft, es sich ihren Vorstellungen gemäß anzueignen und den Rest außer Acht zu lassen. Leider sind dazu nicht alle gleichermaßen in der Lage.

Der *Homo sapiens* wartet also noch darauf, dass sich seine Fähigkeit, mit Diversität umzugehen, weiterentwickelt. Bis dahin ist das Nivellieren sämtlicher Unterschiede die beste Methode, die er gefunden hat, um mit seiner Aversion gegen das Dritte zu leben. Damit der Mensch seinen existenziellen Ängsten entgegentreten und mit anderen zusammenarbeiten kann, ohne dass es zu Mord und Totschlag kommt, muss der andere ihm ähnlich sein. Gemäß folgender Logik: Erkennen wir dich als einen von uns, dann passiert dir nichts. Zeigst du uns, dass du anders bist, dann suchst du Ausgrenzung und damit Ärger. Für das binäre Denken funktionieren Einbeziehung des Dritten und Gruppenzusammenhalt notwendig über Nivellierung. Aus diesem Blickwinkel bekommt dieses merkwürdige Bestreben, alles normieren und Begriffe wie Reich, Religion und Geld positiv fassen zu wollen, plötzlich einen Sinn.

Wie bereits gesagt, reichen Klatsch und Gerede bei Gruppen mit über 100 Mitgliedern nicht mehr aus, um diese zusammenzuhalten. Die Gemeinschaft braucht dann einen Anführer und ein gemeinsames Narrativ. In dem Maß, wie sie anwächst, braucht es weitere Maßnahmen, um den Zusammenhalt zu festigen. Die Gruppe gibt sich zu diesem Zweck nach und nach verschiedene soziale, gesetzliche und politische Institutionen. Dazu kommen verschiedene Glaubenssätze, Normen und Werte, die zu einem religiösen System zusammengefasst werden, das in seiner Gesamtheit ein einheitliches Weltbild namens Kultur liefert. Dieser gemeinsame Überbau ist de facto so etwas wie ein künstlicher Instinkt, der uns ermöglicht, einen anderen Menschen als einen von uns zu erkennen.

Diese Kultur ist aber nichts Festes, sondern erfährt eine ständige Entwicklung in Form innerer Verschiebungen und Korrekturen. Doch haben auch diese anfangs unterschiedlichen Kulturen die Tendenz zu verschmelzen. Um das bedrohliche andere zu beseitigen, braucht es die eine Religion, verkündet von dem einen wahren Propheten, und das eine Reich, errichtet von dem einen Eroberer. Falls nötig, wird diese Vereinigung mit einem Blutbad herbeigeführt, doch indem es die vielen kleinen Stämme, die sich zuvor untereinander bekriegt haben, miteinander verschmilzt, ermöglicht es das Reich, dass aus »die da« ein »Wir« wird.

Die Eroberung vollzieht sich in zwei Etappen: zuerst auf kriegerischem Weg, dann durch die Absorption der Minderheiten. Dieser Prozess verläuft zunächst sehr gewaltsam: Versklavung, Deportation, Völkermord, Massaker, Plünderung, Vergewaltigung etc. Dem folgt eine zweite, dauerhaft friedliche Phase. Die Herrschaftsideologie der Sieger verbindet deren Machtstellung mit dem Auftrag, den eroberten Gebieten Gerechtigkeit und Frieden zu bringen. Das Reich bietet den Besiegten die Segnungen einer fortschrittlichen Kultur, die ihr Leben erleichtern: verbindliche Standards, wirtschaftliche und andere Infrastrukturen, Bildung, Frieden, Rechtswesen und Kultur. Im Gegenzug für ihre Unterordnung profitieren die Besiegten schnell vom Schutz und vor allem vom Wohlstand, die das neue Reich ihnen bringt.

Denn Wohlstand ist der größte Vorteil, der mit jeder Vereinigung angestrebt wird. Und was das angeht, so ist jeder Mensch ein potenzieller Kunde. Der Tauschhandel ist nur dann eine zweckmäßige Option, wenn die Anzahl der Güter und der Akteure beschränkt ist. Geld ist ein universelleres Tauschmittel, das eine Zusammenarbeit auch zwischen Individuen ermöglicht, die sich nicht kennen, also in Fällen, in denen alle anderen Versuche, einen Gruppenzusammenhalt herzustellen, scheitern.

Jeder Mensch will Geld, weil man es leicht gegen etwas anderes eintauschen kann und weil man es »speichern« kann, ohne dass es verdirbt. Es ist die Schnittstelle zwischen Gütern und Dienstleistungen – und nur in unserer imaginären Welt ein Wert. Heute ist der Geldumlauf übrigens zu 90 Prozent fiktiv und beschränkt sich auf einen Austausch von elektronischen Daten. Dennoch besitzt es eine starke verbindende Kraft. Die wahren Reiche und Herrscher dieser Tage sind die, in deren Hände sich die großen Vermögen befinden. Wenn das Reich, selbst wenn es nur ein Finanzimperium ist, das beste Mittel bleibt, um Bruderkriege beizulegen oder zu verhindern, dann hat das nur Vorteile.

Es ist aber zu beobachten, dass der Prozess der Normierung und Standardisierung, der mit jeder Bildung eines solchen Reiches einhergeht, Kreativität blockiert und technischen Fortschritt verhindert. Dazu kommt, dass jedes Reich notwendigerweise eine durch das Merkmal der Ungleichheit gekennzeichnete soziale Struktur ist: Die Mächtigen verkörpern und halten die Institutionen. In solchen Herrschaftsräumen begegnen uns zu allen Zeiten dieselben Merkmale wieder: dieselbe staatliche Struktur, derselbe technische Stillstand, dieselben größenwahnsinnigen Projekte. Sehen sich die Mächtigen keiner Gegenmacht gegenüber, so kennen sie keinerlei Selbstbeschränkung mehr.

Mit dem Fall der Reiche kommt der Niedergang der Zivilisation. Dem Untergang des Römischen Reiches folgten sechs Jahrhunderte, in denen Europa praktisch verelendete und sogar rein technisch Rückschritte machte. Stets wiederholt sich der Satz von der Zunahme der Entropie: Dem Goldenen Zeitalter einer Zivilisation folgt eine Phase der Dekadenz, und die Reiche zerfallen regelmäßig.

Jeder kann dort, wo er steht, spüren, wie sehr der Zusammenhalt der Gruppe auf einer stillschweigend getroffenen Vereinbarung beruht, die brüchig und daher immer gefährdet ist. Nur der gute Wille des Einzelnen ermöglicht den Gruppenfortbestand. Der Zusammenhalt der Gemeinschaft verlangt jedem so einiges an Zugeständnissen ab, allen voran die Bereitschaft, auf die eigene geistige Unabhängigkeit und Individualität zu verzichten.

Wir haben aber gesehen, dass dieser Verzicht sehr wohl einer bewussten Entscheidung entspringen kann und nicht bloß aus blindem Gehorsam geschehen muss. Und offensichtlich ist diese Entscheidung oft die richtige: Man lebt in Ruhe und Frieden, fühlt sich zugehörig und wirbelt nicht unnötig

Staub auf. Das Ganze ist somit eine Win-win-Situation. Die scheinbare Unterordnung unter die Gruppenlogik ist also notwendig, will man seinen Frieden haben. Jeder muss »das Spiel spielen«, das heißt, diese Mischung aus halb Pose, halb stillschweigender Übereinkunft akzeptieren, die für die meisten Menschen eine Selbstverständlichkeit ist, von jenen, die zu viel denken, aber meist misstrauisch beäugt wird.

Die Bedeutung der Pose verstehen

Neurotypiker wollen innerhalb einer Beziehung Ruhe und Sicherheit. Aus diesem Grunde sind sie bereit, zahlreiche Zugeständnisse zu machen und ungeschriebene Gesetze zu befolgen. Sie stellen also nicht nur das gemeinsame Narrativ nicht infrage, sie akzeptieren auch das Spiel der »Posen«, die den Beteiligten ermöglichen, jeden sofort einzuordnen und sich selbst und das Gegenüber auf der sozialen Stufenleiter zu verorten.

Um Ihnen begreiflich zu machen, was in diesem Zusammenhang mit Pose gemeint ist, möchte ich, dass Sie sich bestimmte Comedians und ihre Sketche in Erinnerung rufen, da diese gern Personen nachahmen und deshalb deren Charakterzüge sehr gut verstehen. Ein Comedian erfindet eine fiktive Persönlichkeit. Zu diesem Zweck holt er sich seine Inspiration aus den unterschiedlichsten Quellen. Und doch erkennen wir diese Persönlichkeit sofort.

Meiner Meinung nach gehört Florence Foresti zu den Comedians, die die Idee der »Pose« am besten verstanden haben. Auf dieses Verständnis greift sie zurück, wenn sie in der Sendung *On a tout essayé* von Laurent Ruquier die unterschiedlichsten Persönlichkeiten verkörpert. Wenn Sie Gelegenheit haben, diese Sketche (in französischer Sprache) anzusehen, gönnen Sie sich das Vergnügen und achten Sie darauf, wie perfekt Foresti Kleidung, Tonfall, Mimik, Gesten und vor allem die Sprechweise nachahmt. Jeder erinnert sich an Brigitte, die hirnlose, 24 Jahre und 12 Monate alte Sexbombe. Oder an Clotilde, die rebellische Gymnasiastin, die sich immer »nice« fühlte. Oder an Anne-Sophie de la Coquillette, die Schlossherrin, mit ihrem Sohn Charles-Apollon und ihrem Mann Jean-Childebert. Oder an »Michelle mit zwei L«, die recht maskuline Frau aus Montfion-sur-Orge. Oder an Dominique Pipeau, die Ministerin für problematische Angelegenheiten, die lebensechter war als jedes Vorbild.

Manche Comedians erfinden Persönlichkeiten, die zum Prototyp werden: zum Beispiel »der Blonde« von Gad Elmaleh, der für alle gut aussehenden, gespreizten Männertypen steht. Oder Florence Forestis »für die Liebe Begabte« bzw. ihre »ganz ruhige Mutter«.

Eine Pose umfasst verschiedene Elemente. Zu den wichtigsten gehört die Kleidung. Viele taxieren einander mit Blicken, um sofort einzuschätzen, wohin Sie gehören. Das geschieht in Sekundenbruchteilen. Aus diesem Grund sagt man auch, dass es für den ersten Eindruck keine zweite Chance gibt. Und viele Menschen scheinen die Hierarchie der Luxusmarken und Preise verinnerlicht zu haben: Uhren, Autos, Schmuck, Handtaschen etc. Das fängt schon auf dem Pausenhof an, wo man die Kinder in billigen Sachen als »Tex« (eine Kaufhausmarke) bezeichnet.

Ich stelle immer wieder fest, dass mental Hocheffiziente diese subtilen Codes nicht beherrschen. Sie sind unfähig, eine Uhrenmarke zu erkennen oder den Preis für ein Paar Schuhe anzugeben. Die Normdenker aber kennen den Dresscode der verschiedenen Milieus aus dem Effeff. So ordnen sie ihr Gegenüber auf der sozialen Stufenleiter ein, die fortan die Kommunikation bestimmt. Tragen wir denn alle Uniform? Es sieht so aus. Wenn Sie sich weigern, diesen Dresscode zu befolgen, senden Sie nämlich ebenfalls ein Signal: Sie sagen Ihrem Gesprächspartner, dass Sie keine Lust haben, das Pos(s)enspiel mitzumachen. Doch diese Normierung sorgt in einer größeren Gruppe dafür, dass der Zusammenhalt gewahrt bleibt. Das ist eine sehr effektive Methode und stärkt außerdem das Gefühl der Zusammengehörigkeit.

Lob der Uniform

»Der Soldat muss sein Land lieben, sodass es seine Neigungen und seine Ehre bestimmt. Aus diesem Grund sind schöne Uniformen so wichtig, denn so ein Nichts trägt dazu bei, dass die Leute dem gegnerischen Feuer standhalten und nicht davonlaufen.«

Napoleon Bonaparte

Das Nonplusultra der nach außen verkörperten Pose, die die Zugehörigkeit bestimmt, ist die Uniform. Früher kämpften die Soldaten in beeindruckenden, prestigeträchtigen Uniformen, sodass man sie jederzeit erkannte. Jene in Blau kämpften auf der einen Seite, jene in Rot auf der anderen. Und beide trugen Tressen und Epauletten und Pompons und Pelzmützen. Erst gegen Ende des Ersten Weltkriegs erkannten die Generäle, welche Vorteile tarnende Kampfanzüge boten.

Ich war früher Turnerin und Stewardess. Für mich ergibt das Tragen von Uniformen durchaus Sinn. Ich habe sie gern getragen. Es gibt einem tatsächlich ein Gefühl der Zugehörigkeit. Bei Wettkämpfen traten wir alle im gleichen Trikot an. Man wusste sofort, zu welchem Club die Turner gehörten. Das sah man schon an den Gymnastikanzügen. Auch am Flughafen erkennt man – wenn man Bescheid weiß – auf der Stelle, zu welcher Fluggesellschaft die jeweilige Mannschaft gehört.[65] Natürlich sind es am Ende nicht die vier Tressen des Flugkapitäns, die ihn zu einer sicheren Landung befähigen. Doch die Uniform signalisiert klar, wer welche Funktion ausübt. Außerdem ist man so für die Passagiere leichter erkennbar. Es vereinfacht auch die Kontrollen durch Polizei und Zoll. Das Gleiche gilt fürs Kaufhaus: Ist es nicht eine Erleichterung, wenn man den Verkäufer sofort an der Kleidung erkennt, wenn man eine Auskunft braucht? Außerdem gibt es überall Uniformen: Bei einem Kostümball ohne Verkleidung anzutanzen wäre echt schräg.

Macht der Habit den Mönch?

Das Sprichwort sagt Nein. Und liegt damit völlig daneben. Natürlich genügt es nicht, das Mönchsgewand zu tragen, um ein guter Mönch zu sein. Aber versuchen Sie mal herauszufinden, dass Sie es mit einem Mönch zu tun haben, wenn er am Strand eine Badehose trägt! Was immer wir davon (auch in ethischer Hinsicht) halten mögen: Die Kleidung spielt beim Eindruck, den wir auf andere machen, eine entscheidende Rolle. Wenn jemand gut gekleidet ist, vertrauen wir ihm eher als einem Obdachlosen.

Es gibt eine ganze Reihe soziologischer Untersuchungen über die Reaktion auf das äußere Erscheinungsbild. So wird ein Mann im Anzug weniger häufig von der Polizei angehalten als einer im Penner-Outfit. Schlimmer noch: Vor Kurzem führte man ein Experiment durch, bei dem ein kleines Mädchen allein auf der Straße war. War sie hübsch kleinbürgerlich gekleidet, blieben die Leute stehen und fragten sie, ob sie sich verlaufen habe. Trug sie jedoch ärmliche Kleidung, ließ man das Kind Kind sein. Und es war immer dasselbe Mädchen.

Auch die Schuluniform hat ihr Gutes. Durch sie lassen sich die äußeren Zeichen der Schichtzugehörigkeit wenigstens teilweise einebnen, sodass die Schüler sich wenigstens einer Pseudogleichheit erfreuen dürfen. Gleichzeitig fördern sie die Lernbereitschaft.

Die Energie unserer Kleidung

Auch wenn Ihnen das aufgesetzt vorkommen mag: Ein Judoka fühlt sich mehr wie ein solcher, wenn er sein Gewand trägt. Die Kleidung beeinflusst, wie wir uns fühlen und verhalten. Im Morgenmantel trödle ich gern herum, in Jeans bin ich entspannter, das Kostüm richtet mich auf, und wenn ich meine Laufschuhe anziehe, spüre ich die Lust auf Bewegung bis in die Zehenspitzen.

Daher bin ich eine leidenschaftliche Anhängerin eindeutiger Kleidungssignale: Die große Gala, der Sonntagsanzug, die richtigen Sportklamotten verleihen uns eine bestimmte Energie und ritualisieren unsere kostbarsten Momente. Ich gehe nicht gern in normaler Straßenkleidung zu einem klassischen Konzert. Selbstverständlich kann man die Musik in Jeans und

Turnschuhen genießen, doch beraubt man sich so des Vergnügens, diesen Moment zu etwas Nichtalltäglichem zu machen. Die festliche Kleidung erhebt den Augenblick zu etwas ganz Besonderem.

Natürlich ist es unmoralisch, darauf zu spekulieren, dass Menschen sich wegen einer Fahne oder einer schönen Uniform bereitwillig gegenseitig umbringen, aber im Großen und Ganzen hat Napoleon recht: Die Uniform begeistert. Wenn ich in meiner Stewardess-Uniform im Flugzeug Dienst leistete, hätte ich alles dafür getan, auch noch den letzten Passagier aus einem brennenden Flugzeug zu geleiten, sogar wenn ich mich damit selbst gefährdet hätte. (Glücklicherweise bin ich nie in diese Situation gekommen.) Seit ich in Zivil reise, geht mir das Schicksal der anderen Passagiere deutlich weniger nahe.

Wie man Dresscodes für sich nutzbar macht

Menschen, die zu viel denken, fühlen sich mit diesen »Kleidercodes« nicht unbedingt wohl. Andere nach ihrem Äußeren zu beurteilen erscheint ihnen armselig. Was für ein Schwachsinn, aus einer protzigen Uhr auf das Einkommen zu schließen! Wenn sie nicht gerade auf dem Überanpassungstrip sind, ist ihnen ihr Aussehen vollkommen gleichgültig. Sie zucken mit den Schultern und ziehen an, was ihnen gerade unter die Finger kommt. Meist ist ihnen Komfort dabei wichtiger als der Look. Häufig verbinden sie mit ihrer Kleidung auch eine Spur Unabhängigkeit und Rebellion.

Nur wenigen von ihnen ist klar, wie sehr sie sich schaden und sich das Leben komplizieren, wenn sie nicht die passende Kleidung tragen. Nicolas beispielsweise ist Chef eines Unternehmens und hat sich einem Club der Gründerszene angeschlossen. Als ich ihn auf die Kleidung anspreche, bestätigt er mir, dass er die Dresscodes seines Umfelds kennt. Trotzdem hält er sich nicht daran, einerseits aus purer Verachtung für diese künstlichen Konventionen, andererseits aus dem Wunsch nach Provokation. Er weiß, dass bei Treffen seines Clubs »casual« angesagt ist, also lockere Kleidung. Doch er trägt ganz bewusst nicht das »richtige« Polohemd, nicht die »richtige« Jeans oder die »richtigen« Sneaker. Und vor allem trägt er nicht die »richtige« Uhr. Als wir über dieses Problem sprechen, erkennt Nicolas, dass es für ihn ein Leichtes wäre, sich der Gruppe anzupassen, und dass er sich mit seinem Verhalten selbst ausschließt. Was umso idiotischer ist, als er die entsprechende Kleidung im Schrank hängen hat.

Damien hingegen beklagt sich, dass er die Dresscodes seiner Kollegen nicht begreift und daher in seiner Firma immer mehr isoliert ist. Was mich erstaunt: Es würde ja ausreichen, genauer hinzusehen und die anderen zu kopieren. Natürlich wird schnell klar, dass die »Unfähigkeit« von Damien eher damit zu tun hat, dass er das Ganze unsinnig findet und keine rechte Lust dazu hat. Also erzähle ich auch ihm, was Sie soeben gelesen haben. Plötzlich leuchten seine Augen auf. Er war schließlich mal Feuerwehrmann bzw. Polizist. Daher versteht er sehr gut, was ich mit dem Lob der Uniform meine. Er erinnert sich daran, wie einfach das Anziehen damals war. Und wie sehr er das tolle Zusammengehörigkeitsgefühl schätzte, wenn er mit seinen Kollegen im Dienst war. Das verstehe ich gut und sage ihm: »Aber Ihre Kollegen haben genau das gleiche Gefühl der Zugehörigkeit, wenn sie ihren Dresscode befolgen.« Ich sehe ihm an, dass er dieses Mal verstanden hat. Dass es sich auch bei unserer »Zivilkleidung« um eine Uniform handelt, ist meist nicht so klar, aber Dresscodes zu befolgen schenkt ein Gefühl der Zugehörigkeit. Ich bin mir sicher, dass Damien nächsten Montag nicht nur die »richtige« Kleidung tragen wird. Es wird ihm auch Spaß machen.

Welche Bedeutung Posen oder äußere Statussymbole für manche Menschen haben, zeigt eine weitere Geschichte. Louise ist Reinigungskraft in einem Privathaushalt. Ihre Arbeitgeber sind nicht wirklich betucht, denn Madame ist Hauptschullehrerin. Irgendwann einmal erklärt sie ihrer Putzfrau, dass der Luxus auch nicht mehr ist, was er mal war! Heute könne jeder eine Handtasche von einem großen Modeschöpfer erwerben. Aber Madame ist schlauer als andere. Sie hat ihre Tricks. Sie hat sich auf eine Warteliste setzen lassen, um eine Luxushandtasche zu bekommen, die in limitierter Edition aufgelegt wurde und daher richtig teuer ist. Louise erzählt lachend: »Sie hat mir ganz stolz die Internetseite gezeigt, aber die Handtasche war echt langweilig. Vermutlich habe ich nicht genug Bewunderung gezeigt, denn sie hat mich daraufhin ganz finster angesehen.« Es muss frustrierend sein: Da will man nun eine Zuviel-Denkerin entsprechend beeindrucken und dieser sind die Luxuscodes vollkommen egal!

Vom Tonfall zum Jargon

Natürlich gehören zur Pose auch Vokabular und Tonfall. Wie Sie sich ausdrücken, welche Worte Sie wählen, welche Mimik und Gesten diese begleiten, signalisiert klar und deutlich, aus welcher sozioökonomischen Ecke Sie kommen. Man kann das unmittelbar beobachten: Menschen, die einen südlichen Einschlag haben, gelten als weniger kompetent als solche mit

Pariser Akzent. Und die Sprechweise der jungen Leute aus den armen Vororten schlägt ihnen im Personalbüro meist die Tür vor der Nase zu. Und so versuchen die Südfranzosen, ihren Akzent abzulegen und die Vorort-Jugendlichen müssen Sprachkurse belegen, um nicht länger stigmatisiert zu werden.

Vor etwa 30 Jahren gab es ein Trio von Comedians: Les Inconnus. Sie waren besonders geschickt darin, die Bedeutung der Sprechweise für die Pose zu karikieren, von den Jugendlichen aus den armen Vororten bis zum Bildungsbürger aus »Auteuil, Neuilly und Passy« (entsprechend reiche Pariser Vororte). Sie gaben die charakteristischen Merkmale der jeweiligen Sprechweise mit einer Akkuratesse wieder, die bis in die Intonation hineinreichte.

Unsere Alltagssprache steckt voller Fachausdrücke, ob es sich nun um Sport handelt, um Bankgeschäfte oder Immobilien, um medizinisches oder juristisches Vokabular. Wenn ich vom »Pitch« oder vom »Swing« rede, wissen Sie, dass ich Golf spiele. Verwende ich dagegen Begriffe wie »Solfeggio« oder »diatonische Tonleiter«, ist Ihnen klar, dass ich mich für Musik interessiere. Kenne ich den Unterschied zwischen Paracetamol und Acetylsalicylsäure, habe ich vermutlich einen medizinischen Beruf. Alle Milieus haben ihren Jargon. Die Leichtigkeit, mit der wir solche Begriffe ins Gespräch einfließen lassen, ermöglicht anderen, uns einer bestimmten Gruppe zuzuordnen. Je besser Sie das Vokabular eines Berufes beherrschen, desto mehr Kompetenz unterstellt man Ihnen. Das wiederum verstärkt die Zugehörigkeit zu Ihrer Gruppe.

Der Jargon verbindet die Insider und schließt die Nichtinformierten aus. In manchen Kreisen grenzt dies schon fast ans Absurde. Fachchinesisch ist vorsätzlich so unverständlich. So schreckt man Nichteingeweihte ab und verbirgt die mangelnde Kompetenz derjenigen, die es verwenden. Aber lassen Sie sich von so etwas nicht beeindrucken: Den Jargon bestimmter Milieus zu lernen ist einfacher, als man denkt. Es genügt schon, dass Sie dafür ernsthaftes Interesse aufbringen.

Diese Form der Pose ist im Menschen so sehr verankert, dass selbst jene sich ihrer bedienen, die sich eigentlich dagegen verwahren möchten. So schreibt Carlos Tinoco in seinem Buch *Les »surdoués« et les autres:* »Selbst alternative Milieus, die sich den Nonkonformismus und die Revolte auf die Fahnen geschrieben haben, bringen ständig neue Normen hervor. Und die Mehrheit setzt diese Normen genauso ein, wie sie im Rest der Gesellschaft verwendet werden: Man befolgt sie, um die Zugehörigkeit zu sichern und eine Moral zu errichten, die jedes Abweichlertum verdammt.«[66]

In allen Milieus, selbst in den angeblich rebellischen, übernimmt der Großteil der Menschen bestimmte Persönlichkeitsbilder, deren Posen sie gern einnehmen möchten. Jedes Milieu hat seine ureigensten Codes. Man wird Ihnen verzeihen, wenn Sie ein Umfeld kritisieren, zu dem Sie nicht gehören. Umgekehrt aber nimmt man es Ihnen sehr übel, wenn Sie zu einem bestimmten Milieu gehören und das Spiel nicht mitspielen. Schon der Ausdruck »das Spiel spielen« zeigt Ihnen klar, welches Einverständnis die Menschen im Beziehungsmechanismus der Pose vereint.

Die stillschweigende Übereinkunft

Die Übereinkunft ist die zweite Stellschraube des unglaublichen sozialen Zusammenhalts, dessen der Mensch fähig ist.

Stellen Sie sich folgende Szene vor: Auf der Bühne eines Theaters wird *Der Cid* von Corneille gegeben. Die Schauspieler tragen Kostüme des 17. Jahrhunderts. Sie haben alle ihren Text gelernt und wissen, wann und wie sie ihn zu sprechen haben. Ihr Auf- und Abtreten ist geregelt. Sie wissen auch, wo sie auf der Bühne zu stehen haben. Alles ist bereit. Die Aufführung kann beginnen. Plötzlich aber stolpert ein unbedarfter Tourist in die Szene. In dem Augenblick, in dem Don Diego seinem Sohn das berühmte »Rodrigo, hast du überhaupt ein Herz?« entgegenschleudert, dreht der Typ sich um und fragt den Schauspieler: »Warum sagst du so etwas?« Der antwortet vielleicht: »Nun, das ist mein Text.« Was sollte er auch anderes sagen? »Merkwürdiger Text«, meint der Tourist. »Würdest du so etwas auch sagen, wenn du selbst sprichst? Wer bist du denn überhaupt, wenn du dich nicht gerade für Don Diego hältst? Und wieso bist du überhaupt so angezogen? Das ist doch nicht deine wahre Natur.« Alle Schauspieler wissen, dass sie ein Stück spielen, und das macht ihnen auch Spaß. Sie genießen ihr Spiel. Und dieser Trampel von einem Touristen macht das ganze Stück kaputt! Jeder wünscht sich, dass er doch bitte schön die Klappe halten möge. Eine peinliche Stille stellt sich ein. Jeder wartet darauf, dass der Tourist endlich kapiert, wie sehr er stört, und sich vom Acker macht. Aber er plappert weiter. Damit läuft er Gefahr, dass ihn die Wachen gleich von der Bühne jagen.

Das ist in etwa die Szenerie, die sich abspielt, wenn Sie zu einer abendlichen Festivität geladen sind. Das Leben ist Theater. Jeder weiß das, akzeptiert es und hat Spaß daran. Nur die mental Hocheffizienten nicht. Verstehen Sie allmählich, woher dieses Peinlich-Berührtsein kommt, das Ihnen so oft entgegenschlägt?

Was aber fangen Sie nun an mit Ihrem neu gewonnenen Verständnis von Posen und stillschweigenden Übereinkünften? Vielleicht könnten Sie sich in einem ersten Schritt bewusst machen, dass Sie all das schon wussten. Aber Sie hielten dergleichen nun mal für überflüssig, weil Sie die Elemente des Zusammenhalts bzw. der Sicherheit nicht berücksichtigt haben. Vielmehr haben Sie sich bisher geweigert, die Signale von Kleidung und Vokabular in Ihre Überlegungen miteinzubeziehen. Posen interessieren Sie nicht. Sie wollen mit Ihren Nächsten von Mensch zu Mensch in Kontakt treten, auf Augenhöhe, ohne auf den äußeren Schein zu achten. Merken Sie jetzt, wie sehr Sie Ihre Gesprächspartner verunsichern, wenn Sie sich weigern, deren Signale zu empfangen, die Ihnen ihre Stellung anzeigen sollen? Wie Sie sie verärgert haben, weil Sie sich standhaft weigern, die stillschweigende Übereinkunft zu akzeptieren, auf die man Sie hingewiesen hat? Und in einem zweiten Schritt könnten Sie vielleicht akzeptieren, dass es sinnvoll sein kann, die Codes zu respektieren, auch wenn sie Ihnen auf den ersten Blick noch so »lächerlich« vorkommen.

Das Spiel spielen

Das heißt: den augenfälligen Regeln scheinbar zu folgen, aber auch die impliziten zu kennen, die man im Verborgenen befolgt, um das Beste daraus zu machen. Wieder liefert Eric

Berne mit der Transaktionsanalyse eine Beschreibung dieser »versteckten Transaktionen«, die eine Schau- und eine verborgene Seite haben. Es sieht so aus, als wäre der Großteil der versteckten Transaktionen für Normdenker ganz klar, während die Grüblernaturen sie einfach nicht erkennen. Immer sind es diese »impliziten« Dinge, die Ihnen entgehen. Und so verstehen Sie nicht, was unter der Hand vorgeht.

Im Theaterstück *Topaze* von Marcel Pagnol wird ein integrer Lehrer aus einer Privatschule entlassen, weil er eine verborgene Erpressung nicht erkannte: Man bittet ihn, die Noten eines Schülers, dessen Eltern wohlhabend und einflussreich sind, nach oben zu korrigieren. Im Gegenzug würde man ihn mit akademischen Ehren überhäufen. Die Szene lässt keinerlei Zweifel. Jeder versteht, was auf dem Spiel steht, auch der Zuschauer. Ja selbst der hocheffiziente Zuschauer! Nur der Lehrer begreift die eindeutigen Anspielungen nicht. Das ist ausgesprochen witzig. Am Ende aber bekommt der naive Lehrer seine Revanche, weil er im Laufe des Stücks dazulernt, die Regeln dieser zynischen Welt begreift und sie selbst anwendet. Am Ende ist er reich, mächtig und wird innig geliebt. Zwar für sein Geld, aber das gehört zum Machtspiel dazu, und unserem Lehrer genügt das.

Wenn Sie das Ungesagte verstehen wollen, ist der beste Einstieg, es zu entdramatisieren: Eben das macht der Lehrer Topaze, als er auf seine moralisch weiße Weste verzichtet. Das ist kein Betrug und keine Heuchelei. Das Leben ist ein Spiel. Ich möchte Sie daran erinnern, dass wir alle in einer imaginären Welt leben. Also amüsieren Sie sich! In seinem Roman *Illusionen* schreibt der Autor Richard Bach, dass das Leben dazu da ist, um zu lernen und Spaß zu haben. Und so lässt er Shimoda, seinen Messias wider Willen, sagen: »Wir [Menschen] sind verspielte Geschöpfe, wir haben gern Spaß. Wir sind die Fischotter des Universums.«[67] In seiner Quantenvision von der Welt ist er überzeugt, dass jeder Mensch nur das leben kann, was seine Vorstellungskraft umfasst. In dieser Hinsicht ist er Joe Dispenza sehr ähnlich und jeder Bewegung, die an ein kreatives Denken glaubt.

Man spielt Theater oder Fußball oder Karten ... oder Videospiele, die einem eine Heidenangst einjagen können. Während ich diese Zeilen schreibe, kommt mir wieder eine Freundin in den Sinn, die spitze Schreie ausstieß, weil ihr Avatar auf dem Bildschirm von riesigen Nacktschnecken angegriffen wurde. Sie vergoss Tränen vor Stress, wir vor Lachen. Man kann das Spiel, das man spielt, sehr ernst nehmen, oder man kann es mit Leichtigkeit und Humor angehen. Je tiefer wir in unsere imaginäre Wirklichkeit eintauchen, desto ernster nehmen wir sie auch – das gilt auch für ein simples Fußballspiel. Oder warum beleidigen wir sonst den Schiedsrichter und verwüsten die Tribüne? Mittlerweile müssen Amateurvereine die Eltern ihrer Nachwuchsspieler schon daran erinnern, dass dieses Match nicht die Weltmeisterschaft ist!

Das ist schon erschreckend. Mit ihrer Hypersensibilität neigen die Zu-viel-Grübler dazu, das Ganze noch mehr zu dramatisieren als der Rest der Bevölkerung, und schwimmen dabei häufig noch gegen den Strom. Das komplexe Denken verkompliziert die einfachen Dinge und simplifiziert die komplizierten. Mir scheint, dass es auch wirkliche Dramen mit zu viel Distanz sieht, während es den normalen Alltag unnötig dramatisiert. Nicht wahr? Ja, ja, jetzt ist ein Seufzer angebracht, gefolgt von einem breiten Lächeln!

Shimoda hat ja recht. Das Leben ist da, um sich zu amüsieren. So wie der Mensch Geschichten liebt, liebt er auch Spiele jeglicher Art: sportliche Wettbewerbe, Videospiele, Gesellschaftsspiele etc. Und wenn er sich auf eine Partie einlässt, vergisst er die Außenwelt. Ist Ihnen schon mal aufgefallen, wie Sie beim Spielen die Welt ignorieren, wenn Sie die Würfel werfen, Ihren Bauern vorschieben und Ihre Punkte zählen? Und dabei ist Ihre Welt ohnehin schon eine imaginäre. Für das große Gehirn, das in seiner virtuellen Welt lebt, gibt es kein Erwachen!

Ziehen wir doch mal einen Vergleich. Man könnte mit einigem Recht sagen, dass das soziale Leben ein Gesellschaftsspiel ist, eine Art riesiges Monopoly. Manche Spieler amüsieren sich prächtig, andere verzweifeln regelrecht. Beim Monopoly können Sie ruiniert werden, ins Gefängnis wandern oder ein Vermögen machen. Gute Spieler akzeptieren diese Regeln.[68] Aus diesem Grund schockieren Obdachlose und Finanzskandale die Leute kaum noch. Man hat gespielt, man hat verloren: Das gehört zum Spiel. Wer mitgespielt und das Beste daraus gemacht hat, ist stolz und erleichtert. Um nichts in der Welt würde er seinen Platz räumen oder etwas tun, das ihn womöglich vom Lauf des Glücksrads ausschließt!

Sich nicht distanzieren, keinesfalls die Aufmerksamkeit auf sich lenken, das Spiel mitspielen und gute Beziehungen zu jenen unterhalten, die es begonnen haben – das sind im Wesentlichen die impliziten Regeln. Was im Verborgenen blüht – wenn auch nicht üppig – ist die zustimmende Unterordnung unter die kollektiven Regeln, so willkürlich diese auch sein mögen. Denn das soziale Spiel ist weder neu noch anders als andere Gesellschaftsspiele. Sie alle haben ihre Regeln, die einen willkürlicher als die anderen, aber insgesamt akzeptiert. Der Fußballer weiß, dass er den Ball nicht mit den Händen fassen darf. Also können auch Sie das Spiel der Posen und der stillschweigenden Übereinkünfte spielen.

Selbst wenn ich Sie damit schockiere, möchte ich noch einen Schritt weiter gehen. Denn es ist schlicht langweilig, Monopoly zu spielen und sich dabei an die Regeln zu halten. Man wartet, bis man an der Reihe ist, lässt die Würfel rollen, akzeptiert, über welche Felder man ziehen muss, und liest ab, was auf den Schicksalskarten steht … Man wartet darauf, auf ein gutes Feld zu kommen, genügend Geld einzustreichen (auch wenn es – wie ich Sie erinnern möchte – fiktiv ist), um sich ein Grundstück zu kaufen, ein Hotel oder einen Bahnhof … Man legt sein Schicksal dem Würfel und den Karten in die Hände.

Also versuchen Sie doch mal, beim Monopoly zu betrügen: Dann wird das Spiel sofort viel lustiger, ja nachgerade aufregend! Klauen Sie, ohne gesehen zu werden, ein paar Scheine, tricksen Sie mit den Würfeln, verzählen Sie sich, um Ihren Spielstein auf ein besseres Feld zu bringen, oder stoßen Sie den Kartenstapel um, um eine Karte zu ziehen, die Ihnen besser zusagt. Ach, wie schön! Ach, wie spannend! Und wenn Sie einen anderen Spieler beim Schwindeln erwischen, dann lassen Sie das Gesetz der stillschweigenden Übereinkunft walten: Eine Krähe hackt der anderen doch kein Auge aus. So steigen Sie schneller auf! Die »integren« Spieler, die sich an die Regeln halten, langweilen sich und verlieren. Die Betrüger gewinnen und haben immer mehr Spaß … Sie sind schockiert? Aber es ist doch nur ein Spiel! Sie haben niemandem etwas gestohlen, außer vielleicht ein bisschen vom Monopoly-Falschgeld. Es war ein Gesellschaftsspiel, das Ihnen einen verregneten Nachmittag verschönen sollte. Sind Sie nicht ein bisschen arg verkrampft? Sieh an, sieh an: Sie halten also die doofen, willkürlichen Regeln des Monopoly für ein unveränderliches Naturgesetz!

Das Leben ist auch nicht ernster als ein Monopolyspiel.

Der *Homo sapiens* langweilt sich mit den Regeln, zu deren Gefangenem er sich selbst gemacht hat. Da sind also auf der einen Seite die Betrüger, die sich amüsieren und sich die Taschen füllen. Auf der anderen Seite sind die Verlierer, die sich damit trösten, einen Aperitif mit Freunden zu nehmen oder ein Grillfest mit der Familie zu organisieren. Und dazwischen die ebenso ratlosen wie schockierten Hocheffizienten. Und doch sind es diese, die in Gesellschaft die meisten Probleme machen, weil die nervigsten Spieler nicht jene sind, die betrügen. Es sind diejenigen, die die Regeln ständig infrage stellen. Spielen Sie doch mal Schafkopf mit jemandem, der Tarock kennt und dauernd meckert über die Art, wie Sie die Punkte zählen! Es ist ebendieses Verhalten des Zu-viel-Denkers, das seine Mitmenschen in der Gesellschaft verärgert: Was er auch tut, er lässt keinen Zweifel, dass er nicht dazugehört. Man fühlt seinen Mangel an Begeisterung, seine spöttische Art. Er spielt das Spiel nicht mit, gibt nie die richtige Antwort. Er verdirbt einem den Spaß und nimmt einem jede Begeisterung.

Regeln sind nun mal Regeln

Wenn Sie einem Club oder einem Verein beitreten wollen, füllen Sie das Anmeldeformular mit allen verlangten Daten aus: Name, Vorname, Adresse etc. Sie können sich fragen, wem diese Informationen nutzen sollen, aber einige sind nun mal erforderlich. Wenn Sie das Formular nicht ausfüllen, gilt der Antrag als nicht gestellt. Genauso läuft das in unserer Gesellschaft. Wenn Sie nicht die geforderten Angaben machen, wird man Sie nicht aufnehmen.

Die impliziten Regeln, die Sie nicht erkennen, sind im

Grunde seit dem Kindergarten stets die Gleichen: Gehorche dem System, ohne es infrage zu stellen, und du wirst belohnt. Was soziale Regeln angeht, erwartet man von Ihnen eine Art vorauseilenden Gehorsams, die prinzipielle Bereitschaft, sich an kollektive Regeln zu halten. Eine Hand wäscht die andere: Hältst du dich an die Regeln, bestätigt dir die Gruppe deine Zugehörigkeit. Sobald man das begriffen hat, bekommen anscheinend absurde Regeln einen Sinn.

Wie oft habe ich Menschen, die zu viel denken, schon Kritik am üblichen Ablauf von Vorstellungsgesprächen äußern hören: Sie seien unstrukturiert und »erlauben überhaupt nicht, die Kompetenz eines Bewerbers korrekt zu bewerten«. Das ist eine Fehleinschätzung. Sie sind so aufgebaut, dass sie eine grundlegende Kompetenz prüfen, die von Ihnen erwartet wird: Ihre instinktive Bereitschaft zum Gehorsam, die Ihnen ermöglicht, sich in eine Gruppe einzugliedern, die ihrerseits dem System gehorcht.

So habe ich beispielsweise als junges Mädchen die Aufnahmeprüfung für eine Stelle bei der Air France nicht geschafft. Dazu gehörte eine Gruppenaufgabe, bei der wir gemeinsam die »Stadt der Zukunft« entwerfen sollten. Ich verstand einfach nicht, warum die anderen Bewerber die Sozialwohnungen unbedingt an die Eisenbahnlinie bauen wollten. Ich hatte das erforderliche Verhältnis von Größe und Gewicht, und auch meine medizinische Untersuchung war glatt gelaufen. Ich war auch beim Schwimmen die Schnellste. Ich kannte mich aus mit Erster Hilfe, und die Regeln über Flugsicherheit konnte ich auswendig. Aber mein linksliberales, humanistisches Eintreten für einen besseren Ort für die Sozialwohnungen hat die Prüfer wohl vor den Kopf gestoßen! Zu meinem Glück waren die regionalen Fluggesellschaften in der Hinsicht weniger wählerisch und haben die subversive Angestellte, die ich damals war, akzeptiert, wenn auch nicht ganz ohne Schwierigkeiten.

Das Gleiche gilt für Diplomprüfungen jeglicher Art. Mathieu ist Student der Architektur im dritten Jahr. Er erzählt: »Ich war total deprimiert und angespannt, bis ich endlich kapiert habe: Was ich an der Uni lerne, dient nur dazu, dass ich die Prüfung schaffe. Und wenn ich das nötige Papier habe, heißt das noch lange nicht, dass ich schon ein guter Architekt bin!« Ausbildungsinhalte und Studienordnungen sind für den Großteil der Hocheffizienten eine stete Quelle des Unbehagens. Häufig verstärkt dies auch noch ihr Gefühl, Heuchler zu sein.

Isabelle beispielsweise erzählt mir von einem Gespräch, das sie kürzlich bei einer Abendeinladung geführt hat. Es ging um Mobilfunk und das 5G-Netz. Sie argumentiert mit Fakten, ihr Nachbar aber bringt ständig irgendwelche Daten, die nicht stimmen. Bald eskaliert der Streit. Schließlich sagt sie, als sie quasi mit dem Rücken zur Wand steht, dass sie Ingenieurin ist. Ihr Gesprächspartner sieht sie nur verärgert an und geht. Mein Kommentar: »Hätten Sie gleich gesagt, dass Sie vom Fach sind, hätten Sie nicht so viel Zeit damit verloren, mit einem Menschen ohne Detailwissen zu diskutieren. Und Sie hätten Ihren Gesprächspartner nicht lächerlich gemacht. Er hat vermutlich gedacht, dass Sie das absichtlich getan haben, um ihn dann als Dummkopf dastehen zu lassen. Warum haben Sie denn nicht gleich gesagt, dass Sie Ingenieurin sind?« Die peinlich berührte Isabelle antwortet zögernd: »Weil ich genau weiß, wie man so ein Diplom schafft.« »Gut, das ist bekannt: Das Studium an der Universität zeichnet sich durch einen enormen Konformismus aus und ist nicht zuletzt geprägt von internen Machtspielen. Daran wird sich auch so schnell nichts ändern. Damit Sie Ihr Diplom nicht länger als Heuchelei empfinden, sollten Sie es sehen wie den Joker beim Rommé oder Canasta. Er hat genau den Wert, den Sie ihm durch das Auslegen geben. Und so hat auch Ihr Diplom den Wert, den die Welt der Normdenker ihm gibt. Sie müssen es nicht verachten. Um Ihren eigenen Ansprüchen gerecht zu werden, sollten Sie sich Folgendes überlegen: Die wahre Lehrzeit beginnt, nachdem Sie Ihr Diplom gemacht haben. Und die können Sie ganz nach eigenen Vorstellungen gestalten.«

Um sich nicht ständig im Clinch mit dem System wiederzufinden, ist es am besten, ein für alle Mal zu akzeptieren, dass Regeln nun mal willkürlich sind. Und dass es bei einem Vorstellungsgespräch sinnvoll ist, die Teamfähigkeit des Bewerbers ebenso zu prüfen wie seine fachlichen Kompetenzen. Wenn er technisch hochkompetent, aber sozial untragbar ist, dann ist das für das Unternehmen kontraproduktiv. Kurz gesagt: Regeln sind nun mal Regeln! Warum ist man dann schon aus dem Spiel, wenn man sie nur ein bisschen übertritt? Darum.

Vom Initiationsritus zur Schikane

Die Gesellschaft ist der Meinung, dass man sich die Zugehörigkeit zur Gruppe verdienen und dass bestraft werden muss, wenn man sich von ihr ablösen will. Wenn Sie nicht zu uns gehören, dann gehören Sie zu den anderen und sind eine Bedrohung für die Gruppe. Die freien Elektronen, die durch und durch subversiv sind, müssen sich schnell binden. Seit jeher stellt die Gemeinschaft die Loyalität ihrer Mitglieder und ihre Unterordnung unter die kollektiven Regeln auf den Prüfstand. Ebenfalls seit jeher bezahlen die Zuwiderhandelnden für ihr Aufbegehren einen hohen Preis. Man hat die »schwarzen Schafe« aus dem Stamm ausgeschlossen und die Hexen verbrannt – Frauen, die sich die Freiheit nahmen, über ihren Liebhaber selbst zu entscheiden. Man setzte die Inquisition ein, um die Ketzer, die die reine Lehre infrage stellten, auszumerzen. In den Vereinigten Staaten verfolgte man Kommunisten, in der Sowjetunion Kapitalisten ... Alles im selben Geist.

Die wenigsten Menschen wissen das, aber der Polterabend war im Mittelalter alles andere als ein unschuldiger Klamauk. Es ging vielmehr um ein Strafritual, das Personen aufgezwungen wurde, die die moralischen Werte oder Traditionen der Gemeinschaft verletzt hatten. Die Unbotmäßigen wurden verprügelt und gedemütigt, bis sie sich unterwarfen. Bis vor Kurzem galten schikanöse Zugangsrituale an Universitäten oder von Burschenschaften trotz ihrer gewaltsamen Natur und der Traumata, die sie verursachten, noch als harmlose Rituale. Heute versucht man zumindest, die ersten Tage an den Eliteuniversitäten festlich zu begehen und ihnen einen pädagogischen Hintergrund zu verleihen.[69]

Die Reaktion der Gruppe, wenn eines ihrer Mitglieder sich absondert oder für unabhängig erklärt, ist zwar aktuell noch von Gewalt geprägt, diese ist aber nicht mehr physischer Natur: Heutzutage mobbt man den anderen in den sozialen Medien. Häufig kommt es dabei zur »medialen Lynchjustiz«. Das ist die Synergie der Gruppe, die sich gegen störende Elemente zur Wehr setzt. Um das Zusammengehörigkeitsgefühl zu stärken.

Die Repressalien für Dissidenten

Ich dachte lange Zeit, Normdenker hätten keine Ahnung von Mobbing. Das hätte zumindest eine akzeptable Erklärung für ihre Passivität gegeben, die sie in meinen Augen zu Komplizen machte. Als mir dann bewusst wurde, dass ein ungeschriebenes Gebot existiert, wonach man die Mächtigen bei ihren Mauscheleien tunlichst nicht stören sollte, mischte sich für mich in diese Passivität zusätzlich ein Hauch Furcht und Unterwerfung. Immer noch akzeptabel, wenn auch ziemlich feige.

Heute bin ich überzeugt davon, dass die Normdenker davon ausgehen, der Zu-viel-Grübler sei selbst schuld, wenn er gemobbt werde! Ist das etwa keine gerechte Strafe für alle, die die Ordnung stören und ihr Verhalten nicht anpassen? Der eifrige Angestellte, der sich dauernd aufplustert und die Dienstleistungen des Unternehmens verbessern möchte, sodass er allen auf die Nerven geht: Irgendjemand muss ihn ja schließlich ausbremsen und ihm zeigen, wie der Laden läuft! Natürlich sagt das keiner. Man kann das auch in manchen Schulen beobachten, wenn Schüler gemobbt werden: Auch da gibt man dem Opfer die Schuld, weil »es sich nicht in die Gemeinschaft fügen kann«. Und selbst wenn es sich das Leben nimmt, heißt es am Ende: Das beweist doch nur seine Labilität.

Dieses Elitedenken erinnert an Darwin: Kein Mitleid mit den Schwachen! Vermutlich bin ich die Erste, die so eine These aufstellt und sie niederschreibt, aber ich fürchte fast, sie stimmt. Jedes Milieu hat seine Spielregeln, auch die Mafia. Wer sie nicht kennt oder nicht respektiert, gilt als Schwächling und zahlt dafür einen hohen Preis.

La omertà – das Gesetz des Schweigens

Das Gesetz des Schweigens gilt nicht nur bei der Mafia. In Frankreich nennt man auch die Armee »die Schweigsame«. Auf Twitter gibt es mittlerweile den Hashtag #pasdevague (kein Ärger). Dort machen Lehrer öffentlich, was sie im Schulalltag an Gewalt erleben, ohne dass sie es bislang klar sagen durften. Mittlerweile dürfte Ihnen bewusst sein, dass Informanten ihre Enthüllungen teuer bezahlen. Normdenker sehen zwischen Informant und Denunziant keinen großen Unterschied, anders als die Hocheffizienten. Letztere beurteilen die Information danach, ob sie wahr ist. Erstere hingegen interessiert vor allem, ob sie »Ärger macht«. Erst kürzlich habe ich entdeckt, dass es beim »Rufmord« in Frankreich keineswegs um Falschinformationen über eine Person geht. Nein, unter den Straftatbestand fällt auch, wenn jemand wahre Geschichten erzählt, die aber dem Ruf des anderen schaden können.

Zwischen den Menschen, die keinen Ärger wollen, und jenen, die nicht mit einer Lüge leben können, tummeln sich dann noch die Manipulatoren, die nach beiden Seiten die Unwahrheit sagen und Affären weiter aufbauschen. Sie verschärfen Skandale zusätzlich und sorgen dafür, dass die Repressalien zunehmen. Als hochsensible Grüblernatur haben Sie ein untrügliches Gespür für Gerechtigkeit und Wahrheit. Beides bringt Ihnen regelmäßig Ärger ein. Dabei hat man Ihnen schon als Kind gesagt: »Nicht jede Wahrheit muss ausgesprochen werden.« Oder: »Besser eine unschuldige Lüge als eine bittere Wahrheit.« Es gibt noch mehr Sprichwörter, die vor dem Aussprechen der Wahrheit warnen. Aber meist halten Sie Ihren Mund nicht und tappen in die Falle.

Marie-Hélène war es, die mir diesen Mechanismus deutlich machte. Sie erklärte mir: »Ich lese die nonverbalen Signale der Leute. Ich weiß also, wenn jemand mich belügt. Wenn jemand mir sagt, dass meine Vorhänge toll seien, ohne es wirklich zu denken, ist mir das sofort klar. Es ärgert mich, dass diese Person mich anschwindelt und so tut, als fände sie sie schön. Mir wäre lieber, sie sagt, dass sie diese Art von Deko nicht mag. Das könnte ich verstehen und würde ihre Ehrlichkeit schätzen. Umgekehrt glaube ich, dass die Leute meine Körpersprache ebenso lesen können und daher wissen, dass mir ihre Vorhänge nicht gefallen. Um sie also nicht zu kränken, sage ich die Wahrheit.« Und ich antwortete: »Und so verärgern Sie die Menschen, weil Sie ihnen sagen, dass Sie ihre Vorhänge hässlich finden. Nur weil Sie sie nicht beleidigen wollen, indem Sie lügen!« Wir lachten beide darüber, aber genau dieser Mechanismus liegt dem Ganzen zugrunde.

In der Welt der Normdenker sagt man nicht, was man denkt. Man spricht aus, was unter solchen Umständen gesagt werden sollte. Alles ist eine Frage der Codes. Wenn man Sie zum Essen einlädt, müssen Sie es köstlich finden. Punkt. Wenn man Sie fragt, wie Sie die Vorhänge finden, müssen Sie sagen: »Sehr schön!« Punkt. Im Grunde ist es einfach! Aber Sie wollen natürlich ehrlich sein. Also sollten Sie einen ethisch vertretbaren Kompromiss finden zwischen den Regeln der Höflichkeit und Ihrer Wahrheitsliebe. Nutzen Sie Ihre Kreativität für Zwischenlösungen: Loben Sie die Absicht oder die damit verbundene Arbeit, schweigen Sie über das Resultat. Oder sagen Sie ganz aufrichtig: »Die Vorhänge passen hervorragend zur Einrichtung.«

Auch sprachliche Formulierungen, die den Eindruck erwecken, man hätte eine Wahl, die es so gar nicht gibt, sind eine

Spezialität der Normdenker. Es hört sich so an, als würde man Sie tatsächlich um Ihre Meinung fragen, in Wirklichkeit erwartet man jedoch nur, dass Sie Ja und Amen sagen. Für Menschen, die zu viel denken, sind diese Dinge eine stete Quelle des Missverständnisses. Denn einerseits soll die Frageform ja nur verhindern, dass ein Befehl sich nach einem solchen anhört. Aber der Zu-viel-Grübler denkt in dem Moment, sein Gegenüber lege Wert auf seine Meinung und seine Entscheidung.

Wenn der »Empfänger« solch einer impliziten Kommunikation nicht versteht, was man von ihm will, ist die Enttäuschung auf beiden Seiten groß. Der »Sender« ist empört darüber, was Sie sich herausnehmen. Der »Empfänger« regt sich auf, weil er erst jetzt merkt, dass man von ihm Unterordnung erwartet. Warum fragt man mich nach meiner Meinung, wenn man dann sowieso darüber hinweggeht? Wenn wir uns dem System unterordnen, heißt das, dass wir eine Maske tragen, die für jede Situation passt. Man nennt dies »gute Miene zum bösen Spiel machen«. Konsens heißt: Wenn Sie, wenn auch unter Zwang, Ihre Zustimmung gegeben haben, dann müssen Sie so tun, als wären Sie damit vollkommen einverstanden. Man sagt dem anderen in so einem Fall nicht, dass er uns gezwungen hat.

Vermutlich wissen Sie jetzt, warum Sie Gespräche wie das folgende vermeiden sollten:

»Also, dann treffen wir uns morgen zum Meeting?«

»Ich habe dir meine Meinung dazu gesagt: Es ist unnötig. Aber du lässt mir ja anscheinend keine Wahl!«

Wenn Sie Codes und Prozedere akzeptieren (selbst wenn sie noch so unsinnig scheinen), signalisieren Sie im Wesentlichen, dass Sie kein Chaos veranstalten werden. Und das ist es auch, was man letztlich von Ihnen will!

Paradoxerweise verstehen es echte Heuchler glänzend, so

zu tun, als würden sie sich unterordnen, obwohl sie insgeheim nach ihrem eigenen Gutdünken handeln. Hocheffiziente hingegen signalisieren, häufig ohne es zu merken, weil sich die Botschaft nur im Verhalten ausdrückt: »Euer Getue interessiert mich nicht. Ich verachte alle Maskeraden. Und meine Freiheit ist mir wichtig.« Und diese Botschaft verunsichert ihr Gegenüber. Daher werden sie ausgeschlossen, und man reagiert regelmäßig mit Ressentiments auf sie. Vergessen Sie nicht: Der Normdenker identifiziert sich vollständig mit dem kollektiven Narrativ und drückt seinen Lebenszweck in seiner Pose aus! Daher rührt die Wut, die man in seinen Augen liest, wenn man seine Regeln übertritt.

Da Sie nun all diese Mechanismen kennen, haben Sie die Wahl: Sie können Ihren Gesprächspartnern wahlweise Zugeständnisse machen oder ihnen ein Dorn im Auge sein. Aber seien Sie sich immer dessen bewusst, was Sie gerade tun. Wenn das System nie durcheinandergeschüttelt wird, verkapselt es sich in sich selbst und wird sklerotisch. Dies ist die Rolle, die Sie übernehmen könnten.

Die Normkrankheit

Es stimmt schon: Imperien bringen Frieden, Kultur und Wohlstand – aber nur für eine gewisse Zeit. Dann fangen sie an, jedes schöpferische Denken abzuwürgen. Sie werden schal, ersticken an ihren Verwaltungsvorschriften und der Korruption der Eliten. Dann breitet sich Dekadenz aus, und schließlich geht das Reich unter.

Alles regeln und normieren zu wollen hat seine Nachteile.

Die Logik vom ausgeschlossenen Dritten macht jede Abweichung zur Gefahr und erzeugt Konflikte. In extremen Fällen von Intoleranz ist es Angst, welche hinter der Ablehnung steht, die berühmte »Phobie«, die es in vielen Facetten gibt – Xenophobie, Homophobie, Grossophobie (körperliche Stigmatisierung), Glottophobie (sprachliche Stigmatisierung) etc. – und die schnell in Hass und Gewalt umschlägt. Aus Angst vor dem anderen, das wir zähmen wollen, versuchen wir, Regeln aufzustellen, um zu standardisieren, zu normieren, zu vereinheitlichen: zuerst die Dinge und Verhaltensweisen, dann die Werte und die Ideen und schließlich die Persönlichkeiten.

Immer wieder erhebt sich Kritik am »Einheitsdenken« und an der »politischen Korrektheit«. Aber am Ende verstärkt das nur die Propaganda und die Zensur, die im Gleichschritt mit der Repression marschieren. »Verschwörungstheoretiker!« Oder: »Schuster, bleib bei deinem Leisten!« Das sind die Dinge, die man uns entgegenschleudert. Die wahren Dissidenten werden von den Mächtigen zum Verstummen gebracht und bezahlen ihre Dreistigkeit meist teuer: Entlassung, Exmatrikulation, Diffamierung oder Einweisung. Die Pseudodemokratien gleichen den Diktaturen immer mehr, was das Mundtotmachen der Opposition angeht. Die Befürworter der freiwilligen Sklaverei finden das richtig, die anderen lernen eben, vorsichtig zu sein.

Aber hat sich mal jemand gefragt, was passieren würde, wenn man das Ganze zu Ende denkt? Wenn die Fata Morgana der Normalität sich ungehindert ausbreiten dürfte? Wenn alle Welt gleich und vollkommen wäre, den Normen und Regeln gehorchend, wie würde unser Leben dann aussehen? Jeder in seinem Kästchen, in seiner Pose, mit vorgegebenem Text und Ton. Alles ganz korrekt, so wie man es von uns erwartet.

Nichts Unvorhersehbares mehr, keine starken Gefühle, keine Kreativität. Eine triste und vorhersehbare Welt. Die Menschen ordentlich uniformiert und gleich frisiert. Sie respektieren die Codes und die Moden und verhalten sich wie Roboter. Noch schlimmer: Sie würden alle genau gleich denken. Wären wir dann allesamt kleine Micky Mäuse, die fleißig einkaufen und sich brav an der Kasse anstellen? Ist das wirklich die Welt, die wir uns erträumt haben?

Die Normierung tötet das Staunen ab. Das formatierte Geschöpf lernt nur vorgefertigte Ideen, also Vorurteile. Es lässt sich in die Beharrungskräfte der Meinung eingliedern und findet alles, was es zum Staunen anregen müsste, fad und langweilig. Damit werden selbst Dinge banal, die uns empören müssten.

Und die Normierung hat noch andere negative Konsequenzen: Zum Beispiel, wenn man Kinder nach ihrem Alter auf Schulklassen verteilt. Was für eine unsinnige Idee! So lernen sie nie die Freude an der Diversität kennen. Die Großen haben keine Gelegenheit mehr, sich mit den Kleinen in Wohlwollen, Geduld und Toleranz zu üben. Und die Kleinen haben keine Vorbilder mehr, an denen sie sich orientieren können. Sie lernen nichts mehr von den Großen. Ein System, das die Kinder nach dem Gleichheitsgrundsatz sortiert, damit alle denselben Entwicklungsstand haben, bewirkt letztlich nur, dass sie voneinander nichts lernen, stachelt aber gleichzeitig den Wettbewerb und die Eifersucht an. So lernen die Kinder, wie sie jene ausgrenzen, die »das Spiel nicht spielen«. Jenes Spiel, mit dem die Ausgrenzenden sich identifizieren.

Um dann zu solchen Erwachsenen zu werden: Menschen, die nichts Menschliches mehr haben. Wie es ein Elternteil mit einem behinderten Sohn in einem Forum beschreibt: »Ich hole mein Kind vom Kindergarten ab, und es ist in Tränen aufgelöst. Es wurde als Einziges nicht zum Geburtstag eines Gleichaltrigen eingeladen. Und warum? Weil es im Rollstuhl sitzt! Wie soll ich das meinem Vierjährigen erklären? Dass die Menschen Arschlöcher sind? Dass er sich daran gewöhnen sollte, ausgeschlossen zu werden? Na ja!«

Die Normkrankheit gilt mittlerweile als geistige Störung. Der an ihr Erkrankte leugnet sein Innenleben und organisiert sein Dasein um ein einziges Ziel herum: soziale Anerkennung zu finden. Er widmet sich ausschließlich der Übung in Oberflächlichkeit, Leere und sinnloser Nachahmung. Um sich zum Objekt zu machen. Früher oder später wird ihn das Schicksal chronischer Unzufriedenheit ereilen und das (objektive) Gefühl der inneren Leere. Um sich davon zu kurieren, muss der Normkranke seine Einzigartigkeit wiederfinden, das Recht, anders zu sein, und das Verständnis dafür, dass es nichts Anormaleres gibt, als von der Norm besessen zu sein.

Das Leben ist von Biodiversität geprägt, die Menschheit von Neurodiversität. Glücklicherweise sind die Hocheffizienten da, um das den Leuten mithilfe der Fettnäpfchen, in die sie treten, bewusst zu machen. Um mit ihren Unverschämtheiten Sauerstoff ins System zu pumpen! Allmählich kapieren wir Menschen: Mischwälder sind produktiver und resilienter als Monokulturen, in denen alle Bäume gleichzeitig erkranken, und zwar an demselben Leiden. Wenn man hingegen Arten zusammenpflanzt, die ganz unterschiedliche Ansprüche haben, wie etwa Laubbäume und Nadelgehölze, wirkt das Wunder, weil jede Art die andere schützt: Die Raupe, die sich vom Saft der Kiefer angezogen fühlt, wird vom Geruch der Birke abgestoßen. Dasselbe gilt für die Permakultur, die außerordentliche Erträge bringt.

Ich hoffe sehr, dass auch für die Menschheit der Tag kommt, an dem sie Atypisches und »Minderheiten« akzeptiert. Langfristig sollte es unser Ziel sein, die Logik vom ausgeschlossenen Dritten hinter uns zu lassen und uns um Bio- und Neurodiversität zu bemühen. Die Idee jedenfalls findet allenthalben Freunde.

»Ich suche mein Land dort, wo man es zu schätzen weiß, dass der Mensch aus vielen Schichten besteht. Ich suche mein Land da, wo man auf jede identitäre Zersplitterung verzichtet. Ich suche mein Land da, wo die Arme des Atlantiks sich treffen und sich zu einer mauvefarbenen Tinte mischen, die von der Glut zu erzählen weiß, der Süße, ja der brennenden Lust am Dasein, von der Freude am Leben. Ich suche mein Reich auf einem weißen Blatt: ein Heft, das man in der Reisetasche mitführt. Wo immer ich meine Koffer abstellte, bin ich zu Hause.«[70]

Fatou Diome, *Le Ventre de l'Atlantique*

7.
Die Zu-viel-Denker und ihr Freestyle

Wie wir gesehen haben, zielt die Vereinheitlichung der Menschheit auf soziale Stabilität ab, also auf Frieden und Sicherheit für alle. Die Posen erlauben uns, auf der Stelle zu erkennen, wo wir in Bezug auf unser Gegenüber stehen und wie wir uns verhalten sollen. Die stillschweigende Übereinkunft stiftet Bindung: Wenn du meine Codes akzeptierst, gehörst du zu meiner Welt. Vor diesem Hintergrund sind wir sicher und können soziale Kontakte knüpfen, wenn wir uns richtig verhalten. Ist das nicht erholsam? Aber damit haben wir die Rechnung ohne die Zu-viel-Denker gemacht, die das Theaterstück stören und frei improvisieren. Ja, fast wie ein Hund, der sich beim Bowling auf unsere Kegel stürzt!

Romain geht zu seiner Bank, weil er ein Darlehen für ein neues Auto möchte. Er hat eine neue Sachbearbeiterin und bemerkt auf ihrem Schreibtisch ein Foto von der Wüste. Interessiert fragt er die Frau danach. Sie bestätigt, dass das die Wüste Gobi ist und dass sie gern zum Trekking geht, vor allem an wilden, einsamen Orten. Auch Romain liebt Reisen und Abenteuer. Und so plaudern die beiden bald über ihre Ziele, ihre Reiseeindrücke und über die Dinge, die sie dabei so erlebt haben. Das Gespräch verläuft angeregt und charmant. Die beiden kommen dahinter, dass sie den gleichen Traum hegen: in Sibirien Schamanen zu besuchen. Romain hat diese Reise für den nächsten Sommer geplant, mit einigen Freunden. Spontan schlägt er der netten Banksachbearbeiterin vor, sich doch anzuschließen.

Diese Geschichte kann für einen Hocheffizienten, der sich selbst ernst nimmt, nur auf eine Weise enden: Die charmante Sachbearbeiterin sagt Ja, und die beiden machen zusammen jene Reise, von der sie schon immer geträumt haben. Die Tatsache, dass sie sich eine Stunde davor noch nicht mal kannten und sich nun, ohne weitere Informationen, auf so etwas einlassen, tut nichts zur Sache. Das Leben ist schließlich dazu da, uns Überraschungen zu bescheren! Es muss magisch sein, Herzklopfen bereiten und gleichzeitig genug Futter fürs Gehirn bieten, auch wenn das Ganze verrückt wirkt. Die beiden Reisefans legen eine Offenheit an den Tag, die ihnen diese unglaubliche Gelegenheit schenkt, zusammen eine erstaunliche Erfahrung zu machen! Die romantischeren unter meinen Leserinnen und Lesern sagen ihnen vielleicht schon eine wunderbare Liebesgeschichte voraus.

Leider enden diese Geschichten selten so. Wir sind ja schließlich nicht im Kino. Im wirklichen Leben hat dieses Projekt alle Merkmale, die es in Übergriffigkeiten, ja Ausbeutung umschlagen lassen könnten. Wenn Sie genauer hinsehen, dann entstehen doch viele Ihrer Probleme aus genau diesen Situationen, nicht wahr? Situationen, in denen Sie den vorgegebenen Rahmen verlassen. Rahmen? Welchen Rahmen? Ja, vermutlich haben Sie es tatsächlich schon vergessen: Romain wollte eigentlich einen Privatkredit.

Die Gefahren außerhalb der Pisten

Ich habe in meiner Praxis unendlich viele Geschichten dieser Art gehört! Wenn Sie als Zu-viel-Denker mir solche Geschichten erzählen, sind Sie die Einzigen auf weiter Flur, die nicht merken, welches Chaos sich da anbahnt. Sie beherrschen die Kunst, sich in Schwierigkeiten zu bringen, wirklich aus dem Effeff! Alles ungefiltert, ohne Schutz, ohne Rahmen ... Alle Alternativen müssen offenstehen. Ein Gespräch anzufangen, ohne zu wissen, worauf es hinauslaufen soll, und dabei schnell zu vergessen, warum man sich überhaupt getroffen hat, ist eine Spezialität mental hocheffizienter Menschen.

Das Problem dabei ist, dass die einzige andere Spezies Mensch, die sich nicht an einen vorgegebenen Rahmen hält, die Manipulatoren sind, die nur an ihren eigenen Vorteil denken. Daher ziehen Sie diese Sorte Mensch magnetisch an: Nur Manipulatoren nutzen die Gelegenheit, die Sie ihnen offerieren. Wer einigermaßen strukturiert ist, würde nie mit jemandem auf Reisen gehen, den er vor einer Stunde noch nicht kannte. Und er hätte so etwas auch gar nicht erst vorgeschlagen. Wie aber rechtfertigen Sie einen solchen Mangel an Selbstschutz und Urteilsvermögen? Denn außerhalb jedes Rahmens lauert ganz einfach die Gefahr. Die Magie kann ihre Wunder nicht wirken, wenn Sie ihr nicht mehr Struktur bieten. Da Sie die neurotypischen Codes nicht beherrschen, sind Sie stets im Freestyle unterwegs – gut, das ist ein ganzer Ozean voller Möglichkeiten, zu denen aber leider auch die Haie zählen.

Aufgrund seiner Eingeschränktheit können Sie das kollektive Narrativ nicht akzeptieren. Das zwingt Sie, in Ihren Beziehungen ständig allein zu navigieren, ohne Führer, ohne Karte, ohne

Kompass, sich einzig auf Ihre Intuition verlassend, die ihrerseits wieder von der Unkenntnis der impliziten Regeln geprägt ist. Außerhalb der ordentlichen Kästchen der Normdenker-Codes gibt es keine Grenzen. Sie befinden sich im Niemandsland. Bin ich wieder angeeckt? Habe ich den richtigen Ton getroffen? Wie wollen Sie das wissen, wenn Sie keine Ahnung haben, welches Stück gerade gespielt wird, weil Sie ständig nur improvisieren? Sich in zwischenmenschliche Beziehungen ohne Filter zu begeben, ohne Codes, ohne Schutz und Vorbereitung ist zutiefst angsterregend und potenziell gefährlich.

Da Menschen, die zu viel denken, ihre Grenzen nicht definieren, ziehen sie sich zu spät zurück, wenn sie nicht gerade der Illusion erliegen, sie müssten bis zum Letzten durchhalten: Sie konzentrieren sich zu sehr auf andere, wollen deren Standpunkt verstehen und geben ihr prinzipielles Ja viel zu früh. Und dann trauen sie sich nicht mehr, einen Rückzieher zu machen. In der Kommunikation fühlt sich der Hocheffiziente immer unwohl, weil er zu viel gesagt, zu viel gezeigt hat. Er schämt sich seiner selbst, empfindet einen merkwürdigen Abscheu vor sich: Erst da merkt er, welche Übertretungen er begangen hat, ohne zu wissen, wann er die Schwelle überschritten hat. Im Nachhinein sieht er seine Beziehungen als zweideutig, ungesund, verwirrend … Aber wie hätte er es anders anpacken sollen? Wie weit kann man gehen in der Nähe zu anderen Menschen? In dieser Form der Kommunikation ohne Rahmen, ohne Pose, ohne Übereinkunft macht er sich gefährlich nackt. Aus diesem Grund – weil er so oft verletzt wird – ermattet er und bleibt entmutigt zurück. Er zieht sich zurück, und auch das wirft man ihm am Ende vor. Wer macht sich schon die Mühe, Ihnen das zu erklären? Wer zeigt Ihnen, wie Sie sich schützen können?

Rahmen und Codes nach Maß

Wenn es eine Normdenkerfähigkeit gibt, die Sie absolut lernen müssen, dann die: Ihren zwischenmenschlichen Beziehungen einen Rahmen zu verleihen. Natürlich passt der Normdenkerrahmen nicht auf Sie. Aber es hindert Sie ja niemand daran, ihm Ihre eigene Struktur zu geben, ihn nach Maß anzufertigen, damit er zu Ihren ethischen Grundsätzen und Ihren Bedürfnissen passt. Sie haben das Recht, sich in Ihren Beziehungen sicher zu fühlen. Zu wissen, was Sie wem sagen können, wie Sie sich in welcher Situation verhalten müssen. Geben Sie es ruhig zu: Davon träumen Sie! Nun müssen Sie sich nur noch die Erlaubnis geben, denn bei den folgenden Zeilen werden sich Ihnen die Nackenhaare sträuben.

Sie kennen das ja: »Es ist ja nicht so, dass ich keine sozialen Beziehungen eingehen will. Aber da es im gesellschaftlichen Kontakt so wenige Fixpunkte gibt, ist es einfach zu schwierig, eine Beziehung aufzubauen!« Aber wenn Sie beginnen, die sozialen Codes zu dechiffrieren, sind Sie zuerst betroffen und dann desillusioniert. Sie verstehen einfach die zugrunde liegende Logik nicht und lehnen das Ganze daher rundweg ab! »Das ist doch die pure Heuchelei! Ich will keine Rolle spielen! Reden, um nichts zu sagen, das mache ich nicht! Ich will ich selbst bleiben! Ich will meine Spontaneität behalten.«

Na, dann lassen Sie uns mal über diese berühmte Spontaneität reden. Sie ist der Grund für all Ihre Unannehmlichkeiten, weil Sie sie nämlich mit Authentizität verwechseln. Spontan sein ist aber nicht dasselbe wie authentisch sein. Im Grunde handelt es sich dabei um zwei völlig gegensätzliche Konzepte. Lassen Sie mich erklären, weshalb Sie sich täuschen, wenn Sie unbedingt spontan sein wollen: Wenn ich spontan bin, reagiere ich aus dem Augenblick heraus, ohne Abstand, nahezu reflexhaft bzw. automatisch. Alles spielt sich jenseits der Reflexion ab, höchst impulsiv und emotional. Daher bleibt meine Reaktion immer gleich. Sie läuft ja unbewusst ab, unabhängig von meinem Wollen. Wenn man einen bestimmten Knopf zehnmal hintereinander drückt, erhält man zehnmal die gleiche Reaktion, denn spontan sein heißt einfach nur, dass man weiterhin seiner vorprogrammierten Automatik folgt.

Was für ein Glücksfall für jeden Manipulator! Sobald sie herausgefunden haben, was Ihre Knöpfe sind, drücken sie natürlich ständig! Verstehen Sie, welche Probleme die Spontaneität mit sich bringt? Viele Menschen klammern sich an ihre Spontaneität und glauben, dass es sie berechnend macht, wenn sie sich überlegen, was sie tun oder sagen sollen. Aber natürlich nicht! Authentisch sein heißt, dass Sie nicht nur emotional reagieren, sondern mit Herz und Gewissen, im Einklang mit Ihren Werten. Authentizität heißt, dass wir mit Aufmerksamkeit und Absicht handeln. Verstehen Sie jetzt, was das für einen Unterschied macht? Spontaneität zugunsten von Authentizität aufzugeben ist ein wichtiger Schritt!

Eines der wichtigsten Prinzipien des Neurolinguistischen Programmierens ist: »Ohne Zielsetzung kommunizieren heißt, ohne Ziel zu reisen.«[71] Ihre Kommunikation bewusst zu gestalten bedeutet ja nicht, dass Sie berechnend oder heuchlerisch sind. Sie wollen nur, dass der Austausch sich für alle Beteiligten positiv entwickelt. Und Sie nehmen sich das Recht, sich zu schützen. Wie die Manipulatoren – die ebenfalls außerhalb des Narrativs und des Regelkanons unterwegs sind –, aber Sie geben sich einen persönlichen Rahmen, damit Sie diese Sorte nicht länger anziehen!

Man findet es schließlich auch normal, sich über die lokalen Gepflogenheiten zu informieren, wenn man in entlegene Weltregionen reist, damit man den »Ureinwohnern« nicht auf den Schlips tritt. Dieselbe Mühe können Sie doch auch für Ihre Mitmenschen auf sich nehmen: Statt sie zu verurteilen, können Sie sich an ihre Stelle versetzen oder – wie ein indianisches Sprichwort sagt – »drei Monde in ihren Mokassins gehen«.

Wie man seinen Rahmen absteckt

Der Beziehungsrahmen ist eine Art Skelett, ein Tragwerk, das Sie hält und Ihnen Struktur gibt – und Sie nicht einschränkt wie ein Pranger oder ein Halseisen. Er wird speziell auf Sie zugeschnitten, maßgefertigt, leicht und flexibel wie ein Exoskelett, das Ihnen die Bewegung erleichtert. Oder wie diese ganzen neuen Gadgets, die sich heute im Auto finden: Rückfahrkamera, Kollisionssignal, Antischlingersystem … von den Airbags und dem automatischen Notruf mal ganz abgesehen: Alles nur zu Ihrer Sicherheit!

Verhaltenskodex

Im Berufsleben respektieren Sie doch auch Berufsgeheimnisse oder Geheimhaltungsvereinbarungen, wenn man das von Ihnen verlangt. Sie wissen, dass Sie Ihr Unternehmen repräsentieren, wenn Sie sein Abzeichen tragen, und sind dann besonders höflich zu den Kunden bzw. am Steuer rücksichtsvoll. Ebendies schlage ich Ihnen vor, nur in individueller Hinsicht:

Stellen Sie sich vor, Sie sind Ihr persönlicher Kommunikationsbeauftragter oder Pressesprecher und erhalten einen ausführlichen Verhaltenskodex überreicht, um Ihr Image und Ihre Integrität nicht zu beschädigen.

Zunächst einmal prägen Sie sich eine Reihe wichtiger Regeln und Verbote ein. Sie überlegen sich das ganz kühl und im Voraus, um den schlimmsten Unannehmlichkeiten die Spitze zu nehmen. Zum Beispiel: »Ich rede nicht mit Menschen, die ich nicht kenne, über private Dinge.« Das ist eine »Geheimhaltungsvereinbarung«, die meinen verborgenen Garten schützt. Das heißt auch, dass Sie lernen müssen, auf derartige Fragen nicht zu antworten und über sich so zu sprechen, dass Sie nichts Intimes preisgeben. Sie müssen sich aneignen, schnell das Thema zu wechseln und so die Kontrolle über den Gesprächsgegenstand zurückzugewinnen, indem Sie Ihr Gegenüber dazu bringen, über sich zu reden.

Hier noch ein paar Beispiele:

- Ich treffe im beruflichen Rahmen keine Aussagen über mich selbst.
- Ich verleihe meine Bücher (die voller persönlicher Anmerkungen sind) nicht an Unbekannte.
- Ich vertraue anderen Menschen erst, wenn ich sie mindestens dreimal getroffen habe.
- Ich höre auf meine Intuition, vor allem wenn sie auf eine Person mit Ablehnung reagiert.
- Ich hole mindestens drei Kostenvoranschläge ein, wenn ich Handwerker beauftragen oder eine größere Anschaffung tätigen will.
- Keine Eile: Ich lasse mir Zeit, um alle Möglichkeiten zu prüfen. Und ich bedinge mir 48 Stunden Bedenkzeit aus, wenn

ich mich für etwas entscheiden muss. Selbst wenn der andere auf meine Entscheidung warten musste, erlaube ich mir, Nein zu sagen.
- Ich befrage regelmäßig mein Herz/meine Seele: »Wie ist das für dich? Ist es in Ordnung?«
- …

Bereiten Sie sich auf Ihre Gespräche mit anderen vor

Da Sie ja Anfänger auf diesem Gebiet sind, sollten Sie sich daran gewöhnen, sich gründlich und im Voraus auf Gespräche vorzubereiten und sich selbst Grenzen zu setzen. Legen Sie Ihre Ziele fest, damit Sie nicht aus dem Rahmen fallen. Das heißt, dass Sie sich über Ihre Gesprächspartner informieren, über ihr Unternehmen und dann überlegen, welche Themen Sie anschneiden wollen.

Schreiben Sie es auf: Warum sieht man sich? Worüber sollen wir reden? Welches Ziel hat die Begegnung? Und legen Sie auch gleich fest, welche Regeln Sie sich selbst auferlegen, um diesen Rahmen nicht aus den Augen zu verlieren: nicht zu freundschaftlich reagieren, keine privaten Vorschläge machen, keine Bücher verleihen, keine kulturellen Anspielungen machen, nicht über Privates sprechen, selbst wenn es nur um die Ferien geht. Bei einer ersten beruflichen Begegnung hat all das nichts zu suchen, noch nicht mal bei einer zweiten. Wenn Sie sich mit dieser Person anfreunden, dann ergibt sich alles ohnehin von selbst. Seien Sie im geschäftlichen Rahmen nie zu warmherzig oder gefühlvoll.

Romain hätte sich lieber auf seinen Kreditantrag konzentrieren und sich vielleicht noch eine Notiz im Hinterkopf machen sollen, dass die neue Sachbearbeiterin wirklich sehr nett ist. Wenn Sie ein Date haben, dann ziehen Sie hinterher Bilanz, ohne sich zu verurteilen, und überlegen Sie, wie Sie einen Lapsus, den Sie vielleicht begangen haben, künftig vermeiden: Nächstes Mal werde ich auf … besser achten.

Kontrollmechanismen einbauen

Jemand anderem verständnisvoll zu begegnen heißt nicht, dass ich ihm meine Sicht der Dinge aufdränge – »Ich an seiner Stelle würde …« Und zu meinen, besser als der Gesprächspartner zu wissen, wie sich bestimmte Probleme lösen lassen, ist wirklich ein Unding. Ganz im Gegenteil: Man versetzt sich vielmehr in ihn und versucht, die Dinge aus seiner Perspektive zu sehen. Wenn man keine Ahnung von den impliziten Regeln hat, ist das allerdings nicht leicht.

Ich finde es immer wieder paradox: Da hat man nun eine außergewöhnliche Fähigkeit, zuzuhören und sich einzufühlen, und versteht doch rein gar nichts von Posen! Mittlerweile haben Sie ja Einblick in die zugrunde liegende Logik, da sollte sich das von selbst geben. Ihr Einfühlungsvermögen erlaubt Ihnen, Menschen mit Problemen zu verstehen und ihnen effektiv zu helfen. Doch es kann Ihnen auch helfen, einen Gegner auf Distanz zu halten, wenn Sie erst einmal herausgefunden haben, wie er gewöhnlich reagiert. Wenn man genau hinschaut – und sich nicht unterwirft bzw. übermäßig anpasst –, dann sind wir doch ohnehin ständig am Verhandeln. Diese Kompetenz zu erwerben sollte Ihnen Spaß machen. Vergessen Sie nicht: Das Leben ist ein einziges großes Monopoly!

Im vorliegenden Fall geht es um ein Pokerspiel: Sie müssen lernen, aus dem »Pokerface« der Mitspieler jene Informationen zu lesen, die für Sie wichtig sind. Werden Sie Experte darin, die subtilen Signale zu empfangen, die Ihnen verraten, ob Ihr Gegenüber sich langweilt, sich Ihren Argumenten verschließt oder findet, das Treffen habe jetzt lange genug gedauert. Er guckt auf die Uhr und sagt dreimal nacheinander: »Kommen Sie doch zur Sache.« Dann steht er auf und begleitet Sie zur Tür. Lernen Sie vor allem, jetzt nicht auf weitere Gesprächen zu bestehen!

Ich bin sogar der Meinung, dass einer der wichtigsten Lernschritte für Sie darin besteht, Unterredungen so kurz wie möglich zu halten. So wird es für Sie weniger mühsam, und Sie laufen gleichzeitig weniger Gefahr, Ihr Gegenüber zu überfordern. Umgekehrt müssen Sie natürlich auch lernen zu erkennen, wann Sie gewonnen haben! Auch hier ist es unsinnig, noch lange weiter zu diskutieren. Sie haben Ihr Ziel schließlich erreicht!

Das Gesprochene vergeht, das Geschriebene bleibt

Das wusste schon Catull. Auf dem Papier können Sie sich alle Zeit der Welt nehmen, um die Dinge in Ruhe auf sich wirken zu lassen und die Essenz abzuschöpfen. Bevor Sie eine E-Mail oder einen Brief abschicken, schlafen Sie darüber. Dann lesen Sie den Text nochmals aufmerksam durch und achten darauf, dass er nur Fakten enthält (Die sechs großen W: Wer? Was? Wo? Wann? Wie viel? Wie?) und keine subjektiven Einschätzungen. Versetzen Sie sich an die Stelle der Person, die den Text lesen wird. Wie wird er oder sie ihn aufnehmen? Fragen

Sie sich im Voraus: »Welche Reaktion möchte ich damit erreichen?«

Eine Studie belegt, dass die Kommunikation per E-Mail sich von anderen Ausdrucksformen unterscheidet. Im Allgemeinen kommen positive Mails neutral an, neutrale negativ und negative wirken fast gewaltsam! Sarkasmus hat eine noch schlechtere Wirkung. Es scheint, dass er sich über die Serverknotenpunkte des Internets nicht verbreitet, selbst wenn Sie ein »LOL« dranhängen. Bleiben Sie nüchtern, faktenbezogen und richten Sie eine positive Botschaft an Ihren Gesprächspartner. Nötigenfalls lassen Sie einen Freund die Nachricht lesen.

Höflichkeitsformen beachten

»Takt ist der Puder, den Sie Ihren Sätzen auf die Hinterbacken streuen, damit sie weicher werden.«[72]

Unbekannt

Soziale Codes zu akzeptieren, auch wenn sie Ihnen »lächerlich«, »verlogen« und »absurd« vorkommen, heißt, dass Sie Ihre Gesprächspartner respektieren, sie nicht verunsichern, nicht erschüttern und nicht gewaltsam Unordnung in die Beziehung bringen. Es bedeutet aber auch, dass Sie sich selbst einen sicheren Raum geben, in dem Sie weniger Gefahr laufen, ins Fettnäpfchen zu treten. Nein, Höflichkeitsfloskeln sind keineswegs überflüssig und nervtötend. Sie sind das Schmiermittel im Räderwerk unserer Beziehungen. Sie verhindern, dass wir uns gegenseitig verdinglichen. Wenn Sie direkt fragen: »Kannst du mir bitte die Akte Ledurier geben?«, ohne vorher ein paar

Nettigkeiten auszutauschen, ist das weder ehrlicher noch authentischer. Sondern einfach nur spröde. Seien Sie weniger gefühlvoll, aber dafür höflicher. Ein Großteil unserer Interaktionen mit der Umwelt dreht sich darum, in einem entspannten, angenehmen Klima zusammenzuarbeiten, nicht mehr, aber auf gar keinen Fall weniger.

Intime Beziehungen und andere

Unsere Beziehungen gestalten sich einfacher und reibungsloser, wenn wir zwischen Menschen unterscheiden, die wir gut kennen, und anderen, die einfach nur zu unserem sozialen Umfeld gehören.

Nein, man kann nicht immer mit allen sofort auf Du und Du sein – und das immer und überall.

Schließlich soll Ihr Gegenüber sich die Nähe zu Ihnen verdienen. Und damit auch das Recht auf eine Sonderbehandlung erhalten. Das ist ein bisschen wie ein Abend in der Oper: Sich elegant anzuziehen verleiht diesem Moment seine besondere Aura. Daher sollte auch das, was wir mit uns nahestehenden Menschen teilen, etwas Besonderes sein. Woher soll ich wissen, dass ich Ihnen wichtig bin, wenn Sie alle Menschen gleich behandeln? Außerdem dürften Sie wohl schon bemerkt haben: Ein Großteil der Menschen, mit denen wir zu tun haben, will gar keine Nähe zu uns. Sie haben ihre Kreise, und das genügt ihnen. Ihr aufdringliches Verhalten würde da nur stören. Also halten Sie Abstand. Ja, ich rate Ihnen tatsächlich, reservierter zu sein, mehr auf Distanz zu gehen und Ihre Beziehungen zu »desaffektisieren«, also weniger Gefühl zu investieren. Alles unter dem Himmel hat schließlich seine Zeit. Reservieren Sie Nähe für Ihre Lieben und für die wenigen Menschen, die es wirklich wert sind. Die anderen gehören einfach zu Ihrem sozialen Umfeld. Sie verdienen Ihre Höflichkeit, Ihren Respekt und Ihre Freundlichkeit. Aber jedweder Versuch der Nähe zu diesen Menschen trägt Ihnen am Ende nur eine Abfuhr ein.

Mittlerweile müssten Sie folgende Geschichte, die ich im Internet gefunden habe, richtig einordnen können:

Ort: die Käsetheke im Supermarkt.

Kundin: »Die Käselaibe zu heben muss ja richtig schwer sein.«

Verkäuferin: »Ja, ich habe extra einen Gürtel, der den Rücken stützt. Glücklicherweise bin ich hier nur Aushilfe.«

Kundin, voller Mitgefühl: »Das muss ja richtig anstrengend sein, wo doch heute so viele Kunden da sind.«

Verkäuferin: »Nein, ich muss nur wissen, was Sie gern hätten, dann kann ich Sie bedienen.«

Kundin schließt die Geschichte mit: »Hat die Verkäuferin nicht verstanden, dass ich einfach nur nett sein wollte? Wollte sie mich etwa loswerden?«

Ein klassisches Beispiel für eine Kommunikation, die gründlich danebenging.

Also, was meinen Sie? Natürlich kann einem die Käse- und Menschenliebhaberin beinahe leidtun, weil sie auf so viel Unverständnis stößt und nun frustriert ist. Aber mit dem Wissen, das Sie jetzt haben: Würden Sie sagen, dass das der richtige Ort, die richtige Zeit und der richtige Mensch für einen solchen Kontakt war? Alles hat seine Zeit. Das Käsekaufen, das Plaudern, das Freundegewinnen. Ich weiß, dass Sie es schrecklich finden, wenn man Personen in Schubladen steckt wie CDs oder Bücher. Aber es ist doch auch ungeheuer praktisch zu wissen, wo man nachschauen muss, wenn man etwas Bestimmtes möchte! Der Rahmen und die Posen sparen Zeit und machen das Leben einfacher.

SOS Freundschaft

Leider ist die Sache auch in intimen Beziehungen nicht unbedingt einfacher. Hocheffiziente und Normdenker haben eine grundlegend andere Definition von Liebe. In der Version der Zu-viel-Denker heißt Liebe: miteinander wachsen, sich entwickeln, die Veränderung des anderen begleiten und ihn dazu anhalten, sein bestes Selbst zu werden. Schön, nicht wahr? Zwei mit Helium gefüllte Luftballons, die sich gegenseitig zum Firmament locken.

Die Normdenkerversion scheint da schon deutlich bodenständiger: Liebe ist – sich gegenseitig zu nehmen, wie man ist, und nicht ständig Verbesserungen zu fordern. In diesem Ansatz steckt viel Toleranz, auch weil er auf einer bedingungslosen Akzeptanz beruht. Wenn ein Normdenker Sie liebt, dann nimmt er Sie so, wie Sie sind. Er schätzt Ihre Qualitäten und nimmt Ihnen Ihre Fehler nicht übel. Ganz im Gegenteil, er würde es gar nicht schätzen, wenn Sie plötzlich aus der Schublade heraussprängen, in die er Sie gesteckt hat. Sie aber wären wütend, weil er Ihre Entwicklung nicht anerkennt.

Ehrlich gesagt haben beide Versionen ihr Gutes. Wie wäre es denn mit einer gesunden Mischung, die aus beiden Welten das Beste nimmt? Sich gegenseitig zu akzeptieren, wie man ist, ohne ständig einen Wandel zu fordern, aber jede Entwicklung flexibel zu begleiten und sich selbst zu verändern.

In der Liebe und in der Freundschaft verlangen Sie einfach

zu viel. Genauer gesagt zeigen Sie sich auf unrealistische und übertriebene Weise fordernd. Sie beklagen sich oft, keinen Partner oder Freund zu finden, der Ihre Interessen teilt, als müsste der andere Ihr Zwilling sein oder gar Ihr Klon. Verweist Ihre Verschiedenheit Sie vielleicht zurück in Ihre strukturelle Einsamkeit? Ja, Sie sind allein in Ihrem Kopf und herrschen allein über das Reich Ihrer Gedanken. Aber wenn Sie sich einfach nur über Ihre Liebhabereien austauschen wollen, dann finden Sie doch jederzeit Gelegenheit in sportlichen oder kulturellen Organisationen, wo Sie dieses Bedürfnis befriedigen können. Freundschaft aber ist etwas anderes.

Fragen Sie sich doch einmal: Was erwarte ich von einer Freundschaft? Die Antwort ist bei den meisten Menschen gleich: jemand, der Ihnen zuhört, Sie aufmuntert, dem Sie vertrauen und mit dem Sie lachen können. Ein Mensch, der mit Ihnen schöne Momente teilt und der vor allem da ist, wenn Sie ihn brauchen. Und umgekehrt, denn natürlich wollen auch Sie ein guter Freund sein. Hören Sie Ihrem Gegenüber zu, geben Sie ihm neue Kraft? Sind Sie immer für ihn da?

Die gleiche Frage können Sie sich stellen, was den Partner oder die Partnerin betrifft: Was erwarte ich von unserer Beziehung? Schreiben Sie auf, was Ihnen in den Sinn kommt, damit Sie darauf zurückgreifen können, wenn er oder sie Ihnen wieder einmal den letzten Nerv raubt.

Wir sind keine Kumpels

In den Augenblicken der Krise, in denen das gemeinsame Narrativ versagt, keimt in der hochsensiblen Grüblernatur die Hoffnung auf, dass die Welt sich endlich ändert. Nun werden alle verstehen! Sie werden aufwachen! Aber sie wird bald enttäuscht: Die Normdenker wünschen sich nur die möglichst schnelle Rückkehr zum vorherigen Gleichgewicht. Nach ein paar durchaus hohen Wellen glättet sich der Wasserspiegel wieder. Was für eine Enttäuschung: Es geht alles weiter wie bisher.

Das gilt auch für den individuellen Austausch. Manchmal gerät auch ein Normdenker durch irgendwelche Unwägbarkeiten mit seinem Narrativ ins Schlingern. Dann verliert er kurzfristig seinen Lebenssinn und hat mit Ängsten zu kämpfen. In diesem Augenblick öffnet sich ein Spalt, in den der Zuviel-Denker stößt – und der Normdenker freut sich über die Fähigkeit des Hocheffizienten zum Zuhören und Mitfühlen. Der Austausch schenkt ihm neue Kraft. Wie alle Welt stimmt es ihn froh, wenn jemand ihm hilft, sein Bündel zu tragen, wenn es zu schwer wird.

Aber dieser Zustand dauert nicht an. Da er sich nichts mehr wünscht als die Rückkehr zum vorherigen Gleichgewicht, wird er, sobald er wieder auf den Beinen ist, ebenso distanziert sein oder noch distanzierter als zuvor. Der Zu-viel-Grübler aber hat diesen innigen Austausch als Fortschritt in der Beziehung betrachtet und fühlt sich von diesem Rückzug tief verletzt. Wie oft habe ich von meinen hocheffizienten Patienten schon Dinge gehört wie: »Meine Kollegen kommen immer, wenn etwas nicht rundläuft. Kaum geht es wieder gut, weichen sie mir aus!«

Aber überlegen Sie doch mal, wie sich das Ganze aus der Sicht des Normdenkers darstellt. Er vertraut sich anderen nicht gern an. Wenn er überhaupt mit Ihnen redet, dann nur, weil es ihm gerade schlecht geht. Sie haben davon profitiert, indem Sie ihm buchstäblich sämtliche Würmer aus der Nase gezogen haben. Nun wissen Sie zu viel über ihn, und er fürchtet Sie. Zum einen, weil Sie ebendiese Geburtshelfermentalität haben, zum anderen, weil er Ihnen persönliche Dinge anvertraut hat und Sie jetzt so einiges über ihn wissen. Und dann gehen Sie auch noch zum Angriff über und wollen noch mehr von ihm wissen, wo er aus seiner Sicht ohnehin schon zu viel preisgegeben hat.

Diese intimen Momente, die Menschen, die zu viel denken, so sehr schätzen, bleiben flüchtig und sind für einen Normdenker schlicht peinlich. Seien Sie das nächste Mal in einer solchen Situation diskret. Nehmen Sie's locker und bohren Sie nicht nach. Genießen Sie vielmehr das Außergewöhnliche der Situation. Danken Sie Ihrem Gesprächspartner für sein Vertrauen und versichern Sie ihm, dass das Ganze natürlich unter ihnen bleibt. Dann kann er sicher sein und muss sich nicht schämen, wenn Sie einander auf dem Flur begegnen.

Also fangen Sie am besten schon mal an, Ihre Beziehungen zu sortieren, je nachdem, wie nahe Sie dem anderen stehen: intime Beziehungen, gute Freunde, die Kumpels (die Mädels), die Kollegen, der Chef, die Nachbarn, die Handwerker, die Ladenbesitzer ... Vorsicht vor allem im Geschäft: Nehmen Sie die kalkulierte Zuwendung der Verkäufer nicht als Beginn einer wunderbaren Freundschaft!

Außerdem sind intime Beziehungen viel zu intensiv, um sozusagen rundum als täglich Brot zu dienen: Das erschöpft jeden, auch Sie. Aus diesem Grund ziehen Sie sich ja zurück, wenn es Ihnen zu viel wird. Nehmen Sie also die Finger aus der Steckdose! Weniger intensive Beziehungen sind ausgesprochen erholsam.

Alle Fragen rund um den Flirt

Nun nähern wir uns einem Thema, das in zwischenmenschlichen Beziehungen für die meisten Missverständnisse sorgt: das Flirten. Viele Probleme, die Sie mir schildern, fallen in dieses Ressort, obwohl Sie das nicht so empfinden. Ich dagegen frage mich manchmal ehrlich, wie man das nicht sehen kann.

Thibault klagt mir sein Leid. Nach einigen Wochen herzlicher Freundschaft mit seiner Kollegin spricht sie plötzlich nicht mehr mit ihm und verzieht das Gesicht, wenn er bloß auftaucht. Das geht ihm wirklich nahe. Ich hege einen bestimmten Verdacht und frage ihn, was er getan hat, dass es dazu gekommen ist. »Aber gar nichts«, verteidigt er sich. »Ich war ganz zuvorkommend!« Das bezweifle ich nicht, aber inwiefern zuvorkommend? Er las ihr jeden Wunsch von den Augen ab! Er machte ihr Kaffee, lud sie zum Frühstück ein, bereitete ihr kleine Geschenke ... Er brachte ihr sogar eine Pralinenschachtel in Herzform. Diese Freundschaft war wirklich nett.

Thibault sieht sehr gut aus. Er ist homosexuell, worauf sein Verhalten nicht unbedingt hinweist. Ich mache ihn also darauf aufmerksam, dass die Kollegin aufgrund seines Verhaltens wohl vermutet, dass er auf sie steht und versucht, mit ihr zu flirten. Vermutlich war sie beleidigt, weil dem keine weiteren Avancen folgten. Thibault fällt aus allen Wolken. »Aber nein, ich mag sie sehr. Das ist alles!« Da werde ich nun schon etwas strenger: »Herrgott, Thibault! Seit wann schenkt man jemandem Pralinen in einer herzförmigen Schachtel, wenn man nicht verknallt ist!« Kleinlaut antwortet er mir: »Aber die Schachtel war so hübsch. Ich konnte einfach nicht widerstehen.« Ich hake nach: »Aber trotzdem: Ein Herz ist eine Botschaft.« Eine Botschaft, die Thibault aber nicht aussenden wollte. »Nein, ich habe ihr das nicht deshalb geschenkt. Wir waren Freunde. Es war nett. Ich wollte ihr eine Freude machen.«

Vermutlich erscheint Ihnen dieses Beispiel extrem, aber ich versichere Ihnen, dass es wahr und keineswegs ein Einzelfall ist. Anne zum Beispiel lud immer wieder einen ihrer Lieferanten zum Mittagessen zu zweit ein. Einfach weil sie ihn mochte und nicht gern allein aß. Am Ende lief es genauso wie bei Thibault. Von einem Tag auf den anderen ging der Lieferant und Freund nicht mehr ans Telefon, wenn sie anrief. Sie erkennt nicht, dass sie mit ihrem Verhalten Hoffnungen in ihm geweckt hat. Wie Thibault hat sie keine Ahnung, wie gut sie aussieht und wie sehr Beziehungen auch diese sexuelle Note haben können. Patrice wiederum schickt einer hübschen Frau ein Gedicht, in dem es um Lust und Begehren geht. Aber nein, das wollte er damit nicht sagen. Er nimmt im Text nur die Blumen und Vögel wahr. Und ich könnte Ihnen noch mehr solcher Beispiele nennen! Gerade das Flirten steckt voller impliziter Bedeutungen. Und genau diese entgehen Ihnen gewöhnlich. Deshalb sind Sie auf diesem Gebiet auch auf sehr dünnem Eis unterwegs.

Ich besuchte bei Frank Farrelly mehrere Seminare, in denen er uns höchst interessante Ratschläge gab, was das Verständnis der menschlichen Verhaltensweisen und Beweggründe anging. Eine der vielen Erleuchtungen für mich war seine Aussage: 80 Prozent der Menschen sind sexbesessen und suchen ständig nach Gelegenheiten zu sexuellen Kontakten. Für 80 Prozent der Menschen kommt eine Begegnung der Chance auf einen sexuellen Kontakt gleich. Folglich halten sie ständig die Augen offen nach Signalen, ob ihr Gegenüber gleichfalls Interesse zeigt. Dabei unterstellen die meisten, dass der andere genauso gestrickt ist wie sie, und interpretieren selbst die winzigsten Andeutungen als Einladung zum Sex.

Eine Studie, die einige Zeit nach Farrellys Seminar erschien, untermauerte seine Aussage noch. Das ist zwar mehr als 20 Jahre her, und ich erinnere mich nicht mehr, wo der Artikel abgedruckt wurde. Eine Zahl allerdings hat sich mir tief ins Gedächtnis gegraben: 46 Prozent der Befragten gaben an, schon mal mit dem Partner des besten Freundes/der besten Freundin geschlafen zu haben. Das bestätigt Farrellys Aussage und wirft weitere Fragen auf: 46 Prozent geben an ... und wie viele geben das nicht an? Der Partner des Freundes/der Freundin – heißt das nun, dass man einfach das nimmt, was am nächsten und am einfachsten zu bekommen ist? Immerhin bedeutet das, dass in einem von zwei Fällen Ihr bester Freund/Ihre beste Freundin etwas mit Ihrem Partner hatte. Unglaublich!

Dazu kam eine Entdeckung, die mich endgültig überzeugte. Zu jener Zeit arbeitete ich als Coach mit mehreren Leuten, die alle in einem 3000-Seelen-Dorf lebten. Ich hatte meine Praxis ganz in der Nähe und daher die Möglichkeit, die Geschichten der Einzelpersonen miteinander in Verbindung zu bringen. Und in diesem scheinbar so ruhigen Dorf wurde kreuz und quer herumgevögelt! Ein echtes Lügenbordell mit den 3000 Seelen, der hübschen Kirche und dem Marktplatz!

Frank Farrelly hat höchstwahrscheinlich recht. Der Mensch ist das am stärksten vom Sex besessene Säugetier der Welt. Die anderen Arten haben alle ihre Brunstperioden, was heißt, dass sie die übrige Zeit ihre Ruhe vor diesen Trieben haben. Beim Menschen aber hat der Sexualtrieb keine Saison. Er wird davon vom siebten bis zum siebenundsiebzigsten Lebensjahr umgetrieben ... Bei den anderen Arten wird die Form der Partnerschaft vom genetischen Programm bestimmt: vom Wellensittich, der allein bleibt, wenn sein einziger Partner stirbt, über den Bonobo, der munter mit allen kopuliert, bis zu den Pinguinen, die ihre Kleinen partnerschaftlich aufziehen und sich die Arbeit teilen.

Der Mensch aber hat das Pech, sich seine Sexualität aussuchen zu können. Zu Ehedramen kommt es vorzugsweise dann, wenn man einen Wellensittich mit einem Bonobo paart. Denn der *Homo sapiens* ist ein heißer Hase! Wenn sein Riesenhirn nicht gerade Ängste generiert, dann erfindet er irgendwelchen Schwachsinn. Heute gibt es Apps zuhauf, die zu »hemmungslosen Begegnungen« einladen. Mit ihrer Hilfe finden Sie im Umkreis von wenigen Kilometern einen sexwilligen Partner. Muss doch super sein für die Partner der besten Freunde und Freundinnen.

Andererseits gibt es mehr und mehr Menschen, die sich als asexuell bezeichnen. Sie kennen kein Begehren und leben ganz ohne sexuelle Kontakte, manchmal schon seit Jahren. Denn unter all den Zahlen gibt es durchaus noch andere, die verblüffen können: Wenn 80 Prozent der Menschen von Sex besessen sind, wer sind dann die 20 Prozent, die das nicht sind, und wie leben sie?

Natürlich will ich jetzt keinen Sexbesessenen aus Ihnen machen, wenn Sie das nicht sind,[73] aber Sie sollten sich klarmachen, dass Ihr Gegenüber es vielleicht ist. Und zwar mit einer 80-prozentigen Wahrscheinlichkeit! Mir kommt hingegen die schwierige Aufgabe zu, Ihre Gefühle zu erziehen: Woher wissen Sie, wer mit wem flirtet und wie?

Nun, ein guter Anfang wäre: Machen Sie sich klar, dass in acht von zehn Fällen Ihr Gegenüber solche Hintergedanken hat. Dann denken Sie an die Doppeldeutigkeit vieler Aussagen, die viele Menschen zum Lachen bringt. Sicher kennen Sie den Witz, wie ein Gärtner im Fernsehen erklärt, wie man seinen Rasen pflegt. Dummerweise erhält dabei das Wort »Rasen« eine sexuelle Konnotation, die der arme Gärtner nie beabsichtigte. Fortan kann er nichts mehr sagen, ohne dass die Studiogäste in schallendes Gelächter ausbrechen. Also achten Sie darauf, was Sie sagen und ob sich darin eine Doppelbedeutung verstecken könnte. Wenn Sie es mit einem Mit-Glied[74] der 80 Prozent zu tun haben, wird dieser die Doppeldeutigkeit erkennen und anzüglich reagieren. Wenn das Gespräch dann eine erotische Färbung annimmt und die Witze immer unzweideutiger werden, dann wissen Sie, was los ist.

Und selbstverständlich hat das auch etwas mit Blicken zu tun. Wir haben ja schon im Kapitel über das lockere Geplauder gesehen, dass tiefgründige Gespräche ein Klima fördern, in dem man gern Vertraulichkeiten austauscht und sich häufig auch verliebt. Dabei spielt natürlich das Auge eine nicht zu verachtende Rolle. Wenn jemand mit Ihnen anzubandeln versucht, blickt er Ihnen penetrant[75] in die Augen. Ich formuliere das mal anders: Da Sie den Menschen gern tief in die Augen schauen, machen Sie den Eindruck, als würden Sie Ihrem Gegenüber Avancen machen. Also entscheiden Sie sich für den schmetterlingsleichten Blick, der über das Gesicht des Gesprächspartners hinwegschwebt, ohne je tief in den Spiegel der Seele zu tauchen.

Als Nächstes kommen intime Geständnisse: Je mehr Sie von früheren sexuellen Abenteuern reden, desto mehr locken Sie Ihren Gesprächspartner auf dieses Terrain. Noch ein paar kokette Bemerkungen – und schließlich folgt die Berührung: Ihre Hand auf ihrem Arm oder auf seiner Schulter ... Wer sich auf einen sexuellen Kontakt einstellt, rückt jetzt näher, drückt sich an Sie … dann nimmt man sich in den Arm … und so weiter.

Was signalisiert, dass jemand mit Ihnen flirtet? Alles, was ich oben aufgezählt habe. Sie beklagen sich bei mir ja häufig, dass Sie keine Ahnung hätten, wie man jemanden anmacht: Nun, Sie müssen einfach nur weiter das machen, was Sie ohnehin schon tun, aber eben bewusst und mit Absicht, mit Urteilsvermögen und in einem passenden Rahmen.

Ansonsten sollten Sie solcherlei Verhalten unterlassen, wenn Sie nicht an einer sexuellen Begegnung interessiert sind, weil sonst Ärger vorprogrammiert ist. Summen Sie nicht: »Voulez-vous coucher avec moi …« (Wollen Sie mit mir schlafen?), wenn Sie zur Kaffeemaschine gehen. Und sagen Sie nicht Sachen wie: »Man merkt wirklich, dass der Frühling kommt. Meine Katze verliert ihre Haare!« Laden Sie niemanden zu einem Mittagessen zu zweit ein. Bleiben Sie einfach beim Geschäftsessen.

Wenn Sie sich hier korrekt positionieren, senden Sie auch keine zweideutigen Botschaften, sondern: Ich habe kein Interesse an einer solchen Begegnung. Jeder Aufreißer, der etwas auf sich hält, wird sein Glück anderswo versuchen. Manchmal muss man den Rahmen auf andere Weise zurechtrücken. Es genügt schon, klar und deutlich zu sagen: »Ich habe kein Interesse an einer solchen Begegnung.« Natürlich wird der Aufreißer verärgert sein und Sie künftig ignorieren. Aber wenn Sie keine klaren Signale geschickt haben und der andere deshalb glaubt, er hätte Chancen, dann waren Sie es ja, der angefangen hat mit dem Schlechtbehandeln.

Thibault protestiert: »Ja, aber anfangs war meine Kollegin ja noch neu. Da war sie froh, dass ich sie nicht allein in der

Ecke sitzen ließ. Später hieß es dann, ich würde ihrem Ruf schaden.« Genau, Thibault! Ihre Kollegin hat recht. Wie haben Sie sie aussehen lassen? Jeder dachte doch, dass Sie sie flachgelegt haben, die Neue! Wer hat also wen gedemütigt?

Sophie hört mir verträumt zu. Sie denkt, sie gehört zu den 80 Prozent. Sie liebt die Liebe. Es gab Zeiten, da hätte sie es mehrmals am Tag machen können. Aber sie täuscht sich, was die Definition angeht. Sophie ist sinnlich, ihrer Erklärung zufolge sogar sehr sinnlich. Aber sie ist nicht besessen davon, möglichst schnell zur Sache zu kommen, wie ich das vorhin beschrieben habe. Es ist ja nicht so, dass sie nur auf Aufreißer aus wäre oder nur One-Night-Stands suchte, wo Liebe und Gefühle keine Rolle spielen. Ganz im Gegenteil. Sie erzählt mir, dass sie oft mit einem Kollegen zu Abend gegessen habe, der auch gern länger blieb und nicht allein essen wollte. Sie betrachtete ihn als Freund und sah das Weitere nicht kommen. Eines Tages machte er ihr eine leidenschaftliche Liebeserklärung. Er würde sich für sie scheiden lassen. Sophies Wertesystem ist aber so beschaffen, dass sie noch heute nicht begreift, wie ein verheirateter Mann mit Kindern ihr ein solches Angebot machen kann. Was Sophie auch immer denken mag: Würde sie zu den besagten 80 Prozent gehören, hätte sie nicht lange gezögert und sich das sexuelle Vergnügen erlaubt, das der Kollege ihr verschafft hätte.

Man kann also schon aus Prinzip nicht ausschließen, dass der Mensch von Inkompetenz oder Sexgelüsten getrieben ist. Und da es nun mal 80 Prozent Sexbesessene gibt, sollten Sie auch immer prüfen, ob für Ihre Missverständnisse vielleicht derartige Avancen verantwortlich sind. Seien Sie ein bisschen wachsamer. Und um den Schluss noch mit einer Prise Leichtigkeit zu würzen: Wenn Sie Lust haben, schauen Sie sich doch auf YouTube den Sketch (in französischer Sprache) an, wie Kad Merad und Valérie Lemercier einem sehr prüden Paar, mit dem sie befreundet sind, beibringen wollen, dass sie gern ein gemischtes Doppel spielen würden. Sie signalisieren und signalisieren, nehmen am Ende sogar die Füße zu Hilfe und ... nichts! Urkomisch!

Sind Sie nun willens, Ihren Freestyle aufzugeben? Es ist wirklich wichtig, dass Sie mehr Struktur in Ihr Leben bringen und den wichtigsten Teil der sozialen Codes respektieren, weil Sie sonst die Normdenker gegen sich aufbringen, und zwar weit mehr, als Sie glauben.

8.
Wie der Normdenker die Hocheffizienten sieht

Um Ihnen ein möglichst klares Bild von der Welt der Normdenker zu vermitteln, ist es meiner Ansicht nach aufschlussreich, sich mit deren Sicht auf Sie und Ihre Verhaltensweisen zu befassen. Also habe ich mich mit diesem Thema beschäftigt und mich versuchsweise in einen Normdenker hineinversetzt, um zu verstehen, wie er Sie empfindet. Ich habe auch alle möglichen Bücher und Artikel über Hochbegabung gelesen, bei denen ich gespürt habe, dass der Autor zu den Normdenkern gehört. Jetzt habe ich doch tatsächlich »No-denker« geschrieben! Was für ein vielsagender Lapsus![76]

Bevor ich mich mit diesem Thema befasst habe, bin ich – wie vermutlich viele hochsensible Grüblernaturen – einer positiven Illusion erlegen. Ich dachte, die Normdenker könnten uns »trotzdem« irgendwie mögen. Mir war durchaus klar, dass sie uns irgendwie »nervig« finden. Ich habe diese peinlichen Momente, die Sie so gut kennen, schließlich auch erlebt und mich gefragt: »Ups, jetzt hast du aber danebengehauen. Nur wo genau?« Manchmal sah ich auch, wie sie sich redlich Mühe gaben, Geduld mit uns zu haben. Dann wieder, wenn ich die Leute irgendwie auf die Palme getrieben hatte, sagte ich mir: »Du hättest einfach nachgeben sollen!« Dann besann ich mich: »Nein, es war gut, dass ich hart geblieben bin. Für mich war das wichtig, ich konnte das nicht einfach so stehen lassen. Warum hat mein Gegenüber gedacht, dass ich ihm an den Karren fahren will?« Wenn man mir dann mit eisigem Schweigen begegnete, überlegte ich: »Meine Liebe, jetzt hast du wieder die Gelegenheit verpasst, den Mund zu halten. Wann wirst du das endlich lernen?« Ich fühlte mich schlecht behandelt, unverstanden, den anderen lästig, aber ich führte diese Schwierigkeiten darauf zurück, dass wir uns eben gegenseitig nicht verstanden. Und ich war der festen Überzeugung, dass dies alles Einzelfälle waren. Da die Neurotypiker beim nächsten Mal versöhnt schienen, schloss ich daraus, dass sie bereit waren zum »Schwammdrüber«. Ich bewunderte sogar ihre Fähigkeit, zu anderen Dingen überzugehen und mir mit Toleranz zu begegnen.

Als ich mich jedoch näher mit diesem Problem beschäftigte, wurde mir klar, wie nervtötend ein Mensch, der zu viel denkt, sein kann. Er redet gern über Tod, Freiheit, Unabhängigkeit und den Sinn des Lebens. Er verstört alle, weil er nie sagt, was im Moment angemessen wäre. Er verachtet jede Pose, auf die die Normdenker so stolz sind. Er trifft nie den richtigen Ton. Er flirtet alle an, ohne sie je zum Abschluss kommen zu lassen. Er verwirrt seine Gesprächspartner. Er liebt Diskussionen. Er ist nie dort, wo man mit ihm rechnet. Er erwartet wohlformulierte Antworten auf all seine inquisitorischen Fragen. Und weil er schlauer ist als der Rest, tut er so, als würde er die Lösung für alle Probleme des Universums kennen. Und so kam ich zu dem Schluss, dass der Hocheffiziente schwer erträglich ist, selbst für einen geduldigen Menschen.

Dann habe ich entdeckt, dass die meisten Normdenker eine passiv-aggressive Art haben, mit der sie ihre Feindseligkeit – die realer ist, als ich gedacht hätte – unter einer Schicht

Höflichkeitslack verbergen. Und diese platzt recht schnell ab, wenn man die Rede auf das Thema »Hochbegabung« bringt. Jean-Paul Brighelli[77] spricht diesbezüglich von einem veritablen »Hass auf die Intelligenz« und weist darauf hin, dass gute Schüler schon in der Grundschule von ihren Mitschülern gepiesackt werden. Jeder Zu-viel-Denker, der versucht, über seine Veranlagung mit einem Normdenker zu reden, wird früher oder später diese Animosität bemerken, die sich hinter einer massiven Geringschätzung verbirgt: »Ach, das ist doch lauter Quatsch! Eine Modeerscheinung! Das ist doch alles bloß Geschäftemacherei!« Während ich an diesem Buch schrieb, mit dem ich soziale Codes enthüllen wollte, schlug mir immer wieder eine gewisse Feindseligkeit entgegen, wenn ich dieses Thema angesprochen habe. Ich mache mir also keine Illusionen, was die Reaktionen auf dieses Buch angeht. Was uns die Normdenker am meisten vorwerfen, ist, dass wir sie verurteilen. Während sie sich in der Hinsicht kein bisschen zurückhalten. Die Toleranz ist wie immer ungleich verteilt.

Ich habe den fast schon krankhaften Zwang, die Dinge kritisch zu betrachten – was Sie mit Sicherheit schon bemerkt haben. Aber das macht ja auch meinen Charme aus, finden Sie nicht? Jedenfalls nehme ich nichts, was geschrieben steht, für bare Münze. Ich schaue hinter die Kulissen. Wenn der Autor das sagt, dann heißt das ja umgekehrt … oder beinhaltet weiter … Ich habe eine große Anzahl Bücher wieder und wieder gelesen – und nicht nur über das Thema der Hochbegabung.[78] Ich habe nach Informationen gesucht, die mir eine Erklärung liefern konnten, wie sowohl die einen als auch die anderen funktionieren. Und dazu Erklärungen für die Klischees, die Vorurteile und die Sichtweisen, die auf beiden Seiten da sind, um die Wirklichkeit ein für alle Mal dekodieren zu können.

Ich bin es gewohnt, zwischen den Zeilen zu lesen, zu spüren, was nicht ausdrücklich gesagt wird, ja den Text gegen den Strich zu lesen. Wenn ich einen Satz finde wie »Diese Kinder zeigen sich unduldsam gegen jede Form der Ungerechtigkeit«, dann leuchtet in meinem Gehirn sofort ein rotes Licht auf. Warum steht da nicht »Diese Kinder haben ein stark entwickeltes Gerechtigkeitsgefühl«? Warum bezeichnet man sie vielmehr als »unduldsam«? Spüren Sie diesen impliziten Vorwurf, der nahelegt, sie sollten sich doch vielleicht als weniger unnachgiebig erweisen?

Durch diese Art zu lesen, die viele vermutlich als paranoid bezeichnen würden, habe ich entdeckt, welche Tragweite das Problem hat, um das es hier geht. Gerade Bücher über Hochbegabung waren in dieser Hinsicht äußerst lehrreich! Denn die Grüblernaturen mit ihren merkwürdigen Ideen und ihren absurden Verhaltensweisen stören nun mal die Abläufe in der Welt der Normdenker.

Mentale Hocheffizienz hat im kollektiven Narrativ nichts zu suchen. Offiziell existiert sie ja auch nicht. Und das führt dazu, dass alle – Normdenker wie Zu-viel-Denker – ein Problem haben, wenn sie diese Besonderheit benennen sollen. Daher die dumpfen Klischees, auf die man allenthalben stößt. Außerdem wird die Hocheffizienz als »Abweichung« von der Norm betrachtet, die von der Mehrheit festgelegt wird. Hochbegabt im Vergleich zu wem? Hocheffizienz im Vergleich zu welcher Form der Effizienz? Atypisch im Vergleich zu welcher Neurotypie?

Sie werden es bereits bemerkt haben: Dieser Vergleich fällt nie zu Ihren Gunsten aus! Der Großteil der Literatur zeichnet ein wenig schmeichelhaftes Bild von Ihnen. Selbst wenn man dem Hochbegabten »eine kognitive Veranlagung von allgemein hohem Niveau« zugesteht, eine hohe Konnektivität der neuronalen Verschaltungen, eine ungewöhnlich hohe Effizienz bei der neuronalen Verarbeitung und Weiterleitung von Informationen – was für eine allgemeine kognitive Überlegenheit spricht –, erschöpft sich der Rest der Darstellung in einer Aufzählung von dysfunktionalen Merkmalen. Das solidarischste Charakterbild der mental Hocheffizienten findet sich bei Carlos Tinoco.[79] Schade, dass er sich – wie die meisten anderen Autoren – auf »Hochbegabung« beschränkt. Seine Ausführungen treffen auf alle Neuroatypischen zu, auch auf solche, die sich nicht unter dem Label »hochbegabt« verorten würden.

Hocheffizienz als Geisteskrankheit

Carlos Tinoco kritisiert den »therapeutischen« Ansatz, wie übrigens auch ich in meinem Buch *Mein Kind denkt und fühlt zu viel*. Er spricht vom »Tanz der Etiketten«.[80] Der therapeutische Ansatz unterstellt ihm zufolge, dass die typische Funktionsweise die »gesunde« sei und daher den Maßstab liefere, an dem man »die Abweichung« des Hochbegabten misst. Das bleibe nicht ohne Folgen, wie er weiter ausführt, weil die Funktionsweise des Typikers nie infrage gestellt wird. In diesem System ist Hocheffizienz also eine geistige Fehlfunktion.

Ich wurde einmal von einem Mann kontaktiert, der sich Sorgen um seine Frau machte. Sie wurde an der Arbeitsstelle so sehr schikaniert, dass sie vollständig zusammenbrach und in eine Nervenklinik eingewiesen wurde. In meinem Buch über die Manipulatoren[81] habe ich die Geschichte ausführlicher vorgestellt. Der Mann hatte herausgefunden, dass der Vorgesetzte seiner Frau ein absolutes Arschloch war und sie in den Zusammenbruch getrieben hatte. Um ihr zu helfen, schneller wieder auf die Beine zu kommen, habe ich ihm empfohlen, *Ich denke zu viel* zu lesen. Das Weitere hat mir dann seine Frau berichtet. Als sie mit dem Buch durch die Flure der Klinik spazierte, wurde sie von anderen »Kranken« angesprochen, deren Neugier wohl durch den Titel geweckt wurde. Bald gab es leidenschaftliche Diskussionen über die Inhalte des Werkes. Was dem diensthabenden Arzt missfiel. Darüber hinaus ging es der Frau bald besser. Obwohl sie ihrem Arzt sagte, dass das mit dem Buch zu tun hätte, weigerte er sich zu glauben, dass eine so schnelle Besserung nur deswegen eintreten könne, weil sie etwas gelesen habe. Einige Tage später hatte ich im Radio eine Sendung zu diesem Thema. Als der Arzt das Zimmer seiner Patientin betrat, hatten sich dort sie und 15 andere »Irre« versammelt und lauschten angelegentlich meiner Stimme. Und so lud er mich ein, mit ihm zu Mittag zu essen.

Mittlerweile arbeiten wir seit mehreren Jahren zusammen. Da er auch als psychiatrischer Gutachter fürs Gericht tätig ist, hat er meine Arbeit immer wieder miteinbezogen. Ich fühlte mich sehr geehrt und freute mich auch für die Opfer, die er verteidigte. Ich habe selten einen Psychiater getroffen, der so offen und human war. Er wollte sogar, dass ich auf einer Konferenz mit seinen Kollegen einen Vortrag hielt, konnte es aber nicht mehr durchsetzen, ehe er in den Ruhestand ging. Dass ich keinen Abschluss in Psychiatrie habe, diente dabei als Grund für die Ablehnung.

Seit dieser Erfahrung habe ich mich immer wieder gefragt, woher dieses leidenschaftliche Interesse der in der Psychiatrie Internierten an meinem Buch kam. Denn diese Geschichte hat sich mehrfach wiederholt: Viele meiner Klienten haben mir bestätigt, bei ihren Aufenthalten in der Psychiatrie häufig mental Hocheffiziente kennengelernt zu haben. Ohnehin ist das die Stimme des Herzens von vielen Lesern: »Dank Ihres Buches weiß ich, dass ich nicht verrückt bin!« Ich frage mich, wie viele solcher Einweisungen auf das zurückgehen, was Dabrowski die »positive Desintegration« nennt. Da sie kaum verstanden wird, kann man die Betroffenen auch schlecht begleiten. Ist ein Denken, das nicht in Widersprüche gerät, aber tatsächlich ein Zeichen von geistiger Gesundheit?

Ich habe erst kürzlich einen Artikel gelesen mit dem Titel »Hochbegabt oder schizophren? Für den Psychiater eine schwierige Entscheidung«.[82] Er baut auf der Arbeit von Claire Grand auf, die als Psychologin auf frühreife Kinder spezialisiert und in Pringy (Haute-Savoie) tätig ist. Sie ruft dazu auf, Hochbegabte – oder solche, die es zu sein scheinen – nicht länger als »schizophren« zu diagnostizieren, wenn sie nicht delirieren und nicht paranoider sind als Sie und ich. Claire Grand weiter: »Man kann durchaus annehmen, dass eine große Zahl dieser Menschen eine falsche Diagnose gestellt bekam, was schlimm ist. So wie es schmerzlich, erschreckend und möglicherweise zerstörerisch ist, mit dieser Diagnose durchs Leben zu gehen.«[83]

Das kann ich nur bestätigen. Wie diese Psychologin erlebe auch ich in meiner Praxis immer wieder Menschen, die Diagnosen wie »Borderline«, »bipolar« oder »schizophren« erhalten. An dieser Stelle möchte ich Michel grüßen, der jahrelang als schizophren und paranoid galt. Ich habe ihn in seiner Trauer begleitet, bis er endlich vor Kurzem als Asperger-Autist erkannt wurde, woran ich nicht einen Tag lang gezweifelt hatte. Wie viele verlorene Jahre und wie viel vergeudete Energie, bis endlich diese schreckliche Fehldiagnose korrigiert wurde!

Auch der Coachingansatz ist hier nicht unbedingt hilfreicher. Ich wehre mich immer wieder gegen den Geist, in dem das Coaching betrieben wird. Er hilft dem Zu-viel-Denker nicht, sich selbst besser zu verstehen und zu akzeptieren, damit er sein fabelhaftes Gehirn besser nutzen lernt. Nein, man gibt ihm Instrumente an die Hand, um sich zu »ändern«, sich »anzupassen« an eine Welt, die nicht für ihn gemacht ist. Denn die geforderte Veränderung ist brutal: Der Betroffene soll seine Natur verleugnen und sich an ein System angleichen, das selbst dysfunktional ist. Sich an eine kranke Welt anzupassen soll der einzig mögliche Ansatz sein? Und warum? Weil er verrückt ist? Der Hocheffiziente in einer hypernormierten Welt, die in ihrer imaginären Wirklichkeit verharrt? Und wenn man ihn »kurieren« will, was genau hat man da vor? Seine außergewöhnliche Begabung einzuebnen? Ist es nicht vielmehr komplett irre, jemanden von seiner verblüffenden kreativen Intelligenz heilen zu wollen?

Die Charakterisierungen von Menschen, die zu viel denken, die ich in den verschiedensten Büchern gefunden habe, gehen durchweg davon aus, dass kennzeichnend für sie die innerseelischen Leiden sind, die aber einzig und allein auf die schlechte Behandlung durch die Gesellschaft zurückgehen (Ausgrenzung, Verachtung, Kritik und Zurückweisung). Hier zeigt sich die gleiche Dynamik wie beim Umgang mit häuslicher Gewalt. Der aggressive Ehemann wirft seiner Frau vor, verrückt und depressiv zu sein, dabei ist es sein Verhalten, das ihr Leiden erst erzeugt. Genau darum geht es doch: In den Augen unserer gewalttätigen Gesellschaft, die jede Misshandlung leugnet, sind Sie verrückt, depressiv und dazu noch unreif!

Viele Autoren stellen bei mental Hocheffizienten eine Art chronischer Depression fest und bedauern, dass sie sich über ihre enorme Intelligenz so wenig freuen. Man hält uns für Heulsusen! Hinter diesem Missverständnis steht meiner Ansicht nach der Mut, mit dem wir uns unseren existenziellen Ängsten stellen. Neurotypiker können das nicht verstehen, daher sehen sie darin die Anzeichen einer grundlegenden Depression. Was für ein Unfug, sich mit der Angst vor dem Tod auseinanderzusetzen oder mit dem Sinn des Lebens! Verkehrter könnte man allerdings nicht liegen! Denn alle Belege weisen darauf hin, dass es sinnvoller und gesünder ist, sich mit seinen tief verwurzelten Ängsten zu beschäftigen, statt sie zu verleugnen.

Sind die hochsensiblen Grüblernaturen also doch depressiv? Nein, keinesfalls! Mittlerweile habe ich zehn Jahre Distanz und kann Ihnen versichern: Ein Hocheffizienter, der verstanden und akzeptiert wird, ist putzmunter und steckt voller Humor, Optimismus und Begeisterung. Zumindest einmal am Tag. Nun ja, das ist ein bisschen wie die Wettervorhersage für die Bretagne. Die Bretonen werden Ihnen das bestätigen: Tatsächlich ist es dort jeden Tag schön, nur nicht den ganzen Tag lang. Die Berg- und Talfahrt ist eine Spezialität von Menschen, die zu viel grübeln. Für die Normdenker ist eine gesunde Psyche eine, die stabil und ohne Höhen und Tiefen ist. Punkt. Dafür legen sie eine bestimmte Norm fest. Und wer ihr nicht entspricht, wird ausgesondert: Bipolar! Hysterisch! Borderline!

Wenn Sie also traurig sind, dann sind Sie depressiv. Sind Sie jedoch gut gelaunt, dann geht das auch nicht, denn dann sind Sie unreif, weil Sie so außerordentlich euphorisch sind! Es wäre lächerlich, wenn es nicht so tragisch wäre: Die Normdenker verschließen sich in ihr an den Haaren herbeigezogenes Narrativ und empfinden sich selbst als ungeheuer rational. Während sie den Hocheffizienten vorwerfen, unreif zu sein und sich mit der »Realität des Lebens« nicht anfreunden zu können. Die Weigerung, sich mit einem tristen, langweiligen Leben abzufinden, wäre demnach ein Zeichen der Unreife. Sie sind von Ihrer Unreife so sehr überzeugt, dass die Autoren des Buches *Les philo-cognitifs*[84] ihren Lesern allen Ernstes empfehlen, Sie zu behandeln wie einen Teenager!

In diesem Buch habe ich, nachdem ich mich durch die anscheinend wohlwollende Schale gearbeitet hatte, im Kern die unbarmherzigste Beschreibung der Hocheffizienten gefunden, die man darin einfach die »Philo-Komplexen« nennt. Ich arbeitete mich durch eine scheinbar endlose Liste von Kritikpunkten und Vorwürfen, die man mit Einwürfen wie »aber hochinteressant«, »aber so ansprechend« oder »und doch so kreativ« ein wenig abzumildern versuchte. Kleine Komplimente, die die Anklagerede leichter verdaulich machen sollten. Hinter den Beschreibungen wurde ein durchgehend negatives Werturteil deutlich. Ich war auch äußerst erstaunt, wie man ihnen immer wieder Verhaltensweisen vorwarf, die man für willentlich und bewusst gewählt hielt. Kein einziger Lapsus, den man als unbeabsichtigt durchgehen ließ. Nein, das sei alles kalkuliert. Sie wissen ja selbst am besten, was Sie gewöhnlich so alles anstellen: »Die Philo-Komplexen glauben meist, dass man sie für ihre kurzen Geistesblitze schätzt. Daher legen sie ein Verhalten an den Tag, das sie möglichst spektakulär erscheinen lässt. Häufig geben sie sich der Illusion hin, dass Fortschritt oder Effizienz auf einen Mangel an Talent oder Intelligenz schließen lassen. Dass eine Glanzleistung mehr Respekt bringt als fleißige Arbeit.«[85]

Erkennen Sie sich in dieser Beschreibung wieder? Ich nicht. Ich erkenne Sie darin nicht wieder. Ist das nun verletzend oder nicht? Doch dieses Buch hat mich in meiner Ansicht nur bestärkt. Es machte durchaus Sinn weiterzulesen. Es ist ja das gute Recht der Autoren, so etwas zu denken. Und mir hilft es. Dank dieser erschöpfenden Beschreibungen habe ich endlich verstanden, wie Normdenker die Hocheffizienz sehen. Dieses Buch war wirklich ausgesprochen nützlich: Indem ich zwischen den Zeilen las, die Negativaussagen übersetzte und mich auf den Standpunkt der Autoren einließ, wurde mir plötzlich alles klar! Vielen Dank für Ihre Offenheit, meine Herrschaften. Sie haben meinem Projekt hier wirklich einen großen Dienst erwiesen, auch wenn die übrige Literatur ebenfalls recht hilfreich war. Und so habe ich für Sie, liebe Leser, eine kurze Zusammenfassung dessen erstellt, was die übliche Literatur über Sie zu sagen weiß.

Sie wollen unbedingt im Mittelpunkt stehen

Sie wollen alles mit Gewalt erreichen: Sie sind aufdringlich, schräg und provokant. »Bewusst oder unbewusst« tun Sie »Ihr Möglichstes, um im Mittelpunkt zu stehen« und die Aufmerksamkeit stets auf sich zu lenken. Die Formulierung »bewusst oder unbewusst« finde ich hier besonders fehl am Platz, weil sie suggeriert, dass man etwas absichtlich tut, auch wenn man unbewusst handelt. »Unbewusst absichtlich« ist ja wohl ein Widerspruch in sich!

Aber selbst wenn Sie versuchen sollten, zurückhaltend zu sein, kommt das auch nicht gut an. Denn Ihre Haltung wird dann eingeschätzt als »überbordende Zurückhaltung«, ein weiterer Widerspruch in sich! Ihre Diskretion ist nämlich offen verächtlich, damit Ihr Umfeld auch ja mitbekommt, dass Sie es verachten. Das ist ja nur Rache Ihrerseits, weil man Sie zurückgewiesen hat. Da man Sie jedoch aufgrund Ihrer Unfähigkeit abgewiesen hat, sind Sie selbst für die Rückkopplungsschleife verantwortlich. Quod erat demonstrandum!

Aufgrund der Erklärungen, die ich Ihnen mit diesem Buch geliefert habe, verstehen Sie vermutlich, was hinter dieser Haltung steht. Der Tourist auf der Bühne zieht natürlich die Aufmerksamkeit des Publikums stärker auf sich als die Schauspieler, die sich an ihr Rollenmodell halten. Wie kann es ihm nur entgehen, dass da gerade ein Theaterstück gegeben wird? Ob er nun spricht oder schweigt: Er ist nicht Teil der Aufführung.

Sie wollen mit geringen Mitteln Eindruck schinden

Wenn man die Bücher liest, in denen es um Sie geht, dann schätzen die Normdenker Sie als arrogant ein, anspruchsvoll, ja größenwahnsinnig. Niemand nimmt sich die Zeit, die Arbeit zu ermessen, die Sie im Verborgenen geleistet haben, denn von außen betrachtet scheint alles einfach, simpel und oberflächlich. Da Sie scheinbar so locker von einem Thema zum nächsten übergehen, traut man Ihnen nicht zu, dass Sie sich mit ihm ernsthaft beschäftigt haben. Nein, Sie bluffen doch bloß. Denn es fehlt Ihnen an Beständigkeit und Ausdauer.

Die Normdenker wissen ja nicht, dass Ihr Gehirn die Herausforderung braucht. Und dass es erst ebendiese ist, die Sie zu einer Leistung antreibt, die kein Normdenker sich auch nur vorstellen kann. Kaum haben Sie die Herausforderung gemeistert, verliert die ganze Angelegenheit für Sie ihren Reiz. Deshalb machen Sie nicht weiter. Wenn Sie sich Ihrer Ansicht nach genug mit einer Frage beschäftigt haben, glaubt der Normdenker, Sie wären an der Oberfläche geblieben. Daher hält man Sie für einen Dilettanten, die Königin der Scheinerfolge, die bewundert werden will, ohne sich anzustrengen … Und die das auch noch schafft, was die Leute ja am meisten ärgert! Und dann tun Sie auch noch immer so bescheiden!

Ich denke, dass die meisten Zu-viel-Denker die Bewunderung und den Neid unterschätzen, den sie bei anderen auslösen. Das ist es ja eben, was sie ausschließt. Denn die Bewunderung grenzt genauso aus wie der Neid. Beide senden die gleiche Botschaft: »Du bist nicht wie wir!« Sie werden ausgegrenzt und bestraft, weil Sie das Mittelmaß hinter sich lassen. Arme Möwe Jonathan,[86] die ihre Suche nach dem Absoluten ohne jede Hilfe anpacken muss! Da sie sich außerhalb des gemeinsamen Narrativs befindet und ausgeschlossen wird, eben weil sie so außergewöhnlich gut fliegen kann: Bleibt der Möwe Jonathan da noch eine andere Wahl, als sich ganz der Leidenschaft des Fliegens zu widmen, um ihr einsames Dasein zu füllen?

Carlos Tinoco glaubt, dass der Neurotypiker durch die Leichtigkeit, mit der der Hochbegabte seine Leistungen erbringt, eine tiefe narzisstische Kränkung erleidet und sich daher rächen will. In *Les »surdoués« et les autres* unternimmt seine Co-Autorin Sandrine Gianola eine Neuinterpretation der Fabel vom Hasen und der Schildkröte, die ebenso unerbittlich wie lustig ist! Die fleißige, aber mittelmäßige Schildkröte ist außer sich vor Freude, dass sie dem Hasen eine Lektion erteilen kann, denn dieser kann ja seine Geschicklichkeit im Laufen nicht beweisen. Um die narzisstische Kränkung zu überwinden, stellt der Normdenker eine Verdienstideologie auf, die Beständigkeit, Anstrengung und Mühe betont, wie seine Vorfahren das machten. Er macht den Hocheffizienten glauben, dass seine außerordentlichen Qualitäten zu nichts nütze sind, weil »er sich keine Mühe gibt«. Was einfach falsch ist: Ein motivierter Zu-viel-Denker setzt Himmel und Erde in Bewegung – und das bitte schön noch mit einem Lächeln! Carlos Tinoco aber meint, dass Lehrer im Rahmen dieser Meritokratie einen mittelmäßigen Schüler, der sich anstrengt, jedem besseren vorziehen, dem alles zuzufallen scheint.

Im bereits zitierten Buch *Les philo-cognitifs* ist die gleiche Ideologie am Werk: Man erteilt Ihnen den guten Rat, fleißig zu werden. »Um die Zurückweisung durch sein Umfeld zu vermeiden, sollte der Philo-Komplexe die Tugenden der Arbeit erlernen.«[87] Ganz klar: Sie kennen die »Tugenden der Arbeit« nicht. Die immense Arbeit, die Sie leisten, wird nicht wahrgenommen, weil sie Ihnen keine Mühe abverlangt.

Außerdem glauben die Normdenker ja sowieso, dass Sie, wenn Sie überhaupt tätig werden, das nur tun, um Ihre Überlegenheit unter Beweis zu stellen. Und hier suchen die Normdenker nun zu Recht keine andere Erklärung. Maxime Rovère in *Que faire des cons? (Was stellt man an mit Dummköpfen?)* richtet eine pointierte Botschaft an Sie, die ich Ihnen hier nicht vorenthalten möchte: »In pyramidal strukturierten Organisationen ist eine der am weitesten verbreiteten Dummheiten, dass man von den anderen Eifer verlangt und/oder sich selbst als eifrig präsentiert, obwohl es kein Ziel gibt, das Eifer wirklich verdient, und keinen Vorzug, der ihn lohnen würde. Auf diese Weise trägt der Eifer, eine Form hysterischer Dummheit, dazu bei, dass die Arbeit ihres Sinnes beraubt wird und in ihr Gegenteil umschlägt – in die anhaltende Dummheit derer, die wirklich nichts zu tun haben.«[88]

Genau, Ihr Bedürfnis, sich zu beschäftigen, um Ihren Energieüberschuss abzubauen, erzeugt von Ihnen ein Bild des übermäßig Eifrigen, des Strebers, der anderen eine Lektion erteilen will.

Sie sind durchweg Aufwiegler

Bewusst oder unbewusst verspüren Sie den Drang, mit den Grenzen der Normdenker zu spielen, jenen, die Sie ja nicht kannten, bis Sie dieses Buch gelesen haben. Mit deren impliziten und willkürlichen roten Linien. Wir haben gesehen, wie die Unkenntnis des richtigen Rahmens Sie immer im Freestyle reagieren lässt. Diese ständige Improvisation halten die Normdenker für einen Versuch Ihrerseits, sie zu destabilisieren. Sie sind also absichtlich provokant und auf Krawall gepolt. Sie stellen die Normdenker in einem fort infrage, nur um sie bei einem Fehler zu erwischen und blöd dastehen zu lassen. Sie sind unfähig, auch nur das kleinste Zugeständnis zu machen. Und Sie müssen überall Ihren Senf dazu geben. Kurz gesagt: Mit Ihren selbstzerstörerischen Neigungen sind Sie auf Ärger aus, und wenn er dann kommt, sind Sie selbst schuld! Ich weiß: Es ist schmerzhaft, sich das bewusst zu machen. Aber nach allem, was Sie hier gelesen haben, verstehen Sie ja wohl, dass diese Wahrnehmung seitens der Normdenker durchaus legitim ist – von deren Standpunkt aus betrachtet. Aus der Sicht der Zu-viel-Denker stellen sich die Dinge natürlich radikal anders dar!

Ja, Sie haben ein hochentwickeltes kritisches Bewusstsein und die Tendenz, sich ständig Fragen zu stellen. Das geht so weit, dass Sie allgemein akzeptierte Gewissheiten infrage stellen. Aber bisher haben Sie das immer noch für konstruktive Kritik gehalten. Ein Riesenfehler! Carlos Tinoco erklärt: »Im Universum der Typiker dreht das Denken sich regelmäßig darum, wie sich ein Teil der Wirklichkeit verbergen lässt.«[89] Nichts darf den erklärenden und normativen Diskurs stören, der die Identität der Gruppe stiftet. Wer das kollektive Narrativ bewahren will, darf nicht zu viel denken, nichts infrage stellen und muss alle Informationen, die Zweifel wecken oder gar das Gegenteil belegen, unter den Teppich kehren. Vor allem aber gilt es, nicht mit dem Finger auf Ungereimtheiten zu deuten.

Doch das Gehirn eines Hocheffizienten kennt keine Rast und ist unter Stress, solange er nicht alles vollständig begreift. Daher die ständigen Fragen. Die Normdenker werden nie verstehen, wie schnell sich Ihr Gehirn beruhigt, wenn Sie alle Antworten gefunden haben und die Komplexität des Ganzen durchschauen! Trotzdem sollten Sie sich diese Lektion hinter den Spiegel stecken. Behalten Sie Ihre Kommentare für sich und stellen Sie Ihre Fragen anderswo. Heutzutage findet man ohnehin die Antwort auf alles im Internet. Riskieren Sie erst gar nicht, dass Ihr Gesprächspartner schlecht dasteht. In der Welt der Neurotypiker ist es, als würden Sie die Hosen runterlassen, wenn Sie gezwungen sind zu sagen: »Das weiß ich nicht.«

Außerdem haben wir keineswegs alle die gleiche Vorstellung davon, was eine »Regelüberschreitung« ist und was nicht. Normdenker empfinden die Freiheiten, die Sie sich nehmen, als schockierend. Sie können sich gar nicht vorstellen, dass Sie um die Existenz jener Verbote, die sie so brav befolgen, gar nicht wissen. Man wirft den hochsensiblen Grüblernaturen ja immer vor, keine »Kompromisse« eingehen zu können, also zum Wohle des Narrativs keine Opfer zu bringen. In Wirklichkeit aber macht niemand Kompromisse, schon gar nicht die Normdenker, die keinerlei Abweichung von ihrer kollektiven Erzählung dulden!

In *Les philo-cognitifs* heißt es: »Die geistige Verfassung der Philo-Komplexen verleitet sie dazu, lieber ihren tiefen Neigungen zu folgen (Ich-Ideal) als sich gelernten Regeln zu unterwerfen und sich selbst zu zensieren, um sich den sozialen Normen (Über-Ich) anzupassen.«[90] Sehr gut erkannt, aber in dieser Form hört sich das doch eher nach Vorwurf an – oder etwa nicht?

Vielleicht bin ich ja ein bisschen naiv, weil ich an Ihre Unschuld glaube. Aber in meinen Therapiestunden erlebe ich immer wieder, wie sehr die negativen Reaktionen, die Sie bei Ihren Mitmenschen auslösen, Sie erstaunen und verletzen. Vielleicht lieben Sie es ja, bewusst oder unbewusst, Chaos zu veranstalten? Natürlich hat jeder Mensch, der zu viel denkt, etwas von einem Cyrano de Bergerac, von Molières Menschenfeind und von Don Quichotte. Wie diesen ist Ihre Integrität Ihnen wichtiger als jedes Zugeständnis. Ihre Wahrheitsliebe, Ihr Perfektionismus, Ihre Aufrichtigkeit, die ans Rigide grenzen, lassen sich mit den Codes der freiwilligen Sklaverei nicht in Einklang bringen. Ja, Sie sterben lieber in den Stiefeln, als auf Knien zu leben. Aber was andere als Lust an der Provokation empfinden, ist im Allgemeinen nur das Fehlen eines konstruktiven Feedbacks, das Ihnen zeigen könnte, wo im fraglichen Fall das Fettnäpfchen stand. Ich hoffe sehr, dieses Buch konnte Ihnen da weiterhelfen.

Und was Fanny Nusbaum und ihre Co-Autoren angeht, so hat sie am Ende doch noch einen ausgezeichneten Rat für Sie parat: Machen Sie aus Ihrem ausufernden, ja provokanten Denken Ihr Kapital bzw. Ihre Identität. Kurz gesagt: Nehmen

Sie's mit Humor! Der Rat ist tatsächlich nicht schlecht. Was Hocheffiziente schon im Kindergarten lernen: Andere zum Lachen zu bringen ist fast die einzige Möglichkeit, akzeptiert zu werden und Aggressivität zu neutralisieren. Aber Vorsicht: Verwechseln Sie nicht die verschiedenen Formen des Lachens. Sich über jemanden lustig zu machen hat nichts mit Humor zu tun. Man kann »mit« oder »über« jemanden lachen. Man lacht über Dostojewskis »lächerlichen Menschen«[91] oder über den Clown. Aber der Narr verlacht uns alle. Nur der Narr und der Philosoph haben das Recht zu sagen, was sie denken – und damit ein unabhängiges Narrativ. Machen Sie sich nicht zum Clown, sondern lieber zum Narren.

Der laminare Hochbegabte – einfach perfekt!

Ein einziger Typus des Hochbegabten findet in Fanny Nusbaums Augen und denen ihrer Co-Autoren Gnade: der Philo-Laminare. (Laminar ist ein Begriff aus der Strömungstechnik und bedeutet »wirbelfrei«.) Dessen Loblied singen sie im Chor: »Die Philo-Laminaren mag jeder. Ihr offener Geist, ihre Überlegungen, ihr ständiges Streben nach Konsens. Ihr Denken ist gut und richtig. Sie reden Klartext. Sie sind Einzelgänger, fühlen sich aber in Gesellschaft wohl […]«[92] Und so weiter und so fort. Aber freuen Sie sich nicht zu früh, denn was man an diesem Typ so überaus schätzt, ist, dass er ganz diskret in der Menge verschwindet. Er handelt »wie ein Mensch, der sich perfekt anpassen kann. Das geht so weit, dass seine Umwelt ihn gar nicht groß bemerkt«.[93]

Na, dann verstecken Sie doch mal diese Begabung, damit

ich sie nicht sehe! Denn so etwas verletzt die anderen! Dieser brave Laminare hat nur einen Fehler: Eines schönen Tages brennen ihm die Sicherungen durch! »Der Philo-Laminare gerät an entscheidenden Wendepunkten seines Lebens häufig in eine Identitätskrise.«[94] Nachdem er jahrelang die Bewunderung aller herausgefordert hat, erleidet er einen Burn-out, verfällt in Depression und wirft alles hin. »Das Umfeld des reifen Laminaren muss mit offenem Mund zusehen, wenn er ohne Vorwarnung sein ganzes Leben umkrempelt.«[95]

Nach den hier gegebenen Beschreibungen sehe ich im Philo-Laminaren einen Philo-Komplexen (oder vielmehr einen Philo-Komplexler!), der sich angesichts der Angst vor Zurückweisung in ein Korsett der Überanpassung zwängt, sich in ein falsches Selbst einschnürt. Dieses gleicht einer mittelalterlichen Rüstung, garniert mit all den Unannehmlichkeiten, die ich in meinen früheren Büchern beschrieben habe. Aber nur er findet Gefallen bei den Normdenkern.

Ich bin ausgesprochen erstaunt, dass die neurotypischen Wissenschaftler, die sich mit dem Thema beschäftigen, nicht erkennen, dass die Überanpassung – wie der Name schon sagt – ein erlerntes Verhalten ist und keineswegs strukturell bedingt. Angeblich wenden sie sich ja an die »Wissenschaft als Schiedsrichter«, und so sehen sie in diversen MRT-Aufnahmen eine spezielle mentale Struktur am Werk. Ich bin der Ansicht, dass der Hochbegabte, solange er in seinem falschen Selbst verankert ist, sein Gehirn nicht auf die gleiche Weise gebraucht, wie er es täte, wenn er sich von diesem Selbst schon befreit hätte. So gesehen ist es der Philo-Komplexe, der sich glücklicherweise nicht von seinen Emotionen abschneidet und ein Chamäleongewand überstreift. Glücklicherweise, könnte man sagen, auch wenn er dafür teuer bezahlt.

Der Zerrspiegel

Die Normdenker beschreiben auf jeden Fall nicht Sie. Aber das verstehen sie nicht, weil ihr Dekodierungsmechanismus dafür nicht ausreicht. Wenn eine Kugel ins zweidimensionale Flatland[96] eintritt, erscheint erst ein Punkt, der sich in einen Kreis verwandelt, der immer größer wird. Dann aber schrumpft er wieder und verschwindet ganz. Die Einwohner von Flatland kommen gar nicht erst auf die Idee, dass es sich um eine Kugel handelt. Meiner Ansicht sehen die Neurotypiker Sie genauso. Und mir erscheint es immer gefährlicher und gefährlicher, wenn Menschen, die im Grunde nichts kapieren, Ihnen sagen wollen oder sollen, wer Sie sind.

Heute weiß ich, dass ich, als ich meine ersten Bücher über diese Dinge schrieb, im Herzen zwar schon Dissidentin war, mich aber immer noch zu sehr von den Ansichten der Normdenker beeinflussen ließ und von dem, was sie uns zurückspiegeln. Ich habe einige Unwahrheiten über Sie verbreitet. Ich habe mich zwar von Anfang an gegen ihre IQ-Tests aufgelehnt. Wenn schon eine einfache Messung das Quantenobjekt stört, was richtet dann erst ein IQ-Test an, den man einem hypersensiblen und emotionalen Hochbegabten aufzwingt! Fanny Nusbaum hat da die richtige Intuition: Die Philo-Komplexen – also die Hocheffizienten, die ihr falsches Selbst abgestreift haben – »fallen durch« bei diesen berühmten Tests, obwohl sie außergewöhnlich begabt sind. Das ist ja schon mal ein Anfang.

Was mich heute beunruhigt, ist die Insistenz, mit der bestimmte Wissenschaftler versuchen, das »Autismus-Gen« zu lokalisieren. Ähnlich wie Hugo Horiot[97] denke ich, dass das

Programm, das diese Leute im Sinn haben, ein eugenisches ist, wie das, das im Moment in Frankreich in Bezug auf die Trisomie 21 abläuft. Radieren wir sie aus, die Autisten! Nieder mit den kleinen Mozarts und Einsteins! Schieben wir lieber eine ruhige Kugel mit all den Meritokraten.[98] Das macht mir wirklich Angst!

All die Bücher über die »Hochbegabten« gehen davon aus, dass Sie sich den Titel nur zuschreiben dürfen, wenn Sie beim IQ-Test entsprechen abgeschnitten haben. Und man redet Ihnen ein, dass die Selbstdiagnose *sehr* schlimm und *sehr* gefährlich ist. Viel gefährlicher jedenfalls als all die Fehldiagnosen, von denen wir zu Beginn dieses Kapitels gesprochen haben. Einmal mehr ist das einzige Buch von Neurotypikern, auf das Sie sich verlassen können: *Les »surdoués« et les autres*. So schreibt Sandrine Gianola, eine der Autorinnen: »Zwischen den Hocheffizienten und seiner Diagnose ›hochbegabt‹ drängt sich eine Armada von Psychologen, die die Macht beanspruchen, ihm das moralische Recht abzusprechen oder zuzugestehen, diesen Begriff in sein persönliches Narrativ zu übernehmen.«[99] Und sie fährt fort: »Sind wir denn tatsächlich solch ein Forschungsobjekt, dass es nötig ist, uns – unter dem Vorwand der Wissenschaftlichkeit – als ungelöstes Rätsel zu betrachten und, die formidable Datenbank der Emotionen und Erinnerungen außer Acht lassend, die wir alle in uns tragen, die Autorität über unser Narrativ anderen zu überlassen?«[100] Diese Aussage hat meinen vollsten Segen. Auch ich bin der Ansicht, dass Sie selbst entscheiden können, wer Sie sind, und ruhig aufhören dürfen, Ihr Selbstbild von Menschen bestimmen zu lassen, die absolut gar nichts verstanden haben!

Gestehen Sie sich das Recht zu, Sie selbst zu sein, zu wissen, wer Sie sind, unabhängig von dem, was die Normdenker glauben. Sie müssen nichts beweisen und niemanden überzeugen. Mittlerweile wissen Sie ja, wie die Normdenker auf Sie reagieren. Sie kennen den Rahmen, in dem diese aufwachsen. Und so haben Sie die Wahl, ob Sie sich anpassen wollen oder nicht. Dieses Mal nicht »bewusst oder unbewusst«, sondern im vollen Bewusstsein dessen, was Sie tun.

Der ein oder andere Misston …

In der Musik findet sich der prinzipielle Unterschied zwischen Dur- und Moll-Tonleitern im zweiten Intervall. In der Dur-Tonleiter liegen zwischen der Tonika und der dritten Note zwei ganze Töne, während es bei der Moll-Tonleiter nur eineinhalb Tonschritte sind. Diese winzige Differenz macht ein und dieselbe Melodie fröhlicher (in Dur) oder melancholischer (in Moll). Und noch ein amüsantes Detail: Der zweite bedeutende Unterschied ist der »Leitton«, den es in der Moll-Tonart nicht gibt. Um den Unterschied zwischen Dur und Moll zu erkennen, müssen Musiker schon ihr Gehör verfeinern. Und so sind es auch diese winzigen Unterschiede in der imaginären Wirklichkeit der Zu-viel-Grübler und der Normdenker, die zu den Dissonanzen führen, auf die Sie Ihr Gehör trainieren müssen. Oder wie es der Musiker Marc Vella ausdrückt: »Das Scheitern, negatives, zerstörerisches Verhalten, die alltägliche Frustration, Unzufriedenheit, Depression und die Unfähigkeit, zu lieben und geliebt zu werden: All diese falschen Noten des Lebens sind im Grunde Gelegenheiten zu lernen, vorwärtszukommen, zu wachsen und sich zu erneuern.«[101]

Wird sich also das wechselseitige Unverständnis halten?

Natürlich. Carlos Tinoco schlägt deshalb vor, die Distanz zwischen Hochbegabten und anderen Menschen ins eigene Denken einzubeziehen. Mit diesem Buch wollte ich Ihnen ermöglichen, sich in der Welt der Normdenker nach Belieben zu bewegen, ohne an den Felsen ihrer sozialen Codes zu zerschellen. Diese ihrerseits bemühen sich mittlerweile objektiv, Sie besser zu verstehen und Ihnen einen Platz einzuräumen. Je mehr Sie sich akzeptieren können, wie Sie sind, desto mehr sind sie verpflichtet, es Ihnen gleichzutun. Das soll nun nicht heißen, dass Sie nicht vorsichtig sein sollten.

Schweigen lernen

Machen Sie sich klar, dass Sie einige Handicaps mit sich herumschleifen: Intelligenz, Toleranz, Argumente, Kenntnisse, Objektivität … Ganz abgesehen von Ihrem freien Denken und Ihrem gut ausgebildeten kritischen Geist. Ich habe Ihnen ja schon oft gesagt: Der Unterschied zwischen dem Weisen und dem Narren ist, dass der Weise weiß, mit wem er nicht reden darf. Heute möchte ich dem noch etwas hinzufügen: Intelligent zu sein heißt auch zu wissen, wann und mit wem man Narr sein kann.

Verzichten Sie aufs Rechthaben: Wenn man zu früh richtig liegt, ist man meist im Unrecht. Sobald Sie diesen Schritt einmal vollzogen haben, haben Sie sich eine neue Energiequelle erschlossen, die Ihnen erlaubt, ungestört Ihren Interessen nachzugehen. Aufs Rechthaben zu verzichten bedeutet nicht, dass Sie keine eigene Meinung haben dürfen. Sie verschwenden nur keine Energie mehr darauf, Ihren Standpunkt zu verteidigen. Die Konfrontation zwischen jenen, die recht haben, und jenen, die im Unrecht sind, schadet jeder Beziehung, führt zu unendlichem Leid und schürt Konflikte in aller Welt. Wenn wir uns nicht mehr verteidigen, werden wir unbesiegbar, weil es nichts mehr gibt, was man angreifen könnte. Vergessen Sie nicht: Was wir schützen, ist nur eine imaginäre Welt, ein mentales Luftschloss, eine Sammlung von Ideen. So zieht der Zu-viel-Denker für eine Banane in den Kampf, die es gar nicht gibt.

Statt Ihre Kräfte darauf zu verschwenden, die Menschen aus ihrer tiefen Verfallenheit an ihre kollektive Erzählung zu erwecken, schließen Sie sich doch besser jenen an, die bereits erwacht sind. Genauer gesagt all jenen, die Ihre Vision vom Narrativ teilen, auch wenn sie nicht erwacht sind.

Ich gebe immer wieder Seminare, zu denen sich überwiegend nur Menschen, die zu viel denken, anmelden. Wenn das Thema beispielsweise lautet: »Wie Sie Ihre Hocheffizienz kanalisieren« oder »Wie Sie mit Ihrer Hypersensibilität umgehen«, dann nehmen daran natürlich nur Leute teil, die von diesem Problem betroffen sind. Diese eintägigen Seminare sind für alle eine Freude: Alles ist flüssig, leicht und selbstverständlich. Ich spüre ein tiefes Wohlwollen unter den Teilnehmern. Intelligenz, Neugier, Humor und Leichtigkeit – das gehört alles mit dazu. Sie fühlen sich sicher und geben ihr Bestes. Keine Fettnäpfchen, ein absoluter Freestyle ohne Ausrutscher, mit allerlei schönen Arabesken. Eine offene und gern angenommene Nähe, kein brutaler Aufriss, aber viele wechselseitig akzeptierte Emotionen … Und ihnen wird klar: Das Leben mit Hocheffizienten ist einfach!

Und dieses Gefühl wird überall spürbar, wo wir uns treffen: bei Signierstunden, auf Konferenzen etc. Ich hatte sogar Gelegenheit, in Seoul meine koreanischen Facebook-Freunde kennenzulernen: lauter junge Menschen, die die koreanische Fassung von *Ich denke zu viel* gelesen haben. Auch bei ihnen habe ich diese Einfachheit erfahren, die Liebenswürdigkeit, die fast schon ans Zärtliche grenzt, vor allem aber die gleiche Emotionalität. Eine hochintensive Begegnung! Trotz der Sprachbarriere waren wir auf einer Wellenlänge. Und ich konnte beobachten, dass diese Menschen sich im Geist der Brüderlichkeit begegnen. Wenn der Umgang mit hochsensiblen Grüblernaturen also so simpel ist, warum versuche ich dann, Ihnen die berühmten Codes der Neurotypiker beizubringen?

Die Welt gehört mehrheitlich den Normdenkern. Außerhalb der Blasen, in denen Sie die Brüderschaft der Hocheffizienten erleben, sind Sie vermutlich mit dieser Welt auf Gedeih und Verderb konfrontiert. Und es ist möglich, sich darin zu bewegen, ohne darunter zu leiden. Die schlechte Behandlung, die Sie dort manchmal erfahren, geschieht unwillkürlich und im Grunde nur deshalb, weil beide Seiten die impliziten Regeln nicht kennen. Die Neurotypiker kennen ihre eigenen Codes nicht, weil sie sie zu sehr verinnerlicht haben, um sich ihrer noch bewusst zu sein. Da sie total in ihr gemeinsames Narrativ verstrickt sind, haben sie keinerlei Abstand mehr. Ich bin fast sicher, dass die Normdenker es absurd finden, wie viel Zeit ich darauf verwendet habe, das Offensichtliche zu erklären – noch ein Buch, das offene Türen einrennt! Sie kommen gar nicht darauf, dass diese Mechanismen Ihnen unklar sind, weil sie Lichtjahre von Ihren neuronalen Funktionen entfernt sind.

Ich wollte Ihnen mit diesem Buch die Möglichkeit geben, sich in Ihrer Interaktion mit dieser Welt sicher und wohl zu fühlen. Im Alltag ständig ins Fettnäpfchen zu tappen, jemandem ungewollt anzubaggern oder zu verärgern kompliziert das Leben und ist eine ständige Ursache für Stress. Oder sich verurteilt zu fühlen. Aber es ist nun einmal an der Minderheit, sich anzupassen. Don't act! Sie haben nun alle Hinweise, die Sie brauchen, um das zu schaffen.

Und noch etwas: Stellen Sie sich vor, ich wäre beim Schreiben dieses Buches fast zur Normdenkerin geworden!

Schlusswort

Nun sind wir also am Ende angekommen. Ich hoffe, ich habe Ihnen alles mitgegeben, was Sie brauchen, um die Welt zu verstehen, in der Sie leben und an die Sie a priori nicht so gut angepasst sind.

Um Ihnen einen Zugang zur Welt der Neurotypiker zu ermöglichen, habe ich mich ihr angepasst. Ich habe sozusagen gemäß dem indianischen Sprichwort »Lästere nicht über deinen Bruder, bevor du nicht drei Monde in seinen Mokassins gegangen bist« gelebt.

Also habe ich die Mokassins der Normdenker übergestreift und anfangs gedacht, dass sie mir zu eng sein würden. Aber nein, ich habe sie recht komfortabel gefunden. In diesem Universum, in das ich mich eingeschlichen habe, um es für Sie auszukundschaften, habe ich einen Frieden gefunden, einen gesunden Menschenverstand und eine Einfachheit, die erholsam waren. Ich hatte wirklich Lust, dort meine Zelte aufzuschlagen. Und so habe ich mich a posteriori in meiner alten Funktion der Hocheffizienz als schwierig und ermüdend erlebt. Mittlerweile verstehe ich, warum wir für die Neurotypiker mitunter so anstrengend sind.

Während des Schreibens spürte ich förmlich, wie mein Gehirn anfing, linear und sequenziell zu denken. Ich hatte gar keine Lust mehr, wieder in mein brodelndes, mäanderndes Denken zurückzukehren. Es hat mir gefallen, in der Gegenwart zu leben, alles ordentlich nacheinander zu machen, keine Gipfel mehr erstürmen zu müssen, sondern nur begehbare Wege vor mir zu sehen, keine Herausforderungen meistern zu müssen, sondern das alltägliche Leben zu genießen. Schluss mit dem emotionalen Jo-Jo, dem inneren Tyrannen, den unbeantworteten Fragen und dem Bestreben, die ganze Welt zu verändern. Die Lockdowns aufgrund von Covid-19 haben mir dabei geholfen. Ich hörte dem Zwitschern der Vögel zu, sog den Duft der Natur ein und betrachtete den Himmel mit einer zehnfach gesteigerten Freude. Leben ist jetzt. Keine Projektion in eine mögliche Zukunft: Warum also ständig dieses Bedürfnis voranzukommen?

Bald erschien es mir nicht mehr machbar, dieses Buch zu schreiben. Die Aufgabe wirkte plötzlich übermenschlich. Ich verstand nicht mehr, worauf ich damit eigentlich hinauswollte. Ich fühlte mich verwirrt und versunken in dem, was ich eigentlich hatte erklären wollen. Alles zerfaserte, ich sah keinen roten Faden mehr, ich hatte mich verloren. In einer Ecke meines Gehirns schrillten die Sirenen: »In diesem sequenziellen Modus kannst du das Buch nie zu Ende führen! Mach dir Mindmaps! Und setz dich an die Arbeit! Markiere deine Ideen mit unterschiedlichen Farben! Weck dein Gehirn auf!« Nach außen hin aber funktionierte die innere Hemmung ganz gut: Die Sirene in der Ferne störte mich kaum.

Aber je weniger emotional ich war, desto mehr Druck empfand ich. Da fiel mir plötzlich ein, dass Jill Bolte Taylor in ihrem Buch *Mit einem Schlag* genau dasselbe berichtet.[102] Während ihres Schlaganfalls konnte sie beobachten, wie sich ihre linke Gehirnhälfte allmählich verabschiedete. Und während sie die Funktionen ihrer rechten Hälfte entdeckte, änderte sich auch ihre Mentalität. Während sie zur Rechtshemisphärikerin wurde, war sie emotionaler, hatte aber weniger Ängste auszustehen. Heureka! Ich hatte also die gleiche Erfahrung gemacht wie Jill Bolte Taylor, nur umgekehrt! Und das ganz ohne Schlaganfall! An diesem Punkt stellte sich mir nur eine Frage: Wie kam ich wieder zurück? Wie konnte ich mein komplexes mäanderndes Denken wieder zurückholen, meine Kreativität und meinen Willen, das Buch fertigzustellen?

Dann nahm ich einige Bücher zur Hand, die sich mit den Verständnisschwierigkeiten zwischen Neurotypikern und Hocheffizienten beschäftigten. Und ich machte einige erstaunliche Entdeckungen.

Vor langer Zeit habe ich es genossen, *Die Möwe Jonathan* zu lesen. Was für ein wunderbarer Held! Damals hat er mich vollkommen berauscht. Heute bin ich eine alte und müde Möwe. Ich finde seine Suche eitel und anmaßend. Er hätte das Leben genießen können, sich mit seinen Gefährten auf den Felsen niederlassen und die Sonne genießen, während sein Blick über das ruhige Meer wandert. Ich habe auch *Der Menschenfeind* von Molière[103] erneut gelesen. Die Reinheit, mit der er jede Heuchelei ablehnt, hat mich früher tief bewegt. Ich fand Célimene, die junge kokette Witwe, die unser Menschenfeind aufs Land einlädt, recht grausam. Mittlerweile finde ich ihn sinnlos erbarmungslos und lächerlich in seinem Streben nach Aufrichtigkeit. Und Célimene mit ihrer Unverschämtheit und Frivolität scheint mir bewundernswert. Sie hat ja recht: Mit 20 Jahren muss man noch nicht prüde sein!

Noch erstaunlicher: Als ich *Vom Winde verweht* erneut las, hatte ich auch einen ganz neuen Blick auf die Geschichte. Wir kennen das Thema ja: Da ist die konservative »gute Gesellschaft« der Südstaaten und zwei Persönlichkeiten, die sich den Regeln nicht unterwerfen: Scarlett und Rhett – unangepasst und aufmüpfig. Scarlett ist ganz klar eine Manipulatorin, Rhett Butler eher ein Hocheffizienter. Seine provokante Art, mit der er der guten Gesellschaft begegnet, erschien mir früher als Beleg von Freiheit und Mut. Dieses Mal aber fragte ich mich, wozu es gut war, die armen Südstaatler aufzuscheuchen, die in einem Sezessionskrieg steckten, der über sie hinwegfegte. Ihre Nase auf die Absurdität ihrer Existenz zu stoßen war eine grausame und sinnlose Provokation. Am Ende des Romans macht sich Rhett Butler klar, dass sein Verhalten ihm sehr geschadet hat. Seine Tochter wird von der »guten Gesellschaft« ausgeschlossen, über die er sich lustig gemacht hat. Dabei hatte er doch gewollt, dass sie genau dort reüssiert.

Und dann habe ich noch *Cyrano de Bergerac*[104] wieder gelesen … und habe nichts auszusetzen gefunden. Cyrano ist perfekt, erhaben, großartig! Und damit hatte ich meine Haltung zurückgewonnen – und mein ausuferndes Denken. So konnte ich dieses Manuskript beenden.

Ich habe Ihnen einen Zugang zu einer Ihnen fremden Welt eröffnet, so wie ich sie kennengelernt habe. Ich wollte Ihnen auch zeigen, dass die Neurotypiker Sie nicht bewusst in Ihren Überzeugungen erschüttern wollen. Sie haben nur einfach Prioritäten, Werte und Überzeugungen, die sich von Ihren diametral unterscheiden. Nun, wo Sie die Bereiche und die Logik hinter den Normdenkerfunktionen kennen, haben Sie die Wahl: Sie können sich ihnen anpassen, sie gutheißen oder sie gar selbst anwenden … oder auch nicht, jetzt aber in voller Kenntnis ihrer Hintergründe.

Passen Sie sich an, wann Ihnen das möglich, nützlich, wünschenswert oder notwendig erscheint. Ansonsten bleiben Sie sie selbst. Denn es gibt Dinge, die uns unterscheiden, und andere, die uns einen. Und dann gibt es da noch all das, was

Sie zu der Persönlichkeit macht, die Sie sind: vollkommen in Ihren Unvollkommenheiten und unvergleichlich, weil Sie einzigartig sind auf der Welt.

Wenn es also etwas gibt, das Sie auf jeden Fall einfordern müssen, dann ist es dies: Sie selbst zu sein.

Nachwort:
Puuh! Jetzt habe ich endlich dieses Schlusswort geschrieben! Und kann mich der Abfassung jener Kapitel widmen, die ich noch nicht fertig habe. Ich kann alles umorganisieren und dann das Inhaltsverzeichnis erstellen und vielleicht sogar dem Schlusswort noch den ein oder anderen Satz hinzufügen. Und ja: Ich bin wieder zur Hocheffizienten geworden! Und ich habe Sie doch tatsächlich gebeten, dieses Buch von vorne bis hinten in der vorgegebenen Ordnung durchzulesen!

Anhang

Anmerkungen

1 Pierre Desproges, *Chronique de la haine ordinaire,* Seuil, Paris, 1991.
2 Unter »Hyperästhesie« versteht man eine übermäßig entwickelte Sinneswahrnehmung.
3 Vgl. Jean-Léon Beauvois, Robert-Vincent Joule, *Kurzer Leitfaden der Manipulation zum Gebrauch für ehrbare Leute*, Aufbau, Berlin 1998.
4 Christophe Maé, »La Vie d'artiste«, in: *La Vie d'artiste,* Parlophone 2019.
5 Vgl. Christophe Haag, *La Contagion émotionelle*, Albin Michel, Paris 2019.
6 Vgl. Mandy Catron, *Verliebe dich, in wen DU willst*, Herder, Freiburg 2018.
7 Frédéric Dard, *Réflexions poivrées sur la jactance,* Fleuve, Paris 1999.
8 Vgl. Daniel Tammet, *Wolkenspringer. Von einem genialen Autisten lernen*, Patmos, Mannheim ²2009.
9 Vgl. Eric Berne, *Was sagen Sie, nachdem Sie »Guten Tag« gesagt haben?*, Fischer, Frankfurt a.M. 1975.
10 Taylor Jenkins Reid, *Die sieben Männer der Evelyn Hugo,* Ullstein, Berlin ⁵2022.
11 Frank Farrelly ist der Begründer der Provokativen Therapie und Autor des gleichnamigen Buches.
12 Frank Farrelly, *Provokative Therapie*, Springer, Berlin, Heidelberg 1986.
13 Mehr dazu in: Christel Petitcollin, *Da mach ich nicht mehr mit! Psychospiele durchschauen*, Herder, Freiburg, Basel, Wien 2008.
14 Die »Giftaffäre« bezeichnet, wie ihr Name schon sagt, eine Reihe von Giftmorden, die zwischen 1679 und 1682 unter der Herr-

schaft Ludwigs XIV. stattfanden. Darin verwickelt waren einige Adlige und Personen aus dem Umfeld des Königs.

15 Vgl. Jacques Neirynck, *La grande illusion de la technique: Manifeste pour un développement durable,* Jouvence, Genf 2006.

16 Ebd.

17 Vgl. ebd.

18 Yuval Noah Harari, *Eine kurze Geschichte der Menschheit*, DVA, München [40]2015, S. 29. Wenn Sie mein kurzer Abriss der menschlichen Evolution neugierig gemacht hat, so empfehle ich Ihnen nachdrücklich die Lektüre dieses Buches. Sie werden es mit Genuss lesen!

19 Während ich diese Zeilen schreibe, gilt das Quark als fundamentalstes Elementarteilchen – bis zur nächsten bahnbrechenden Entdeckung der Quantenphysik.

20 Vgl. Neirynck 2006.

21 Bernard Werber, *Les thanatonautes*, Albin Michel, Paris 1994.

22 Siehe Literaturverzeichnis.

23 Eric-Emmanuel Schmitt, *Die Schule der Egoisten*, Fischer, Frankfurt a.M. 2013, S. 10.

24 Ebd. S. 41 ff.

25 Vgl. Carlo Rovelli, *Die Wirklichkeit, die nicht so ist, wie sie scheint*, Rowohlt, Reinbek [4]2016.

26 Die »verzögerte Entscheidung« (John Wheeler) der Quantenphysik zeigt, dass ein Quantenobjekt seine Vergangenheit ebenso beeinflussen kann wie seine Zukunft. Ebenso übt es einen Einfluss aus auf das, was hätte sein können, aber nicht geschehen ist.

27 Vgl. weiterführend: Blandine Pluchet, *La physique quantique pour les nuls en 50 notions clés*, Éditions First, Paris 2018.

28 Neirynck 2006.

29 Siehe Literaturverzeichnis.

30 Vgl. Eudes Séméria, *Les pensées qui font maigrir*, Albin Michel, Paris 2019. Und: Ders., *Le harcèlement fusionnel*, Albin Michel, Paris 2018.

31 Die Grundidee der »existenziellen Psychotherapie« liefert spannende Ansätze, um die menschliche Natur zu verstehen. Sollte das Wenige, was ich Ihnen hierzu berichtet habe, Sie neugierig gemacht haben, dann kann ich Ihnen nur dringend empfehlen, sich eingehender damit zu befassen. Ihr neuronales Netzwerk wird begeistert sein!

32 Jacques Higelin mitValérie Lehoux, *Je vis pas ma vie, je la rêve,* Le Livre de Poche, Paris 2016.
33 Vgl. Amélie Nothomb, *Mit Staunen und Zittern*, Diogenes, Zürich 2000.
34 Fernando Pessoa, *Alberto Caeiro. Poesia – Poesie*, Fischer, Frankfurt a.M. 2008, S. 115.
35 Luc Plamondon, »You Have to Learn to Live Alone«, in: *Starmania (Tycoon),* Paris 1979.
36 Vgl. Catherine Audibert, *L'incapicité d'être seul*, Payot, Paris 2008.
37 Robin Williams als »Lance« in: »World's Greatest Dad«, Spielfilm, Bobcat Goldthwait (Drehbuch, Regie), Magnolia Pictures, New York, NY 2009 [Original : I used to think the worst thing in life was to end up all alone. It's not. The worst thing in life is ending up with people who make you feel all alone«]
38 Mehr dazu in: Christel Petitcollin, *Réussir son couple*, Jouvence, Genf 2005.
39 Fernando Pessoa, *Das Buch der Unruhe des Hilfsbuchhalters Bernardo Soares*, Fischer, Frankfurt a.M. [8]2006, S. 281.
40 Christina von Schweden, *Les maximes et pensées,* 1682.
41 Étienne de La Boétie, *Von der freiwilligen Knechtschaft,* Trotzdem Verlag, Frankfurt a.M. 2009.
42 Zum berühmten »Milgram-Experiment«, wie es allgemein bezeichnet wird, sind zahlreiche Artikel und Berichte im Internet verfügbar.
43 Der amerikanische Psychologe Lawrence Kohlberg (1927–1987) schuf ein Stufenmodell der Entwicklung des moralischen Bewusstseins.
44 Der amerikanische Psychologie Franck Farrelly (1931–2013) war der Begründer der »Provokativen Therapie«, in der auch ich ausgebildet bin. Sein Buch *Provokative Therapie* kann ich Ihnen nur dringend ans Herz legen.
45 Maxime Rovère, *Que faire des cons? Pour ne pas en rester un soi-même,* Flammarion, Paris 2019.
46 Ausführlich dazu: Christel Petitcollin, *Da mach ich nicht mehr mit! Psychospiele durchschauen*, Herder, Freiburg, Basel, Wien 2008.
47 Szene aus Marcel Pagnols Film *La femme du boulanger (Die Frau des Bäckers),* wo es am Ende heißt: »Das Brot schmeckte nach Anis, und die Kinder aßen es mit großem Appetit.«

48 Aus dem Lied »Désenchantée«, erschienen im März 1991. Text von Mylène Farmer, die es auch singt. Musik von Laurent Boutonnat.

49 Mehr dazu in: Jean-Léon Beauvois, Robert-Vincent Joule, *Kurzer Leitfaden der Manipulation zum Gebrauch für ehrbare Leute*, Aufbau, Berlin 1998.

50 Fernando Pessoa, *Alberto Caeiro, Poesia – Poesie*, Fischer, Frankfurt a. M. 2008.

51 Vgl. Patricia Lamare, *La théorie de la désintegration positive de Dabrowski,* CreateSpace North Charleston 2017.

52 Sie haben hoffentlich bemerkt, wie ernst ich meine Rolle als Seelenkundschafterin nehme und keinen Aufwand und keine Mühe scheue, um Sie mit Wissen zu versorgen.

53 Siehe hierzu: Christel Petitcollin, *Scénario de vie gagnant*, Jouvence, Genf 2003.

54 Joe Dispenza, *Ein neues Ich. Wie Sie Ihre gewohnte Persönlichkeit in vier Wochen wandeln können*, Koha, Burgrain 2012.

55 Vgl. ebd.

56 Harari [40]2015, S. 203.

57 Vgl. ebd.

58 Ich spreche von Samuel Paty, der am 16. Oktober 2020 in Conflans-Sainte-Honorine von einem Islamisten ermordet wurde.

59 Soweit sie ihre Nutzer nicht zensieren!

60 Zehn Jahre Krieg, damit Agamemnon seine Frau zurückbekommt, die zu der ganzen Angelegenheit offensichtlich kein Wort zu sagen hatte …

61 Dieses Verleugnen der Wahrheit nimmt dort dramatische Ausmaße an, wo es um Inzest geht. Der Mythos der einträchtigen, perfekten Familie gründet allein auf dem Schweigen des Opfers. Wird der Inzest aufgedeckt, ist das missbrauchte Kind massivem Druck von der Umwelt ausgesetzt, die es bedrängt, seine Anschuldigungen zurückzunehmen, weil sonst die Familie buchstäblich auseinanderbrechen würde.

62 Vgl. Stéphane Rose, *En finir avec le couple*, Éditions La Musardine, Paris 2020.

63 Geschätzte Weltbevölkerung im März 2020.

64 Im Jahr 2000 gingen 1,5 Prozent aller Todesfälle auf das Konto von Kriegen, 2,25 Prozent gingen auf Verkehrsunfälle und 1,45 Prozent auf Selbstmord zurück.

65 Und so wurden wir von den Nichteingeweihten am Flughafen zum Beispiel gefragt, wo die Toiletten sind oder an welchem Gate Cousine Bertha ankommt.

66 Carlos Tinoco, Philippe Blasco, Sandrine Gianola, *Les »surdoués« et les autres*, J.C. Lattès, Paris 2018. Nebenbei bemerkt: Carlos Tinoco verwendet eine universitäre Sprechweise.

67 Richard Bach, *Illusionen, Die Abenteuer eines Messias wider Willen*, Ullstein, Frankfurt a.M./Berlin 1978, S. 86.

68 Wer nur gelegentlich spielt, beklagt sich gern über einen schlechten Wurf. Professionelle Spieler aber wissen, dass sich das Glück jederzeit wenden kann, und im Laufe der Zeit hat man alle Karten schon einmal gehabt.

69 Es gab allerdings auch kürzlich einen Todesfall: An einer Militärschule kam man auf die stupide und sadistische Idee, die neuen Kadetten einer Mutprobe zu unterziehen. Sie mussten nachts einen See durchschwimmen, dessen Wassertemperatur nur 10 Grad Celsius betrug.

70 Fatou Diome, *Le Ventre de l'Atlantique*, Éditions Anne Carrière, Paris 2003.

71 Genie Laborde, *Kompetenz und Integrität. Die Kommunikationskunst des NLP*, Junfermann, Paderborn 1991.

72 Ein zauberhaftes Zitat, das ich auf Facebook gefunden habe. Vgl. www.facebook.com/osezetreheureux/posts/1066069530584893 (abgerufen am 16.05.2022).

73 Oder Sie verurteilen, wenn Sie dazu gehören!

74 Den Witz haben Sie aber jetzt erkannt, oder?

75 Und noch eine Anspielung! Das muss doch jetzt wirklich klappen.

76 Und das ist mir ständig passiert, während ich dieses Kapitel schrieb.

77 Jean-Paul Brighelli ist Lehrer und Autor. Eines seiner Bücher ist *La fabrique du crétin*, wo er das französische Bildungssystem kritisiert.

78 Nehmen Sie sich ruhig mal das Literaturverzeichnis auf den letzten Seiten vor!

79 Vgl. Tinoco u.a. 2018.

80 Ebd.

81 Vgl. Christel Petitcollin, *Échapper aux manipulateurs*, Tredaniel, Paris 2007.

82 Vgl. Véronique R., »Surdoué ou schizophrène: une distinction

difficile pour les psychiatres«, *Les schizophrenies,* 13.04.2018, https://www.les-schizophrenies.fr/definitions-et-point-de-vues/definition-officielle/article/surdoue-ou-schizophrene-une-distinction-difficile-pour-les-psychiatres (abgerufen am 09.05.2022).

83 Ebd.

84 Vgl. Fanny Nusbaum, Olivier Revol, Dominic Sappey-Marinier, *Les philo-cognitifs*, Odile Jacob, Paris 2019.

85 Ebd.

86 *Die Möwe Jonathan* ist ein Roman von Richard Bach. Jonathan liebt das Fliegen und wird von seinem Möwenschwarm ausgestoßen, weil seine Loopings und sein Sturzflug zu vollkommen sind. Und so geht er über in eine andere Lebensform, die des Lichts … Eine wunderbare Geschichte für Zu-viel-Denker!

87 Nusbaum u.a. 2019.

88 Rovère 2019.

89 Tinoco u.a. 2018.

90 Nusbaum u.a. 2019.

91 Vgl. Fjodor Dostojewski, *Der Traum eines lächerlichen Menschen*, Reclam, Leipzig 1976.

92 Nusbaum u.a. 2019.

93 Ebd.

94 Ebd.

95 Ebd.

96 *Flatland* ist ein allegorischer Roman von Edwin Abbott, der 1884 veröffentlicht wurde. Abbott erweckt geometrische Figuren zum Leben und erzählt die Geschichte eines Vierecks, das in einer zweidimensionalen Welt lebt.

97 Vgl. Hugo Horiot, *Autisme: j'accuse*, Éditions de l'Iconoclaste, Paris 2018.

98 Vgl. Alain Deneault, *Die Herrschaft der extremen Mitte,* Westend, Frankfurt a.M. 2021.

99 Tinoco u.a. 2018.

100 Ebd.

101 Marc Vella, *Éloge de la fausse note*, Éditions Le Jour, Québec 2012.

102 Vgl. Jill Bolte Taylor, *Mit einem Schlag. Wie eine Hirnforscherin durch ihren Schlaganfall neue Dimensionen des Bewusstseins entdeckt*, Knaur, München 2008.

103 Vgl. Molière, *Le Misanthrope. Der Menschenfeind*, Reclam, Leipzig 1993.

104 Vgl. Edmond de Rostand, *Cyrano de Bergerac*, Reclam, Leipzig 1986.

Literaturverzeichnis

Abbott, Edwin, *Flatland. Eine phantastische Geschichte über viele Dimensionen*, Bautz, Nordhausen 2012.

Aberkane, Idriss, *Libérez votre cerveau*, Robert Laffont, Paris 2016.

Alavarez, Céline, *Les lois naturelles de l'enfant*, Les Arènes, Paris 2016.

Alavarez, Céline, *Une année pour tout changer*, Les Arènes, Paris 2019.

Audibert Catherine, *L'incapacité d'être seul*, Payot, Paris 2008.

Bach, Richard, *Die Möwe Jonathan*, Ullstein, Berlin 2005.

Bach, Richard, *Illusionen. Die Abenteuer eines Messias wider Willen*, Ullstein, Frankfurt a.M./Berlin 1978.

Baillargeon, Normand, *Crash-Kurs Intellektuelle Selbstverteidigung*, Riemann, München 2008.

Beauvois, Jean-Léon; Joule, Robert-Vincent, *Kurzer Leitfaden der Manipulation zum Gebrauch für ehrbare Leute*, Aufbau, Berlin 1998.

Berne, Eric, *Was sagen Sie, nachdem Sie »Guten Tag« gesagt haben?*, Fischer, Frankfurt a.M. 1975.

Brighelli, Jean-Paul, *La fabrique du crétin*, Gallimard, Paris 2005.

Catron, Mandy, *Verliebe dich, in wen DU willst*, Herder, Freiburg 2018.

La Boétie, Étienne de, *Von der freiwilligen Knechtschaft,* Trotzdem Verlag, Frankfurt a.M. 2009.

Dard, Frédéric, *Réflexions poivrées sur la jactance,* Fleuve, Paris 1999.

Deneault Alain, *Die Herrschaft der extremen Mitte,* Westend, Frankfurt a.M. 2021.

Desproges, Pierre, Chronique de la haine ordinaire, Seuil, Paris 1991.

Diome, Fatou, *Le Ventre de l'Atlantique*, Éditions Anne Carrière, Paris 2003.

Dispenza, Joe, *Ein neues Ich. Wie Sie Ihre gewohnte Persönlichkeit in vier Wochen wandeln können*, Koha, Burgrain 2012.

Dostojewski, Fjodor, *Der Traum eines lächerlichen Menschen*, Reclam, Leipzig 1976.
Dupagne, Dominique, *La revanche du rameur*, Michel Lafon, Paris 2012.
Dupagne, Dominique, *Le retour des zappeurs*, Selbstverlag 2013.
Farmer, Mylène, »Désenchantée«, in: *L'autre ...*, Polydor 1991.
Farrelly, Frank, *Provokative Therapie*, Springer, Berlin, Heidelberg 1986.
Gontscharow, Iwan Alexandrowitsch, *Oblomow*, Hanser, München 2013.
Guitry, Sacha, *Pensées, maximes et anecdotes*, Le Cherche Midi, Paris 2013.
Haag, Christophe, *La Contagion émotionelle*, Albin Michel, Paris 2019.
Harari, Yuval Noah, *Eine kurze Geschichte der Menschheit*, DVA, München [40]2015.
Horiot, Hugo, *Autisme: j'accuse*, Éditions de l'Iconoclaste, Paris 2018.
Higelin, Jacques, avec Lehoux, Valérie, *Je vis pas ma vie, je la rêve*, Le Livre de Poche, Paris 2016.
Jenkins Reid, Taylor, *Die sieben Männer der Evelyn Hugo,* Ullstein, Berlin [5]2022.
Laborde, Genie, *Kompetenz und Integrität. Die Kommunikationskunst des NLP,* Junfermann, Paderborn 1991.
Lamare, Patricia, *La théorie de la désintegration positive de Dabrowski,* CreateSpace 2017.
Maé, Christophe, »La Vie d'artiste«, in: *La Vie d'artiste,* Parlophone 2019.
Molière, *Le Misanthrope. Der Menschenfeind*, Reclam, Leipzig 1993.
Neirynck, Jacques, *La grande illusion de la technique. Manifeste pour un développement durable,* Jouvence, Genf 2006.
Nothomb, Amélie, *Mit Staunen und Zittern*, Diogenes, Zürich 2000.
Nusbaum, Fanny, Revol, Olivier, Sappey-Marinier, Dominic, *Les Philocognitifs*, Odile Jacob, Paris 2019.
Pagnol, Marcel, *La femme du boulanger,* Les Films Marcel Pagnol, Frankreich 1938.
Pessoa, Fernando, *Alberto Caeiro, Poesia – Poesie*, Fischer, Frankfurt a.M. 2008.
Pessoa, Fernando, *Das Buch der Unruhe des Hilfsbuchhalters Bernardo Soares*, Fischer, Frankfurt a.M. [8]2006.

Petitcollin, Christel, *Scénario de vie gagnant*, Jouvence, Genf 2003.
Petitcollin, Christel, *Réussir son couple*, Jouvence, Genf 2005.
Petitcollin, Christel, *Échapper aux manipulateurs*, Tredaniel, Paris 2007.
Petitcollin, Christel, *Da mach ich nicht mehr mit! Psychospiele durchschauen*, Herder, Freiburg u. a. 2008.
Plamondon, Luc, »You Have to Learn to Live Alone«, in: *Starmania (Tycoon)*, Paris 1979.
Pluchet, Blandine, *La physique quantique pour les nuls en 50 notions clés*, Éditions First, Paris 2018.
R., Véronique, »Surdoué ou schizophrène: une distinction difficile pour les psychiatres«, *Les schizophrenies*, 13.04.2018, https://www.les-schizophrenies.fr/definitions-et-point-de-vues/definition-officielle/article/surdoue-ou-schizophrene-une-distinction-difficile-pour-les-psychiatres (abgerufen am 09.05.2022).
Rose, Stéphane, *En finir avec le couple*, Éditions La Musardine, Paris 2020.
Rostand, Edmond de, *Cyrano de Bergerac*, Reclam, Leipzig 1986.
Rovère, Maxime, *Que faire des cons? Pour ne pas en rester un soi-même*, Flammarion, Paris 2019.
Rovelli, Carlo, *Die Wirklichkeit, die nicht so ist, wie sie scheint*, Rowohlt, Reinbek [4]2016.
Schmitt, Eric-Emmanuel, *Die Schule der Egoisten*, Fischer, Frankfurt a.M. 2013.
Schovanec, Josef, *Voyages en Autistan. Chroniques des »Carnets du monde«*, Pocket Éditions, Paris 2017.
Schweden, Christina von, *Les maximes et pensées*, 1682.
Séméria, Eudes, *Le harcèlement fusionnel*, Albin Michel, Paris 2018.
Séméria Eudes, *Les pensées qui font maigrir*, Albin Michel, Paris 2019.
Steiner, Claude, *Le conte chaud et doux des chaudoudoux*, InterÉditions, Paris 2009.
Tammet Daniel, *Wolkenspringer. Von einem genialen Autisten lernen*, Patmos, Mannheim [2]2009.
Taylor, Jill Bolte, *Mit einem Schlag. Wie eine Hirnforscherin durch ihren Schlaganfall neue Dimensionen des Bewusstseins entdeckt*, Knaur, München 2008.
Tinoco, Carlos, Blasco, Philippe, Gianola, Sandrine, *Les »surdoués« et les autres*, J.C. Lattès, Paris 2018.

Vella, Marc, *Éloge de la fausse note*, Éditions Le Jour, Québec 2012.
Watzlawick, Paul, *Wie wirklich ist die Wirklichkeit? Wahn, Täuschung, Verstehen*, Piper, München 1995.
Werber, Bernard, *Les thanatonautes*, Albin Michel, Paris 1994.
Winckler, Martin, *Les brutes en blanc*, Points, Paris 2017.
Yalom, Irvin, *Existenzielle Psychotherapie,* Edition Humanistische Psychologie, Köln 1989.
Zeland, Vadim, *TransSurfing. Die Steuerung des Bewusstseins*, Knaur, München 2013.

Sachregister